SAVOIR TOUT FAIRE

168 bis - 170, rue Raymond Losserand
75014 Paris
Tél. : 01 44 78 98 38
Fax. : 01 44 78 97 70

Auteur Mathieu Lavant
Éditrice Stéphanie Janel
Directrice de collection Stéphanie Guillaume
Maquettistes Rémi Guibert, Mathieu Lavant
Secrétaire de rédaction Stéphanie Janel

ISBN : 978-2-36145-037-3

Image de couverture : Mathieu Lavant
Crédits photos : tous droits réservés.

SAVOIR TOUT FAIRE avec

PHOTOSHOP ELEMENTS 10

TUTORIELS par Mathieu Lavant

Oracom Éditions

SOMMAIRE

EN BREF

131

24

87

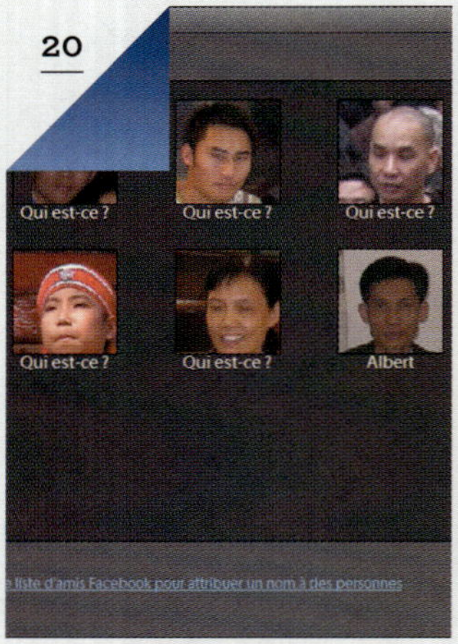

20

55

177

92

108

157

152

64

139

98

167

185

46

188

126

211

74

122

PRÉSENTATION DE L'OUVRAGE

1. Image du tutoriel

Au début de chaque tutoriel, vous trouverez l'image finale en grande taille afin d'apprécier le résultat auquel vous parviendrez.

2. Titre et introduction

Le titre, le chapeau et l'introduction ont pour but de vous présenter le tutoriel qui suit pour vous mettre dans les conditions de sa réalisation.

CORRIGER L'ÉCLAIRAGE EN MODE STANDARD

Pour corriger l'éclairage d'un cliché vous trouverez les commandes essentielles dans le menu Accentuation.

Comme vous l'avez découvert dans les tutoriels précédents, les modes Retouche Guidée et Retouche Rapide sont parfaits pour vous familiariser avec les opérations de correction. Mais pour exploiter toutes les possibilités de Photoshop Elements, vous devrez passer en mode Retouche Standard. C'est en effet le seul mode qui permet d'accéder à l'ensemble des commandes et outils de l'application. Dans ce tutoriel et les suivants, nous allons donc voir comment corriger un cliché en exploitant cette fois les commandes disponibles dans le menu Accentuation. Nous commencerons par les corrections d'éclairage avant d'aborder les corrections de couleur et de netteté.

SUR LE CD : Vous trouverez sur le CD les éléments nécessaires à la réalisation de ce tutoriel.

corriger l'éclairage en mode standard

3. Sur le CD

Lorsque les éléments du tutoriel se trouvent sur le CD qui accompagne ce livre, ils sont détaillés ici.

1. Titre de l'étape

Le titre de chaque étape vous indique ce que vous allez précisément entreprendre.

2. Texte de l'étape

Le texte est concis afin de contenir une nouvelle avancée stratégique dans la réalisation du tutoriel complet.

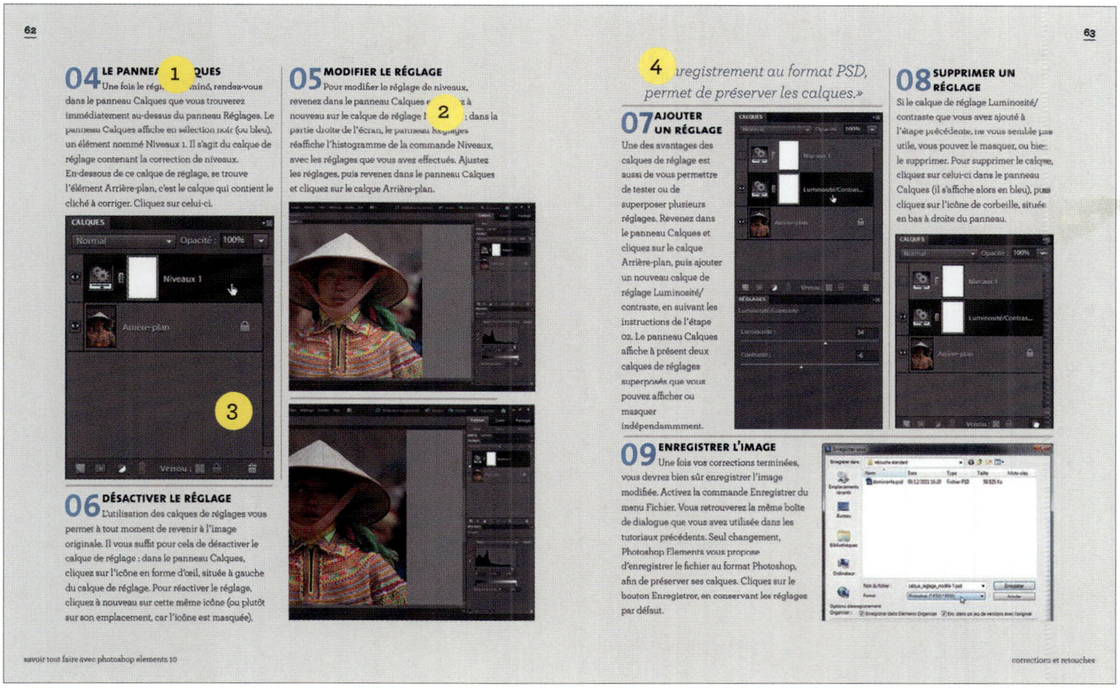

3. Capture d'écran

La capture d'écran est là en support du texte et vous montre où cliquer et comment agir.

4. Encadrés et exergues

Certains tutoriels sont ponctués d'encadrés et d'exergues qui vous fournissent des astuces.

L'INTERFACE DE L'ORGANIZER

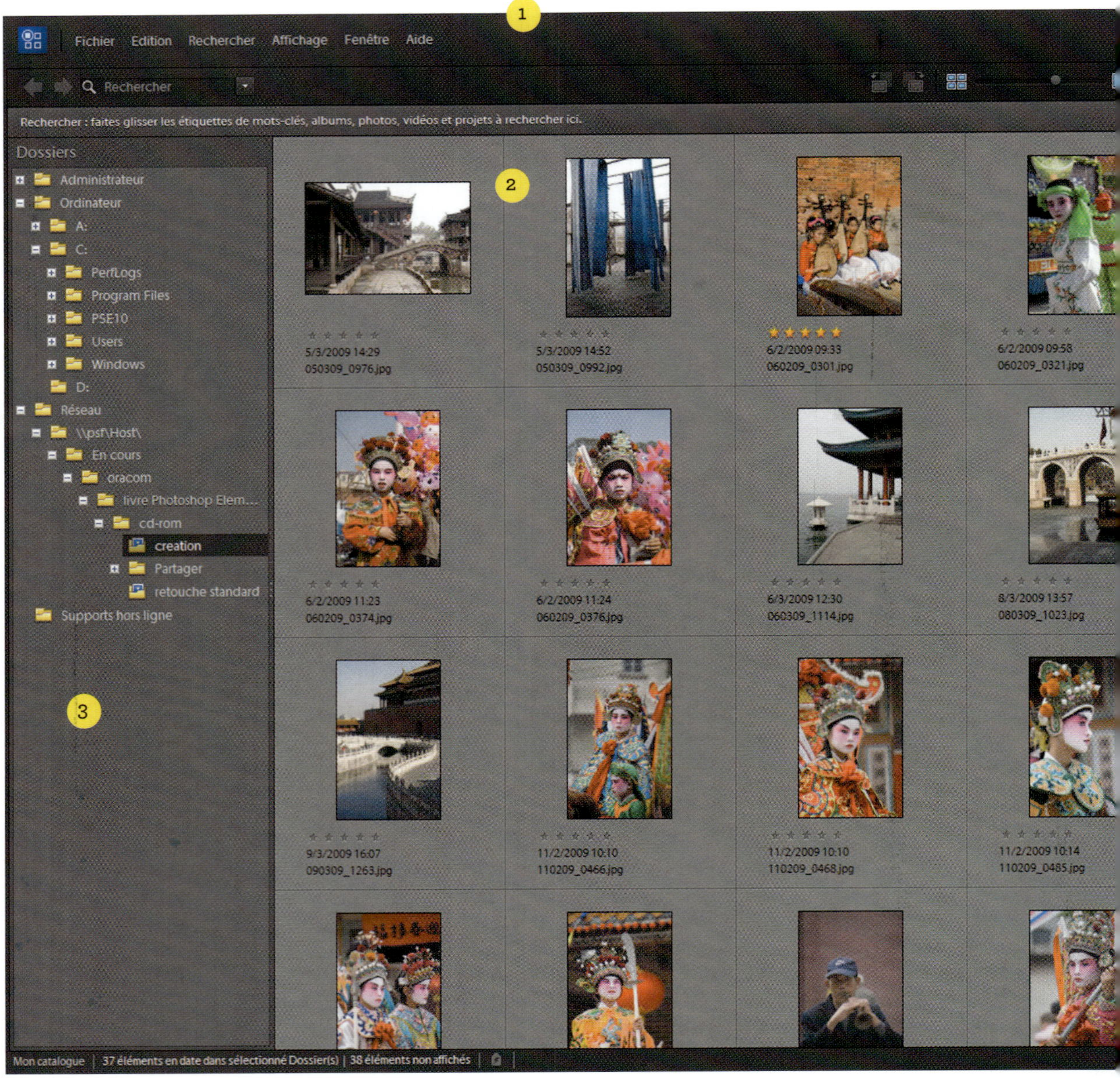

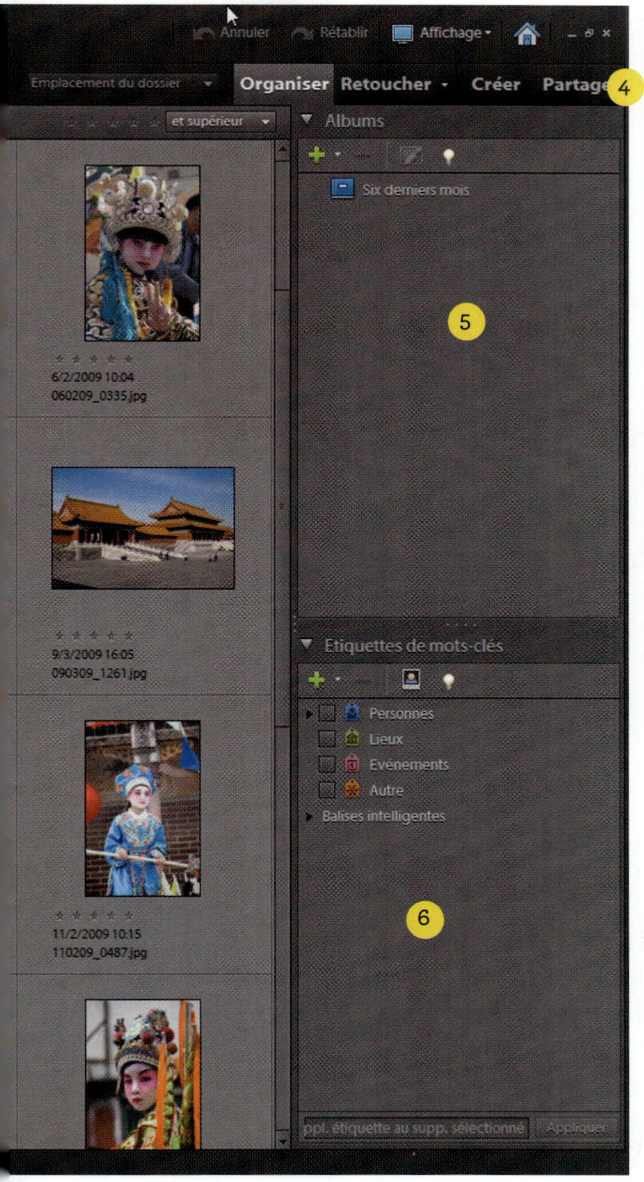

1. La barre de menus

Située en haut de l'interface, la barre de menus regroupe tous les menus de l'application.

2. Le panneau principal

Ce panneau affiche par défaut le contenu du catalogue sous forme de vignettes et permet de visualiser les clichés en grand format.

3. Le panneau Dossiers

Ce panneau apparaît lorsque le mode Emplacement du dossier est activé ; il joue alors le rôle de l'Explorateur de fichiers.

4. Les onglets

Les onglets permettent d'accéder rapidement aux différents types de tâches que proposent l'Organizer et Photoshop Elements.

5. Le panneau Albums

Ce panneau s'affiche dans la partie droite de l'écran lorsque l'onglet Organiser est activé ; il permet de créer des collections de clichés.

6. Le panneau Etiquettes

Ce panneau s'affiche dans la partie droite de l'écran lorsque l'onglet Organiser est activé ; il permet de gérer les tags d'images.

L'INTERFACE DE L'ÉDITEUR BITMAP

1. La barre de menu

Située en haut de l'interface, la barre de menu regroupe tous les menus de l'application.

2. La barre d'options

Cette barre permet d'ajuster les réglages de l'outil sélectionné dans la barre d'outils.

3. La fenêtre de travail

La fenêtre de travail affiche le document en cours d'édition et les onglets des autres fichiers ouverts dans Photoshop Elements.

4. La barre d'outils

Cette barre affiche les différents outils de l'application. Elle se réduit à quelques outils lorsque le mode Rapide ou Guidée est activé.

5. La Corbeille des projets

Ce panneau escamotable, situé en dessous de la fenêtre de travail, affiche les différents documents ouverts dans l'éditeur.

6. La Corbeille des panneaux

Ce volet escamotable n'est disponible qu'en mode Standard (Maxi). Il affiche les différents panneaux : Calques, Effets, Réglages...

REMERCIEMENTS

Merci,
aux pêcheurs de Quy Nhon,
aux piaozi de Zhanjiang,
aux montagnards de Coc Ly et de Bac Ha,
aux Hmongs de Sa Pa,
aux musiciens et aux danseurs de Bai Xin,
aux bateliers de Can Tho,
qui apparaissent sur les photos utilisées dans ce livre.

INTRODUCTION

Lorsque j'ai publié mon premier livre sur Photoshop, il y a plus de 20 ans, l'application était en version 2.0, elle tenait sur une disquette 3,5 pouces et fonctionnait uniquement sur Macintosh. Depuis, de l'eau a coulé sous les ponts, l'application s'est adaptée au PC et s'est étoffée pour devenir l'outil de référence que l'on connaît et le rêve de tous les graphistes et photographes amateurs. Un rêve hors de prix et difficile à maîtriser pour celui qui fait ses premiers pas dans le monde de l'image numérique.

Un outil grand public

Pour ce public de non professionnels, Adobe a donc lancé dans les années 2000, Photoshop Elements, une version « light » de son application vedette. Vendue dix fois moins chère que l'application originale, Photoshop Elements est aujourd'hui un outil très complet qui n'a presque rien à envier à son grand frère Photoshop. En effet, l'application est composée d'un catalogueur, Elements Organizer, et d'un éditeur bitmap, Photoshop Elements. Grâce au premier, vous gérerez votre photothèque tandis que le second met à votre disposition des outils de correction, de retouche et de création.

Elements Organizer

Mais revenons d'abord sur le catalogueur. Elements Organizer est en fait plus qu'un simple catalogueur, puisqu'il intègre des commandes de corrections automatiques et permet de lancer la création de livres photos, calendriers, cartes de vœux, collages, etc., à partir d'une simple sélection de clichés.

Pour débutants et utilisateurs confirmés

Du côté de l'éditeur bitmap, Photoshop Elements propose des outils de corrections exploitables aussi bien par les débutants que par les utilisateurs confirmés. Si vous faites partie des premiers, vous utiliserez le mode Guidée qui dispose d'une interface simplifiée et vous assistera dans vos opérations de corrections. Si vous faites partie des seconds vous exploiterez le mode Standard ; vous retrouverez alors une interface et des commandes proches de celles de Photoshop qui vous permettront d'effectuer vos corrections et vos retouches en toute liberté.

Côté création, Photoshop Elements fonctionne aussi à deux vitesses ; pour les débutants, l'application propose les onglets Créer et Partager qui regroupent des commandes de création assistées, également accessibles à partir de l'Organizer. Pour les utilisateurs plus confirmés, l'application propose des fonctionnalités proches de celles de Photoshop : calques, calques de réglage, masques, sélections, etc., qui leur permettront de créer des photomontages complexes.

Les limites de l'application

À la lecture de ce qui précède, vous vous interrogerez sur ce qui fait la différence entre Photoshop et Photoshop Elements ? Dans le domaine des corrections chromatiques, Photoshop dispose de quelques commandes supplémentaires comme la commande Courbes et permet d'accéder aux couches primaires de l'image, via un panneau Couches. Mais c'est surtout dans le domaine de la création que se fait la différence ; Photoshop dispose en effet de styles de calques beaucoup plus complets que ceux de Photoshop Elements. L'application intègre aussi un outil Plume, qui peut être utilisé comme outil de dessin ou de sélection, et permet de créer des masques vectoriels. La différence se fait aussi du côté des filtres ; Photoshop dispose de filtres dynamiques dont les effets sont rééditables..., et des outils de flux de production, comme les scripts d'automatisation, les commandes de traitement par lots...

Bref, comme vous l'aurez compris, les différences sont nombreuses, mais Photoshop Elements dispose de toutes les fonctionnalités nécessaires pour mener à bien un travail de préparation d'images ou de création dans un environnement professionnel, et donc a fortiori pour satisfaire les besoins d'un photographe amateur ou d'un graphiste du dimanche.

Le contenu du livre

Dans les pages qui suivent, vous découvrirez 42 tutoriels, répartis en cinq grands chapitres, qui vous permettront d'apprivoiser Photoshop Elements et son Organizer. Afin de rendre l'apprentissage plus facile, j'ai choisi de respecter le découpage par activités que proposent les deux applications via leurs onglets respectifs.

Dans le premier chapitre Organiser, vous trouverez ainsi une série de tutoriels dédiés à la prise en main de l'Organizer : du chargement des photos, au taguage, en passant par la recherche de clichés et la création d'albums.

Dans le second chapitre Corriger/Retoucher, nous parlerons de corrections et de retouches d'images. Vous découvrirez alors les différents modes d'utilisation de Photoshop Elements : le mode Guidée, le mode Rapide et le mode Standard. Et si vous êtes équipé d'un boîtier reflex, vous apprendrez du même coup comment traiter les fichiers RAW.

Dans le troisième chapitre Créer, nous examinerons en détail la mise en œuvre des commandes assistées de l'onglet Créer. Puis nous plongerons dans l'univers des filtres créatifs, avant d'aborder les effets de calques et la création de photos en noir et blanc.

Dans le quatrième chapitre Photomontage, nous consacrerons neuf tutoriels aux techniques de base du photomontage. Vous apprendrez ainsi à exploiter les différents types de calques (calques ordinaires, calques de réglage, calques de remplissage ou calques de texte) et à manipuler les sélections. Ces deux techniques vous conduiront naturellement à la création de masques de fusion et vous ouvriront les portes du photomontage professionnel.

Enfin, dans le cinquième et dernier chapitre Partager, vous apprendrez comment utiliser les différents formats d'enregistrement et l'interface Enregistrer pour le Web, puis vous découvrirez les commandes de partage assistées que propose l'onglet Partager de Photoshop Elements et de l'Organizer.

Sur le CD-Rom

Vous trouverez sur le CD-Rom les photos utilisées dans les différents tutoriels de ce livre. Dans le premier chapitre Organiser, vous apprendrez comment charger ces photos dans la photothèque de l'Organizer. Mais nous reviendrons sur cette manipulation dans les chapitres suivants et d'une manière générale, chaque fois que vous devrez utiliser un nouveau lot de photos.

Toutes les photos présentes sur le CD-Rom sont issues de ma photothèque. Ce ne sont pas des photos libres de droits. Merci de ne pas les utiliser en dehors du cadre de ce livre.

MATHIEU LAVANT

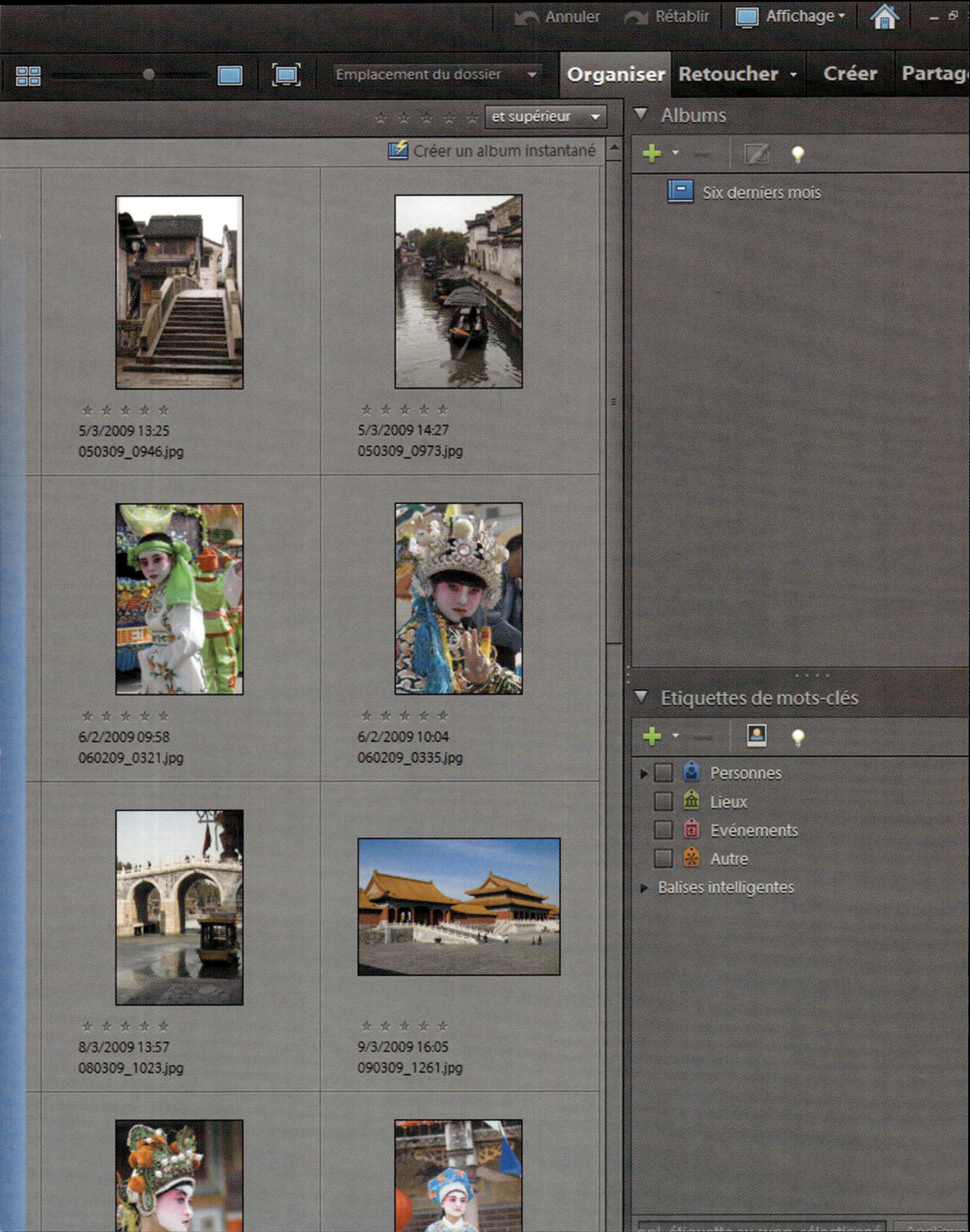

Annuler
Rétablir
Affichage
Emplacement du dossier
Organiser
Retoucher
Créer
Partag
et supérieur
Créer un album instantané
5/3/2009 13:25
050309_0946.jpg
5/3/2009 14:27
050309_0973.jpg
6/2/2009 09:58
060209_0321.jpg
6/2/2009 10:04
060209_0335.jpg
8/3/2009 13:57
080309_1023.jpg
9/3/2009 16:05
090309_1261.jpg
Albums
Six derniers mois
Etiquettes de mots-clés
Personnes
Lieux
Evénements
Autre
Balises intelligentes

ORGANISER AVEC ELEMENTS ORGANIZER

Première brique de la « suite » Photoshop Elements, Organizer est le catalogueur qui remplace Bridge, livré avec les versions précédentes.

Pour gérer votre photothèque, il existe de nombreuses solutions gratuites ou commerciales, comme ACDSee, Picasa, ou encore, iPhoto ou Graphic Converter (pour les utilisateurs Mac). Mais si vous adoptez Photoshop Elements, vous bénéficierez de Elements Organizer, le catalogueur d'Adobe, spécialement conçu pour accompagner l'application de retouche.

Un catalogueur, pour quoi faire ?

Si vous êtes novice, vous vous demanderez sans doute pourquoi utiliser un catalogueur, alors que vous disposez sur votre PC de l'Explorateur Windows, ou du Finder sur votre Mac, deux applications qui permettent de gérer les dossiers et les fichiers de toutes sortes.

En pratique, un catalogueur comme Elements Organizer dispose de fonctions spécifiques à la gestion d'une collection de photos que vous ne trouverez ni dans l'Explorateur Windows, ni dans le Finder du Mac. Il permet d'abord de choisir les clichés que vous souhaitez cataloguer, mais aussi de les taguer à l'aide de mots-clés. Et ce n'est pas tout ; Elements Organizer intègre également une fonction de reconnaissance de visages. Autant de systèmes de marquage qui vous permettront ensuite de trier vos photos suivant différents critères, de créer des albums regroupant des photos par thèmes et de retrouver n'importe quel cliché dans votre photothèque.

Ce même Organizer, sera aussi le point de départ de tous vos travaux de création : diaporamas, livres photos, galeries en ligne. C'est donc le complément indispensable de Photoshop Elements.

Avant de voir en pratique la mise en œuvre de ces différentes fonctionnalités, revenons-y rapidement.

Cataloguer

Contrairement à un browser d'images comme ACDSee (ou Graphic Converter, sur Mac) qui affiche automatiquement le contenu d'un dossier sélectionné, un catalogueur comme Elements Organizer n'affiche que les clichés que vous aurez décidé de référencer. Vous pouvez ainsi avoir des milliers de photos sur votre ordinateur, mais ne cataloguer que celles qui vous intéressent, comme vos photos de voyages, par exemple.

Taguer

À chaque cliché issu d'un appareil photo numérique, est associé un ensemble d'informations qu'on appelle les métadonnées de l'image. Parmi celles-ci, il y a les données de prises de vue qui sont enregistrées automatiquement par l'appareil, mais vous avez la possibilité d'y ajouter des informations de description qui faciliteront la recherche et le tri de vos photos. Elements Organizer permet de lire les métadonnées de l'image et aussi de la taguer. Il s'agit en fait d'associer les mots-clés de votre

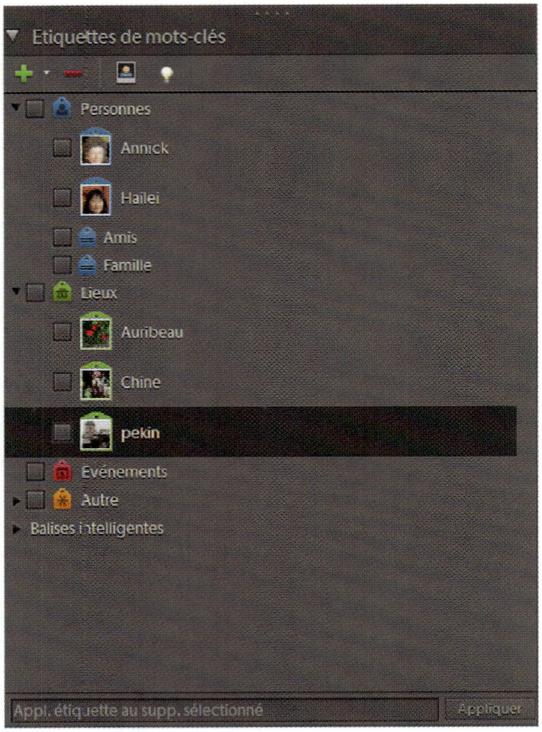

Figure 01 : le panneau Etiquettes de mots-clés de l'Organizer permet de gérer les tags.

choix à l'image. Ainsi pour une photo de coucher de soleil prise en Bretagne lors de vacances en famille, vous pourrez utiliser les mots-clés suivants : coucher de soleil, Bretagne, vacances, famille. (Figure 01)

Reconnaissance de visages

Comme tous les catalogueurs de dernière génération, Elements Organizer intègre un système de reconnaissance de visages qui lui permet de détecter automatiquement la présence d'un visage dans un cliché. Une fois celui-ci identifié par vos soins, Elements Organizer se chargera de retrouver tous les clichés dans lesquels figure la même personne. (Figure 02)

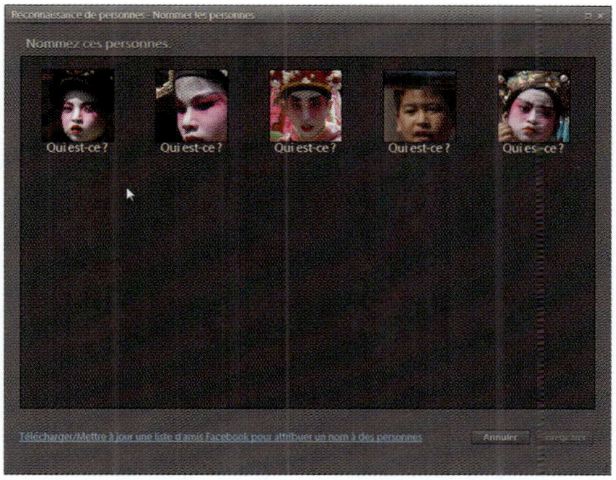

Figure 02 : la boîte de dialogue de reconnaissance de visages.

Rechercher et trier

Une fois vos clichés catalogués et tagués, vous aurez la possibilité de les trier en exploitant les mots-clés que vous aurez définis, ce qui revient en fait à effectuer une recherche avec un ou plusieurs mots-clés. Ainsi, en lançant une recherche avec, par exemple, Bretagne et vacances, vous devriez retrouver la fameuse photo de votre coucher de soleil. (Figure 03)

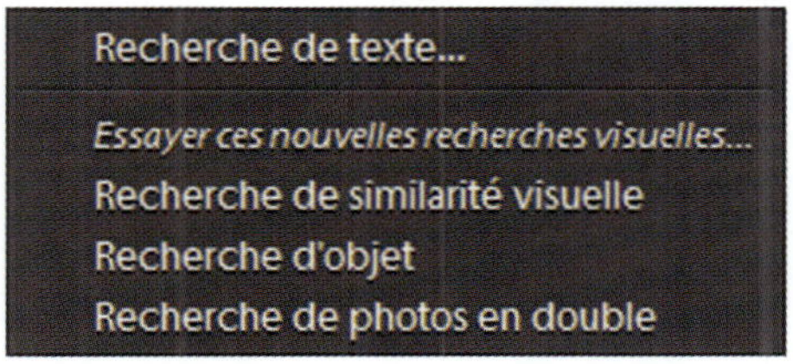

Figure 03 : les options de recherche de l'Organizer.

Créer des albums

Afin de vous éviter de refaire à chaque fois la même recherche pour retrouver les mêmes clichés, Elements Organizer vous permet de créer des albums. Il s'agit de dossiers virtuels dans lesquels vous pourrez regrouper un ensemble de photos quelconque : le résultat d'une recherche effectuée avec des mots-clés, une sélection manuelle de clichés, etc. Grâce à cette technique, une même photo pourra être présente dans différents albums sans pour autant être dupliquée ou déplacée de son dossier d'origine. Vous pourrez ainsi retrouver votre photo de coucher de soleil dans l'album Bretagne, mais aussi dans l'album Vacances ou dans l'album Coucher de soleil. (Figure 04)

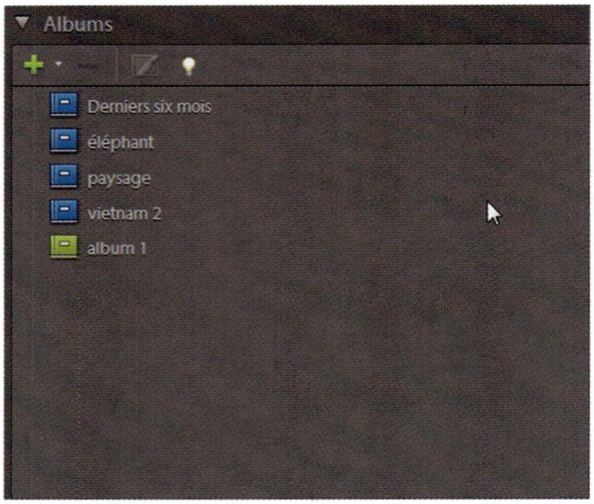

Figure 04 : le panneau Albums permet de gérer les collections d'images.

Base de projets de création

Pour ceux qui envisagent d'exploiter les fonctionnalités de Photoshop Elements pour la création de projets graphiques, Elements Organizer reste le point de départ, presque incontournable. En effet, qu'il s'agisse de créer une galerie de photos en ligne, un diaporama ou un livre photos, vous travaillerez à partir d'une sélection de clichés, et comme vous l'aurez déjà compris en lisant ces lignes, l'Organizer est l'outil idéal pour effectuer cette sélection.

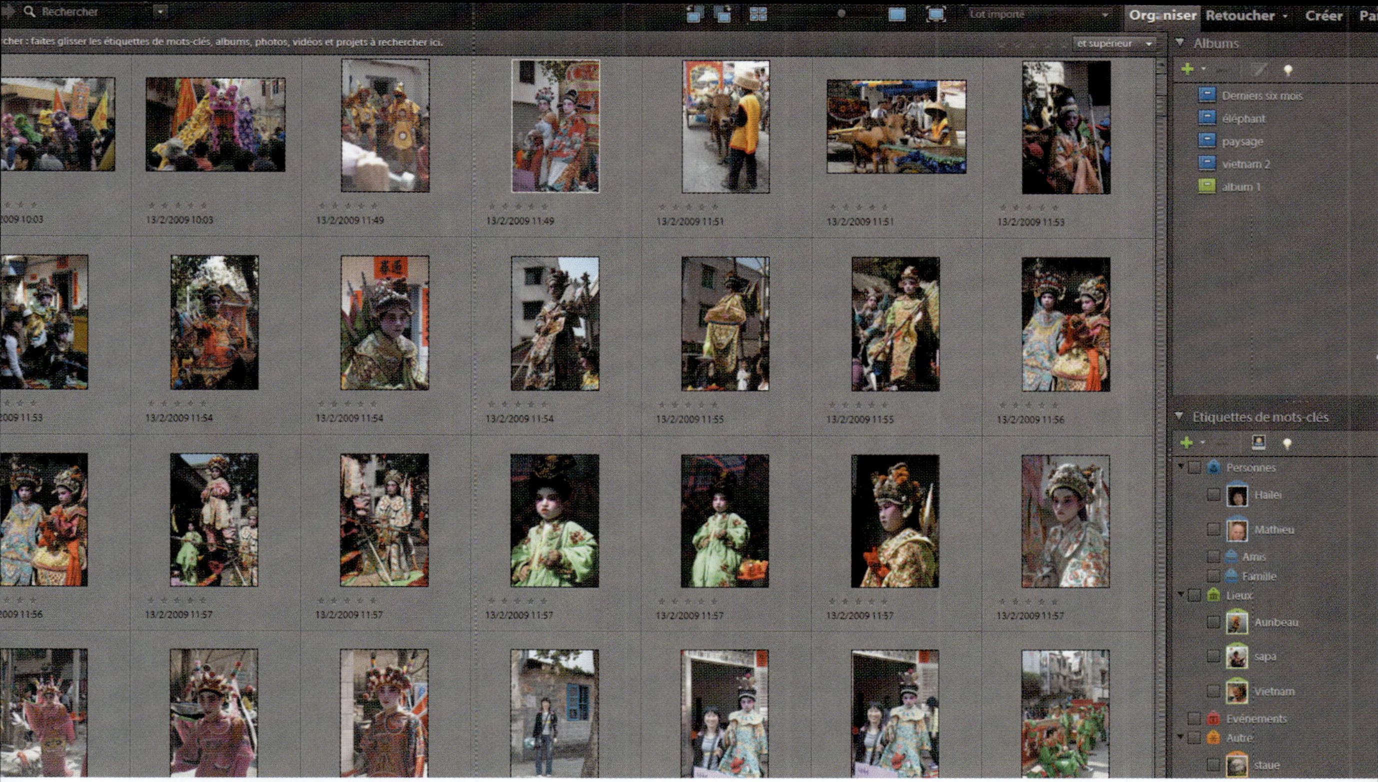

CRÉER LE CATALOGUE

La première tâche à effectuer dans Elements Organizer est d'ajouter des photos dans le catalogue.

Vous avez lancé Elements Organizer, l'application affiche son interface principale, vide de tous clichés. Dans ce premier tutoriel, nous allons voir comment ajouter des photos dans le catalogue, soit en référençant des clichés déjà présents sur votre ordinateur ou sur un disque externe, soit en chargeant des photos depuis votre appareil numérique.

01 OBTENIR DES PHOTOS

Après avoir démarré Elements Organizer, faites Fichier> Obtenir des photos et des vidéos, puis choisissez dans le menu local qui apparaît, l'option A partir de fich/dossiers. L'application affiche une boîte de dialogue d'ouverture de fichiers. Naviguez jusqu'au dossier contenant les clichés que vous souhaitez indexer dans le catalogue, puis cliquez sur le bouton Obtenir le support.

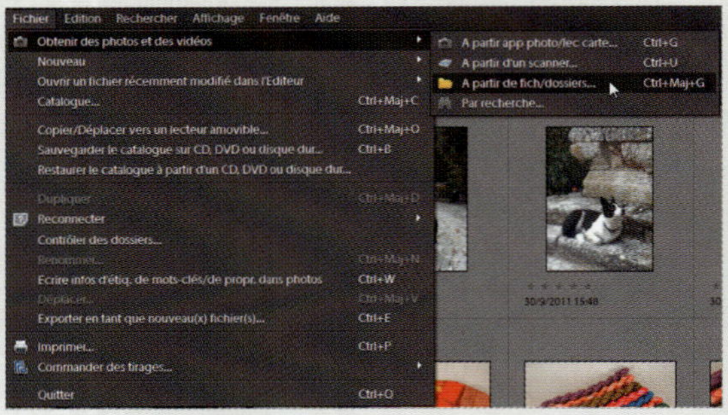

02 AJOUTER DES CLICHÉS

Elements Organizer ouvre la boîte de dialogue Obtention du support qui affiche la progression du chargement des photos, puis le cas échéant affiche un message d'erreur lorsqu'un fichier est illisible ou déjà présent dans le catalogue. Cliquez sur le bouton OK pour valider l'ajout ; le panneau central d'Organizer affiche les vignettes des photos ajoutées au catalogue, ainsi qu'une boîte de dialogue vous indiquant que seules les images que vous venez d'ajouter sont visibles. Refermez la boîte de dialogue à l'aide de son bouton OK.

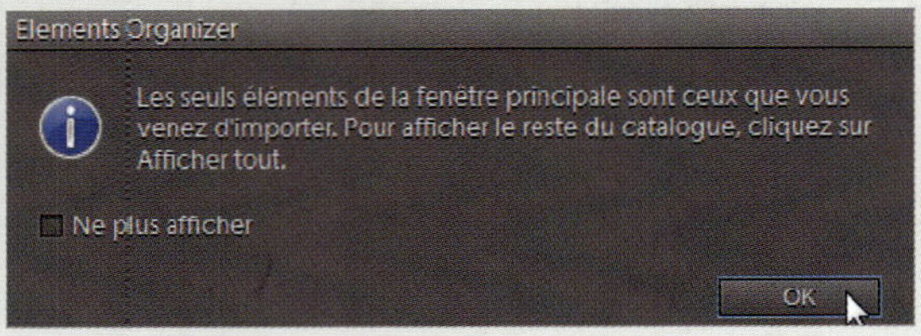

03 AJOUTER DES PHOTOS DEPUIS UN APPAREIL PHOTO

Après avoir connecté votre appareil photo à l'ordinateur, ou avoir inséré la carte mémoire dans le lecteur de cartes, revenez dans Organizer et faites Fichier> Obtenir des photos et des vidéos. Choisissez dans le sous-menu, l'option A partir app photo/lec cartes... La boîte de dialogue Téléchargeur de photos apparaît à l'écran, affichant dans sa partie supérieure, la rubrique Obtenir des photos à partir de. Cliquez sur la liste qui jouxte cette rubrique et sélectionnez le nom de votre appareil photo ou de votre carte mémoire ; les clichés enregistrés sur votre appareil photo s'affichent sous forme de vignettes.

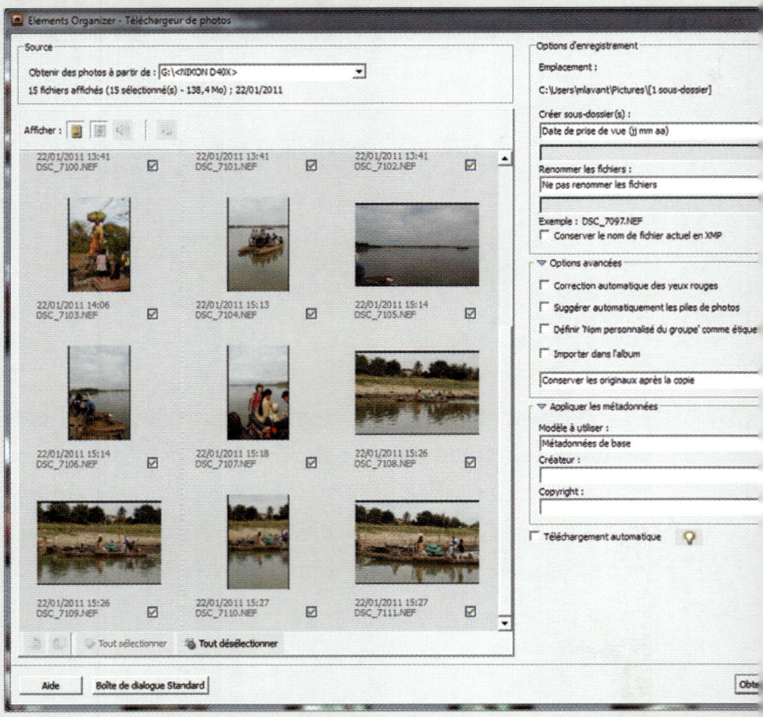

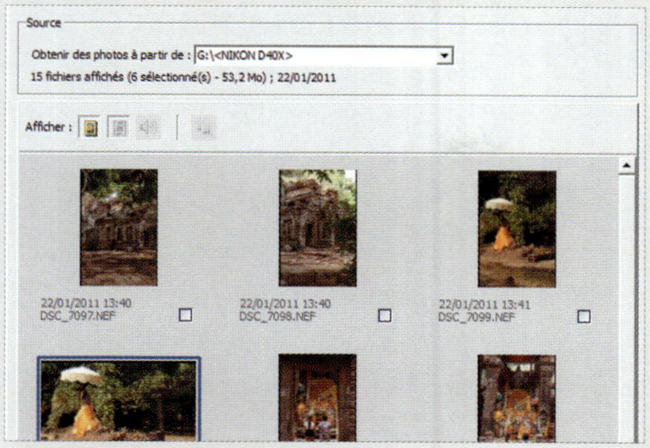

04 SÉLECTIONNER LES CLICHÉS

Toutes les vignettes sont cochées, ce qui signifie qu'elles seront toutes importées dans le catalogue. Si vous ne souhaitez importer que certains clichés, cliquez sur le bouton Tout désélectionner, en bas de la boîte de dialogue, puis resélectionnez manuellement les photos à importer en cliquant sur leur case à cocher. Passez ensuite dans la partie droite de la boîte de dialogue pour régler les options d'enregistrement.

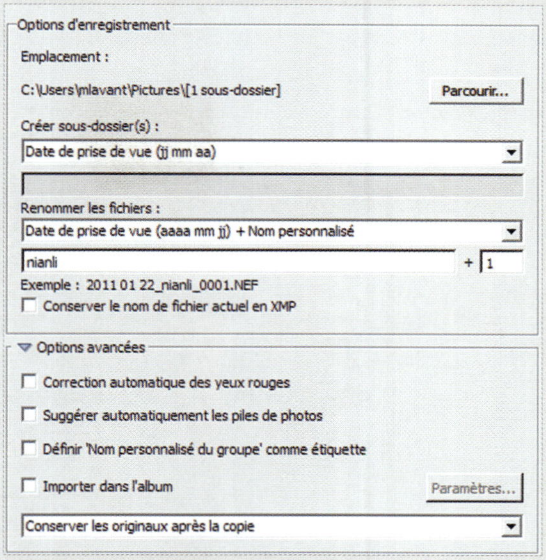

05 OPTIONS D'ENREGISTREMENT

Par défaut, Organizer vous propose d'enregistrer les photos dans un nouveau dossier portant la date du jour, qui sera créé dans le sous-dossier Images de votre dossier Utilisateur. Si vous préférez enregistrer les clichés dans des dossiers correspondant aux dates de prises de vues, ou dans un dossier portant un nom particulier, sélectionnez l'une de ces options dans la liste de la rubrique Créer sous-dossier. Passez ensuite à la rubrique Renommer les fichiers, et choisissez une option dans la liste. Vérifiez que l'option Conserver les originaux après la copie est bien active et lancez l'import des photos à l'aide du bouton Obtenir le média.

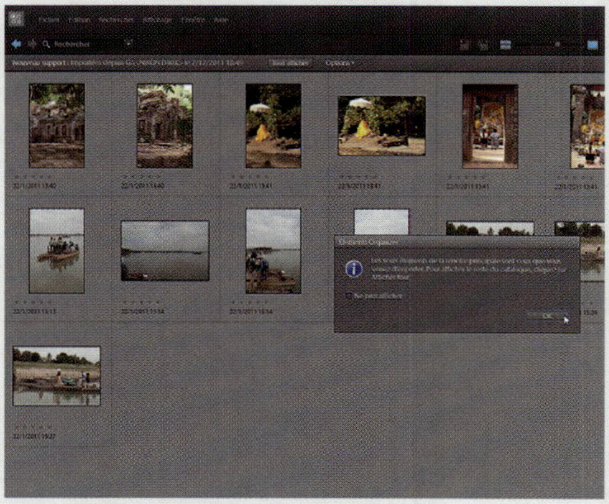

06 TRANSFERT DES CLICHÉS

Organizer referme la boîte de dialogue Téléchargeur de photos et en ouvre une nouvelle qui affiche la progression du transfert des photos. Une fois le transfert terminé, l'application vous informe qu'elle va ajouter les nouveaux clichés dans le catalogue. Cochez la case Toujours effectuer cette opération et cliquez sur le bouton Oui. Les clichés sont ajoutés au catalogue et s'affichent sous forme de vignette, dans le panneau principal d'Organizer.

07 AJOUTER DES PHOTOS DEPUIS UN DISQUE EXTERNE

L'espace de stockage de votre ordinateur étant limité, une bonne idée peut être d'enregistrer vos photos sur un disque externe. D'autant plus que cela ne vous empêchera pas de les cataloguer avec Organizer. Après avoir connecté le disque externe à votre ordinateur et démarré Organizer, lancez la commande Fichier> Obtenir des photos et des vidéos, et choisissez l'option A partir de fich/dossiers. Vous retrouvez alors la boîte de dialogue d'ouverture de fichiers, rencontrée à l'étape 01. Sélectionnez le disque externe, naviguez jusqu'au dossier contenant les clichés à cataloguer et cliquez sur le bouton Obtenir le support.

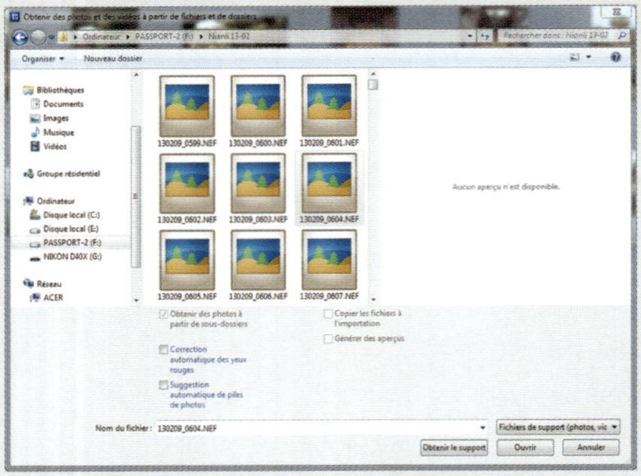

08 AFFICHER LES PHOTOS

Organizer procède au catalogage des photos comme s'il s'agissait de photos stockées sur l'ordinateur, puis les affiche sous forme de vignettes dans son panneau principal.

09 DÉCONNECTER LA SOURCE

Quittez Organizer, déconnectez votre disque dur externe et relancez l'application ; le catalogueur affiche toujours les vignettes des clichés stockés sur le disque externe. Il conserve en fait une vue en basse résolution (640 x 480 pixels) de chaque image cataloguée. Sélectionnez l'une de ces vignettes et tapez sur Retour pour l'afficher en grand format. Suivant la taille de l'écran, Organizer affiche une prévisualisation de plus ou moins bonne qualité de l'image. En revanche, si vous tentez d'ouvrir le cliché dans Photoshop Elements pour le corriger, vous aurez un message d'erreur vous indiquant que le support sur lequel se trouve le cliché est déconnecté.

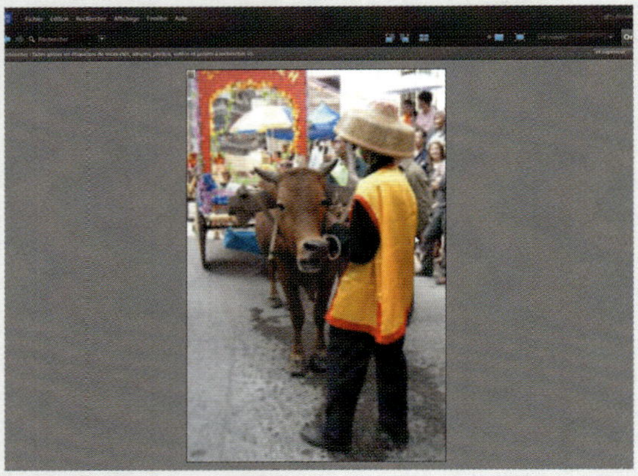

RÉGLER L'AFFICHAGE

Pour mieux exploiter les ressources de votre photothèque, choisissez le mode d'affichage qui vous convient.

Vous avez ajouté vos premières photos dans Organizer. À présent, l'application affiche le contenu de votre photothèque dans son panneau principal. Par défaut, les clichés sont classés par date de prise de vue, mais comme vous allez le découvrir dans ce tutoriel, vous disposez de différents modes d'affichage dont le mode Emplacement du dossier qui permet d'afficher l'arborescence des dossiers de votre ordinateur et simplifie l'ajout de photos au catalogue.

01 LA RUBRIQUE AFFICHAGE

Après avoir lancé Organizer, rendez-vous en haut à droite de l'écran ; vous y trouverez l'icône Maison qui permet d'afficher le panneau de démarrage de Photoshop Elements, et à gauche de cette icône, la rubrique Affichage qui regroupe dans son menu les différentes options d'affichage disponibles. Par défaut, l'option Affichage par vignette est sélectionnée.

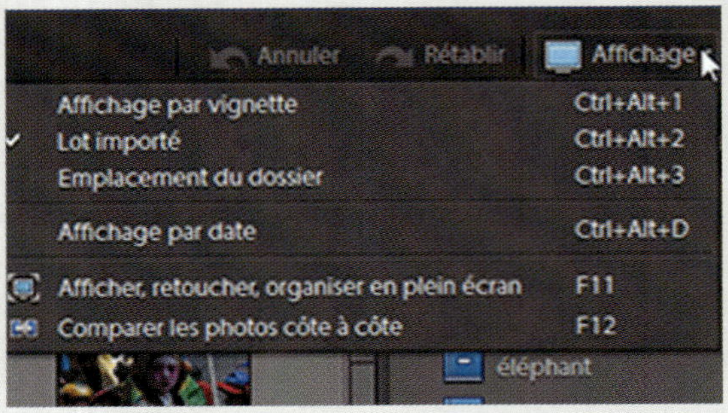

« La rubrique Affichage regroupe dans son menu les différentes options d'affichage disponibles. »

02 LOT IMPORTÉ

Dans le menu de la rubrique Affichage, sélectionnez l'option Lot importé ; Organizer réaffiche le contenu de la photothèque en séparant nettement chaque lot d'images « importées » et indique pour chacun d'entre eux, la date d'import et la provenance.

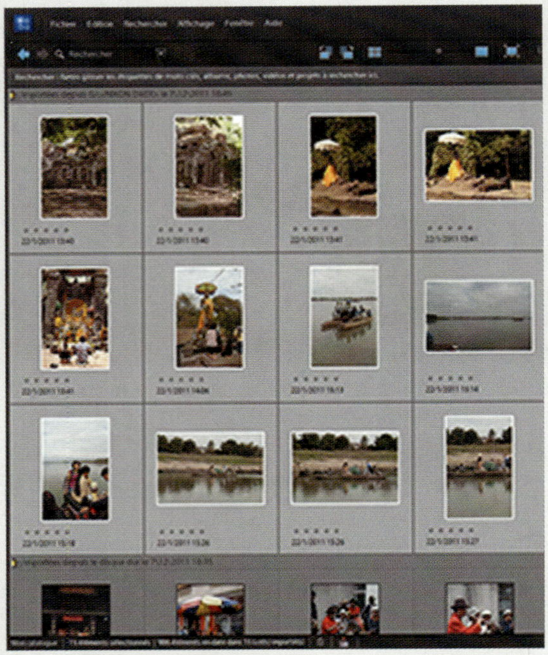

03 EMPLACEMENT DU DOSSIER

Revenez dans le menu de la rubrique Affichage et choisissez cette fois l'option Emplacement du dossier. Organizer ouvre le panneau Dossiers dans la partie gauche de l'écran qui affiche l'arborescence des dossiers présents sur votre ordinateur.

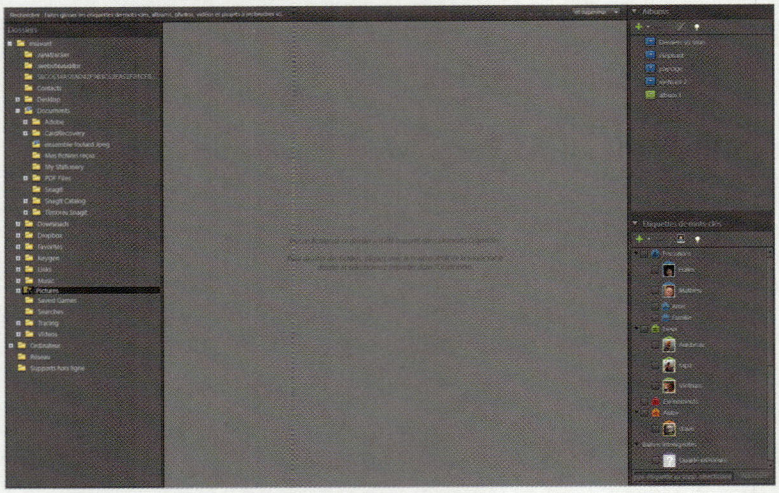

04 AFFICHER LE CONTENU D'UN DOSSIER

Dans le panneau Dossiers, sélectionnez un dossier doté d'une icône de dossier ouvert : cette icône indique que le contenu du dossier a été catalogué. En cliquant sur ce dossier, son contenu s'affiche dans le panneau principal de l'Organizer.

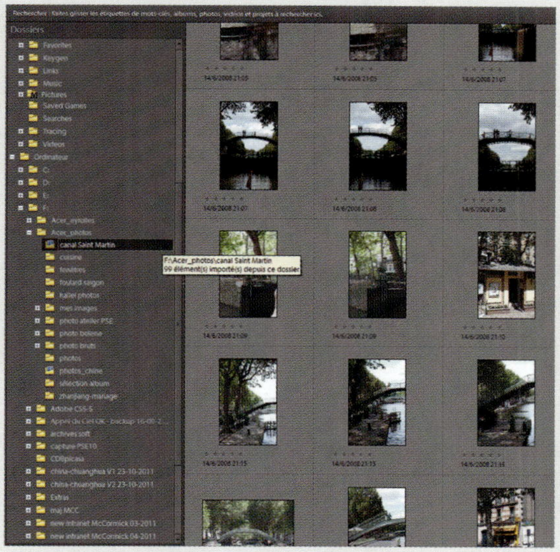

05 CATALOGUER UN NOUVEAU DOSSIER

Cliquez à présent sur une icône ordinaire dans le panneau Dossiers ; le panneau principal de l'Organizer n'affiche aucune image. Le contenu de ce dossier n'est pas catalogué. Pour ajouter le contenu de ce dossier au catalogue, cliquez droit sur son icône et choisissez la commande Importer dans Elements Organizer.

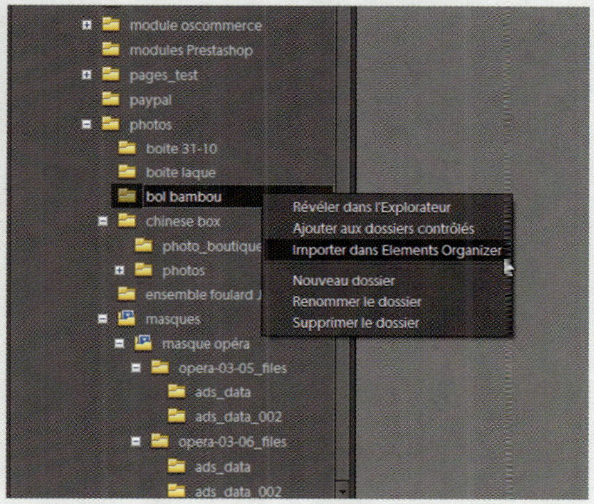

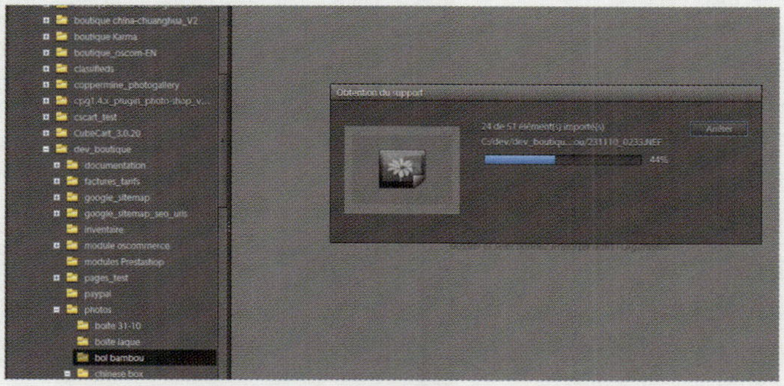

06 IMPORTER DANS ELEMENTS ORGANIZER

Organizer ouvre la boîte de dialogue d'importation qui montre la progression de la tâche, puis affiche les vignettes des photos importées. Dans le panneau Dossiers, le dossier que vous venez d'indexer affiche sa nouvelle icône.

« Le mode d'affichage Emplacement du dossier permet à la fois d'accéder rapidement au contenu d'un dossier et d'ajouter de nouvelles images dans la photothèque. »

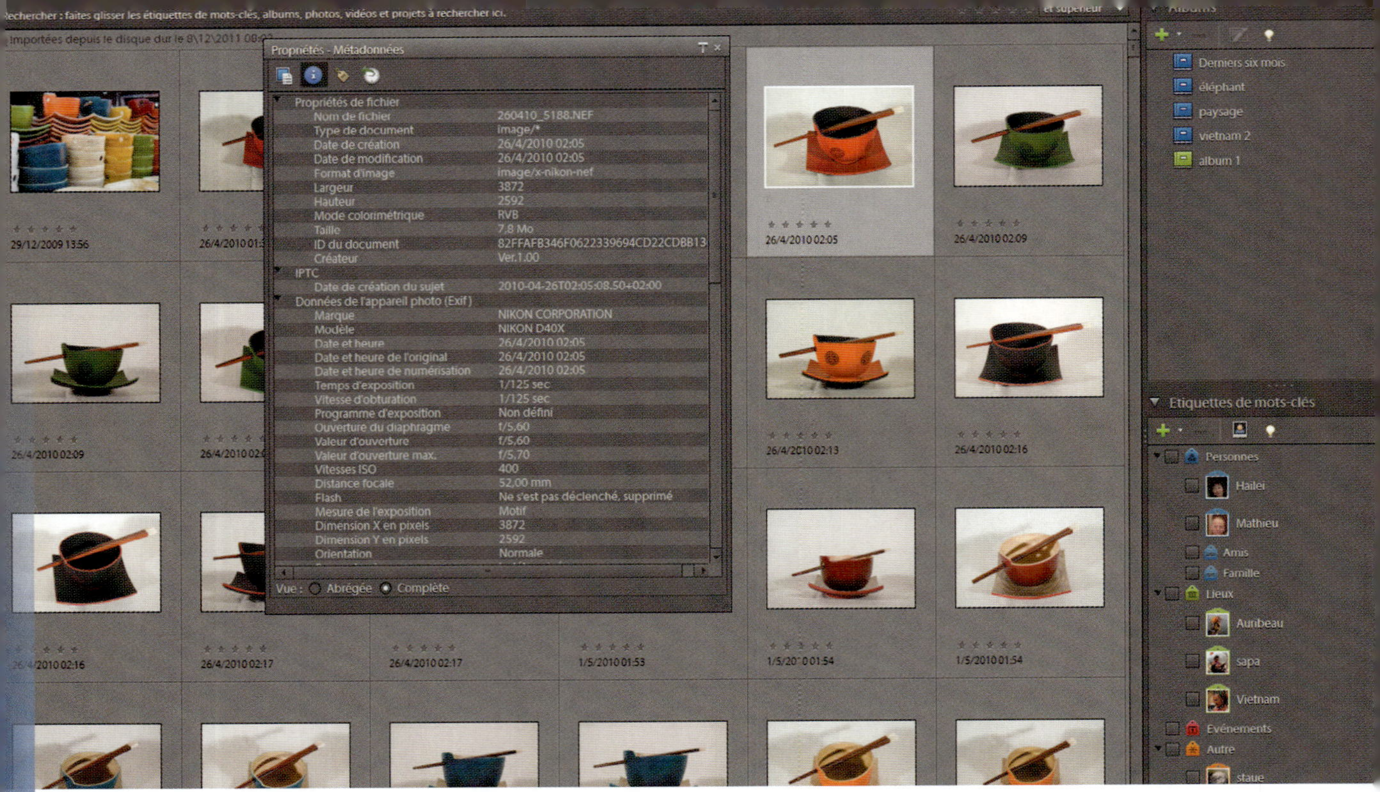

TAGUER LES PHOTOS

L'ajout de mots-clés facilite la recherche de clichés dans votre photothèque.

En plus de l'image elle-même, un fichier bitmap (image numérique) contient un ensemble d'informations textuelles appelées métadonnées. Ces dernières rassemblent les données de prise de vue (Exif) fournies par l'appareil photo et des données de description de l'image (IPTC) que vous pourrez ajouter manuellement pour faciliter la recherche et le tri de vos clichés. Dans ce tutoriel, vous allez découvrir comment afficher les métadonnées de vos photos et leur associer des mots-clés.

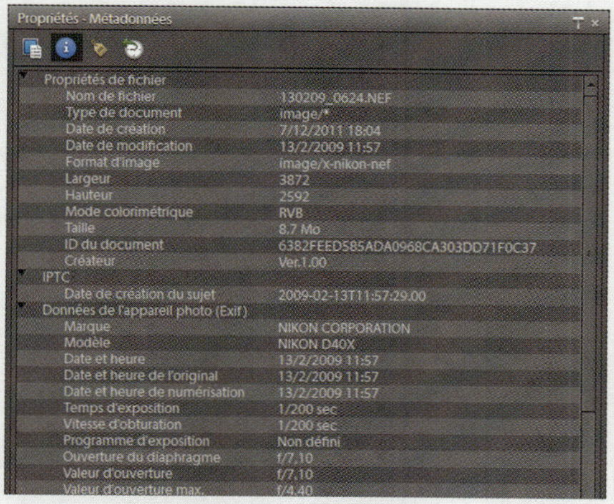

01 AFFICHER LES MÉTADONNÉES

Sélectionnez un cliché dans le panneau principal de la photothèque, puis faites Affichage> Propriétés ; Organizer ouvre alors le panneau flottant Propriétés. Dans la partie supérieure du panneau, cliquez sur l'icône « i », puis activez l'option Complète. En bas de celui-ci s'affichent alors les métadonnées de l'image. Suivant l'image sélectionnée, vous y trouverez les données Exif, Camera Raw, IPTC et GPS. Notez que les informations affichées dans ce panneau ne sont pas modifiables.

02 LE PANNEAU ETIQUETTES DE MOTS-CLÉS

Refermez le panneau Propriétés et rendez-vous dans le panneau Etiquettes de mots-clés, dans la partie droite de l'Organizer. Le panneau affiche des étiquettes de couleurs qui représentent des catégories de mots-clés. Cliquez sur l'une de ces étiquettes pour afficher les sous-catégories ou mots-clés qu'elle contient. Faute d'avoir déjà créé des mots-clés, ces catégories sont vides, à l'exception de la catégorie Balises intelligentes.

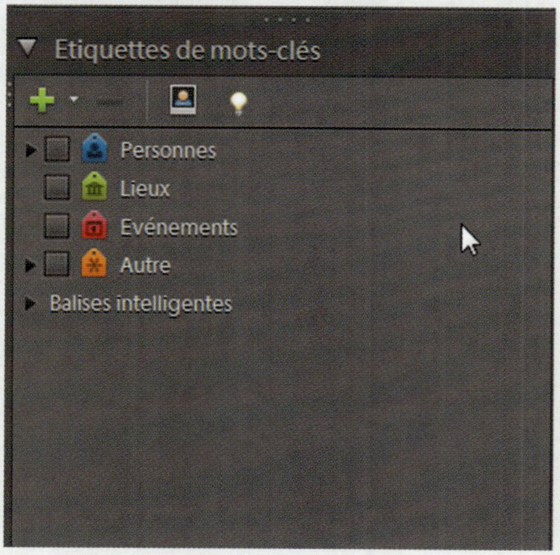

03 CRÉER UN MOT-CLÉ

À présent, vous allez créer un premier mot-clé : dans la partie supérieure du panneau, cliquez sur l'icône « + » et choisissez Nouvelle étiquette de mot-clé dans le menu qui s'affiche. Organizer ouvre le panneau Créer une étiquette de mot-clé. Tapez le mot-clé dans le champ Nom, puis sélectionnez une catégorie dans la rubrique située au-dessus et validez ; le nouveau mot-clé apparaît dans le panneau. Reste à l'associer à une ou plusieurs photos.

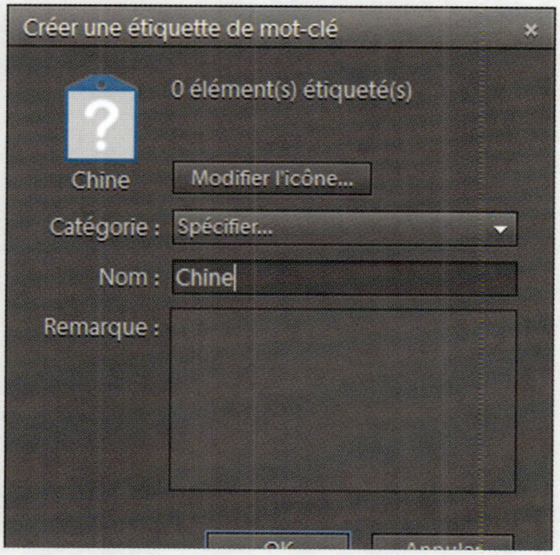

04 AJOUTER UN MOT-CLÉ À UN CLICHÉ

Pour associer un mot-clé à un cliché, cliquez sur son étiquette dans le panneau Etiquettes de mots-clés et faites-la glisser sur la vignette du cliché à taguer. Une petite étiquette de couleur apparaît en bas à droite sous la vignette, indiquant que le cliché est tagué.

06 AJOUTER UN MOT-CLÉ À PLUSIEURS PHOTOS

Une fois les photos sélectionnées, revenez dans le panneau Etiquettes de mots-clés et faites glisser l'étiquette sur l'une des photos : l'ensemble de la sélection est automatiquement tagué.

05 SÉLECTIONNER PLUSIEURS CLICHÉS

Organizer vous permet aussi de taguer plusieurs clichés à la fois. Pour ce faire vous devrez d'abord les sélectionner : si les vignettes sont contiguës, faites un cliquer-glisser pour entourer les images à sélectionner. Celles-ci s'affichent alors sur un fond gris clair. Si les photos sont disséminées dans la photothèque, cliquez sur une première vignette, puis recherchez la suivante, enfoncez la touche Ctrl/Cmd et cliquez. Répétez l'opération pour toutes les autres photos, puis relâchez la touche.

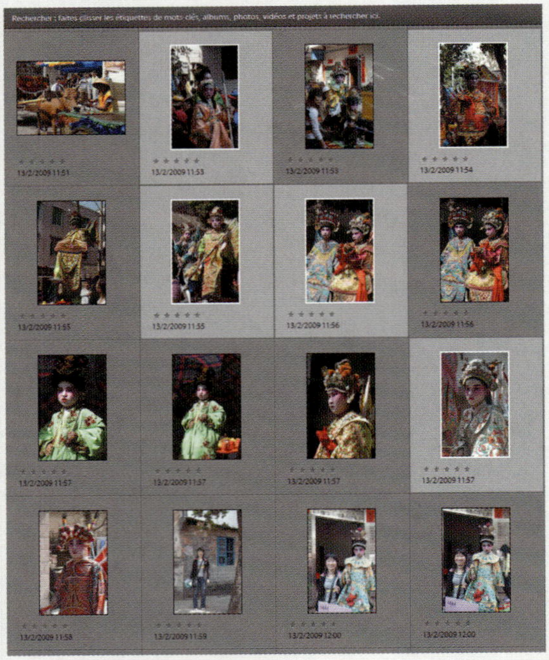

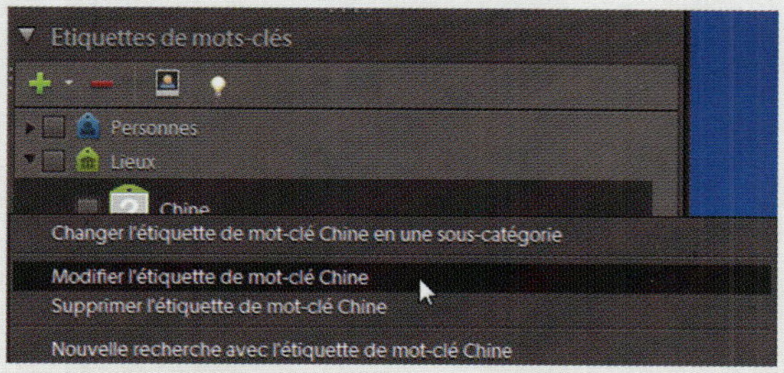

07 MODIFIER UN MOT-CLÉ

Pour modifier une étiquette de mot-clé, cliquez droit sur celle-ci dans le panneau Etiquettes et choisissez la commande Modifier l'étiquette de mot-clé. Organizer rouvre le panneau d'édition de l'étiquette. Modifiez le contenu du champ Nom et validez avec le bouton OK.

08 SUPPRIMER UN MOT-CLÉ D'UNE PHOTO

En taguant vos photos, il vous arrivera parfois d'attribuer par erreur le mauvais mot-clé à une photo. Pour réparer cette erreur, cliquez-droit sur le marqueur de mot-clé qui s'affiche à droite en dessous de la vignette, et dans le menu contextuel qui apparaît, choisissez Supprimer l'étiquette de mot-clé X. Attention, si vous attribuez à un cliché des mots-clés de différentes catégories, vous verrez à côté de sa vignette autant de marqueurs de couleur !

09 ANALYSEUR AUTOMATIQUE

Revenez dans le panneau Etiquettes de mots-clés et cliquez sur la flèche qui jouxte la catégorie Balises intelligentes ; le panneau affiche de nouvelles étiquettes prédéfinies : Qualité inférieure, Qualité supérieure, etc. Ces balises vous permettront de trier vos clichés suivant des critères de contenu ou de qualité (voir le tutoriel Trier les photos), mais au préalable, ils devront être analysés par l'Organizer. Sélectionnez l'ensemble de vos photos à l'aide du raccourci Ctrl/Cmd+A, puis activez la commande Edition> Exécuter l'analyseur automatique ; Organizer lance l'analyse du contenu des clichés et affiche une boîte de dialogue de progression.

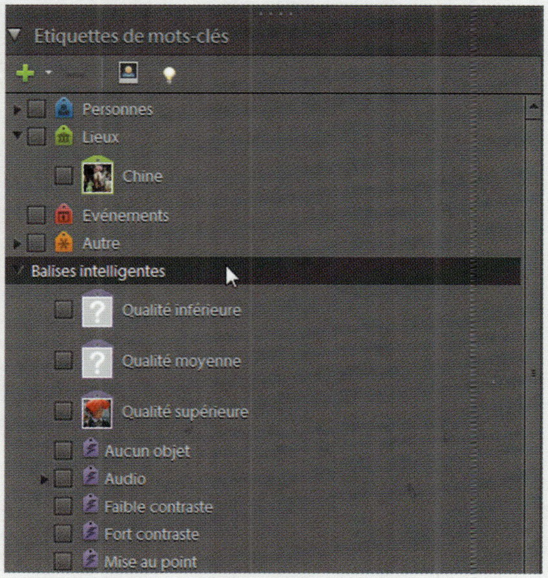

DÉTECTION DE VISAGES

À l'instar de Picasa ou iPhoto, Organizer intègre une fonction de reconnaissance des personnes.

Pour vous aider à trier vos photos, Organizer dispose d'une fonction de reconnaissance des personnes. Comme vous allez le découvrir dans ces pages, cette fonction détecte automatiquement les clichés contenant un visage, puis une fois la personne identifiée, vous aide à retrouver les photos dans lesquelles figure cette même personne.

01 LANCER LA RECONNAISSANCE DE PERSONNES

Après avoir démarré Organizer, rendez-vous dans le panneau Etiquettes de mots-clés, dans la partie droite de l'écran. Cliquez sur l'icône Lancer la reconnaissance de personnes, située en haut du panneau.

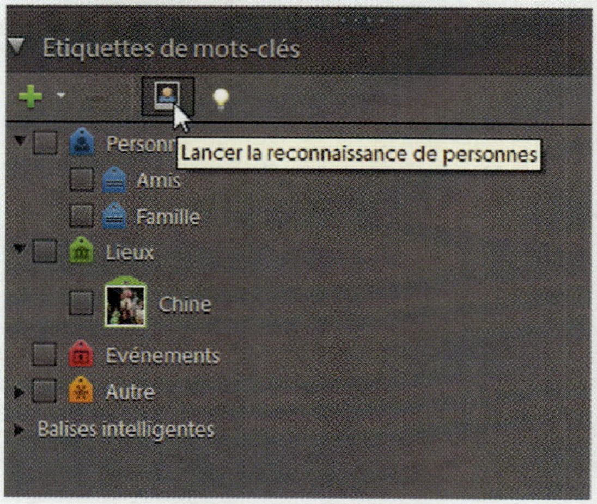

02 AFFICHAGE DU RÉSULTAT

Après quelques minutes, suivant l'importance de votre photothèque, Organizer ouvre la boîte de dialogue Reconnaissance des personnes et affiche les visages qui ont été détectés dans les clichés.

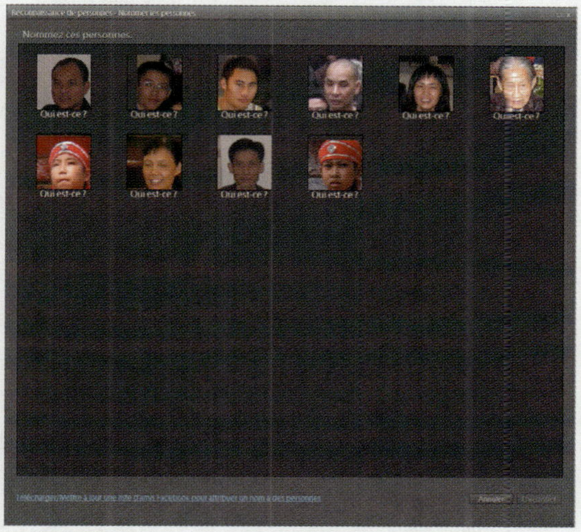

03 IDENTIFIER UN VISAGE

Sous chaque visage s'affiche la question « Qui est-ce ? ». Si vous connaissez la personne et souhaitez qu'Organizer vous aide à retrouver tous les clichés dans lesquels elle figure, cliquez sur la question pour afficher le champ de saisie, entrez le nom de la personne et tapez sur la touche Retour.

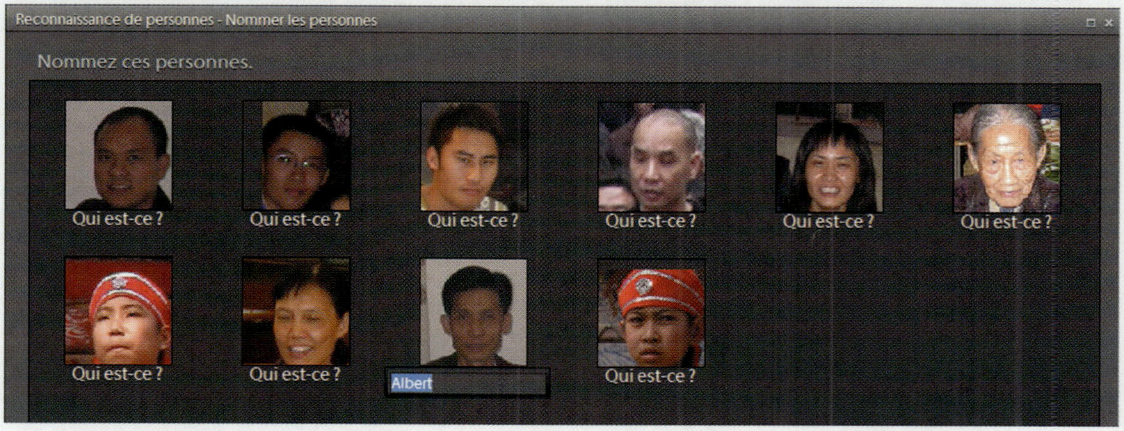

04 IGNORER UN VISAGE

Si vous ne connaissez pas la personne, ou ne voyez pas l'intérêt de l'identifier, survoler sa vignette avec le pointeur de la souris ; une case de fermeture apparaît en haut à droite. Cliquez sur cette case ; la vignette s'affiche en grisé, accompagnée du libellé Exclus.

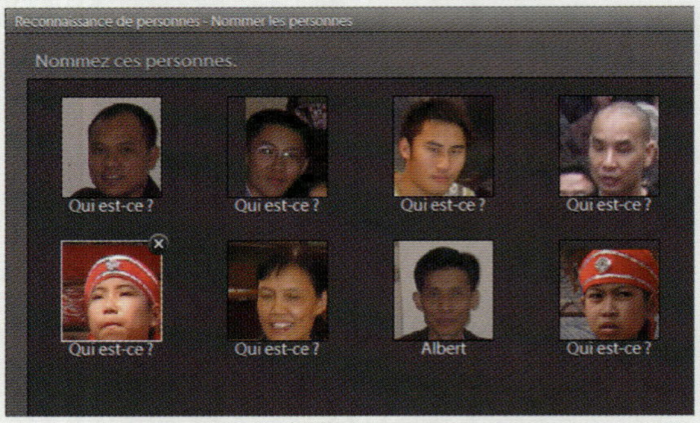

05 POURSUIVRE L'IDENTIFICATION

Dans un premier temps, limitez-vous à l'identification d'un seul visage. Organizer vous proposera plus tard les autres visages non identifiés. Pour finir cliquez sur le bouton Enregistrer, en bas à droite de la boîte de dialogue.

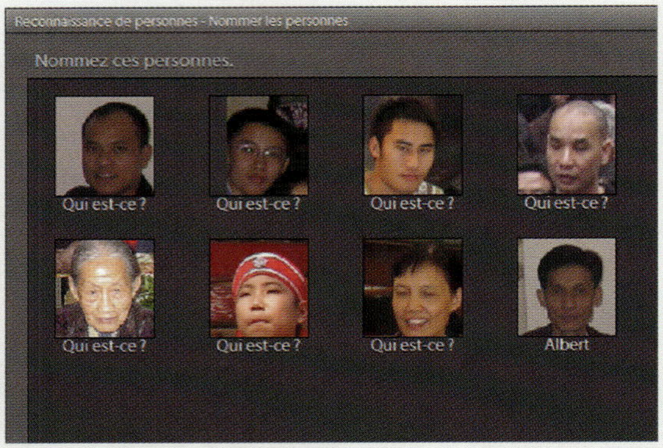

06 CONFIRMATION D'UNE PERSONNE

Si Organizer détecte d'autres clichés de la personne identifiée, il affiche les vignettes dans la boîte de dialogue Reconnaissance des personnes, en regard du visage identifié. À ce stade, vous n'avez qu'à exclure les vignettes qui ne correspondent pas. Pour ce faire, survolez-les avec le pointeur de la souris, puis cliquez sur leur case de fermeture. Cliquez ensuite sur le bouton Enregistrer.

07 POURSUIVRE L'IDENTIFICATION

Suivant le cas, Organizer vous propose un autre lot de photos à confirmer, ou affiche une nouvelle série de visages à identifier. Procédez comme précédemment : supprimez les visages inconnus et ceux que vous ne souhaitez pas identifier, puis identifiez une seconde personne et cliquez sur le bouton Enregistrer, en bas de la boîte de dialogue.

09 INTERROMPRE L'IDENTIFICATION

La tâche d'identification des visages peut prendre un certain temps, en particulier si de nombreuses personnes figurent sur vos clichés. Mais rassurez-vous, vous avez toujours la possibilité d'interrompre votre travail pour le reprendre plus tard : pour ce faire, refermez la boîte de dialogue à l'aide de son bouton Annuler. Organizer a déjà enregistré les premiers visages que vous avez identifiés, et vous pourrez reprendre votre travail dans l'état où vous l'avez laissé.

08 RETOUR AU PANNEAU ETIQUETTES DE MOTS-CLÉS

Une fois terminé le travail d'identification et d'exclusion, Organizer referme la boîte de dialogue Reconnaissance des personnes et affiche les nouvelles étiquettes de personnes dans le panneau Etiquettes de mots-clés. Comme vous le verrez dans le tutoriel suivant, un double-clic sur une de ces étiquettes de personnes affiche tous les clichés contenant le sujet.

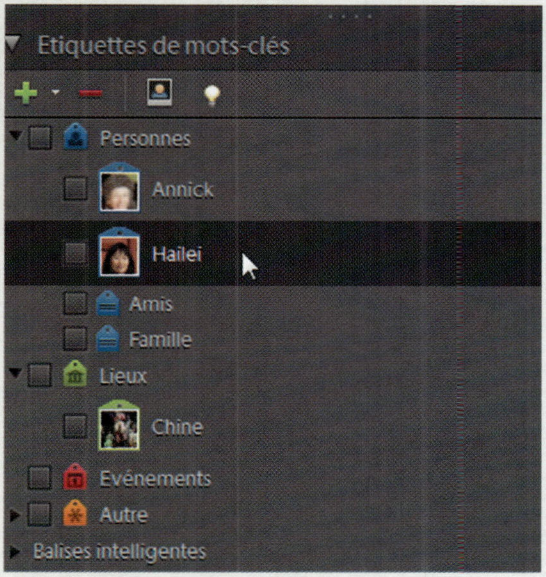

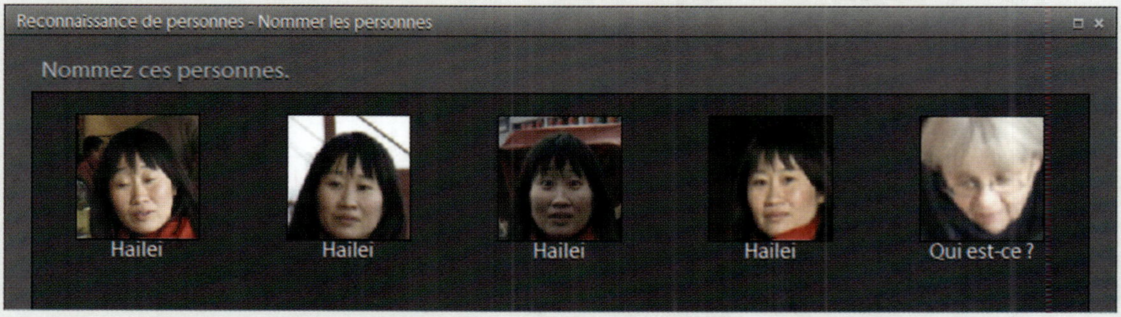

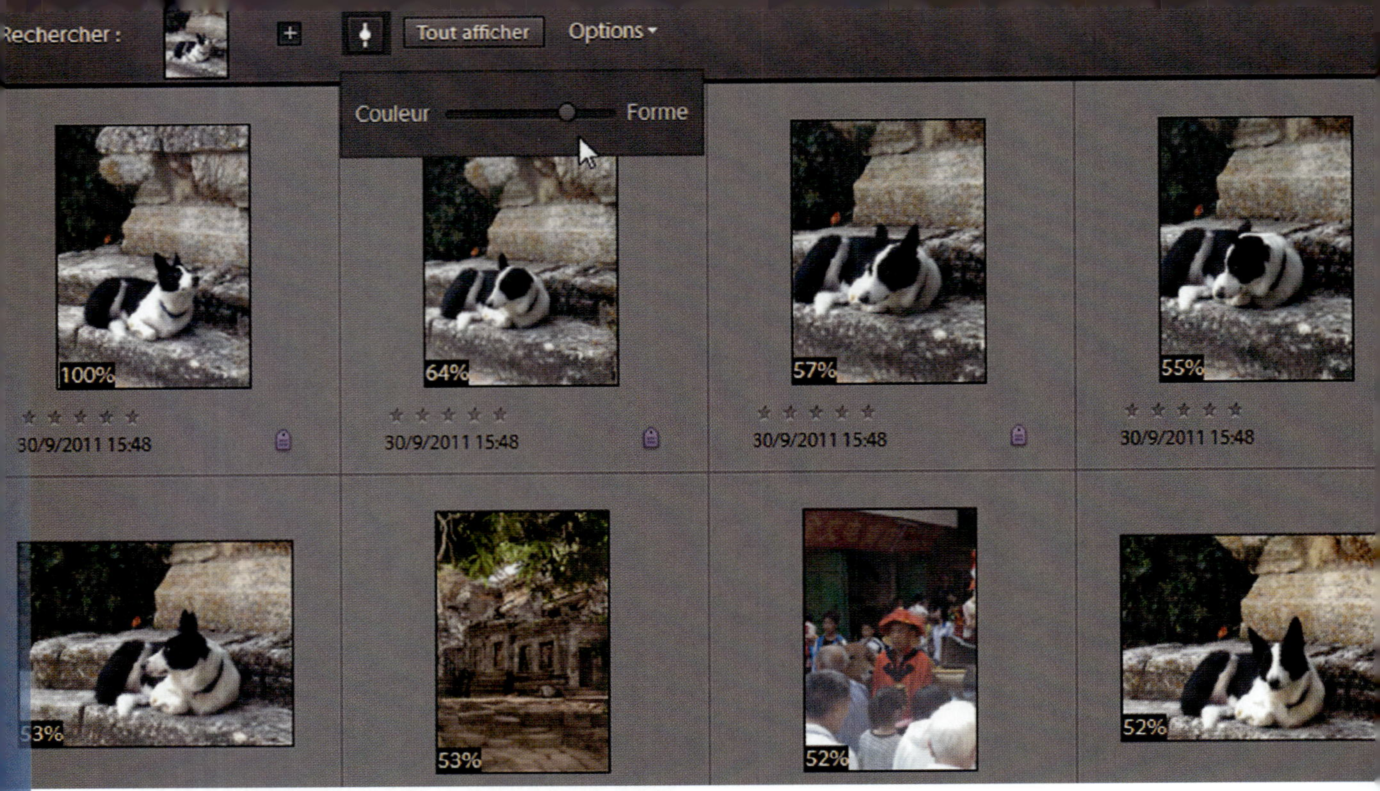

RECHERCHE ET TRI

Grâce aux fonctions de recherche d'Organizer, vous pouvez retrouver n'importe quel cliché de votre photothèque.

Si le taguage des clichés est une opération laborieuse, il vous permettra ensuite de retrouver plus facilement certaines photos perdues dans votre photothèque. Mais comme vous allez le découvrir dans ce tutoriel, Organizer intègre aussi un outil de recherche intelligent avec lequel vous pourrez lancer une recherche basée sur le contenu d'une image.

01 LE PANNEAU ETIQUETTES DE MOTS-CLÉS

Après avoir démarré Organizer, rendez-vous dans le panneau Etiquettes de mots-clés, dans la partie droite de l'écran. Celui-ci affiche les différentes étiquettes que vous avez créées dans le tutoriel Taguer les photos. Cliquez sur la case à cocher située en regard de l'une des étiquettes ; Organizer réduit l'affichage aux seules photos portant cette étiquette. Cliquez sur la case à cocher d'une seconde étiquette ; les clichés correspondants sont ajoutés à la sélection.

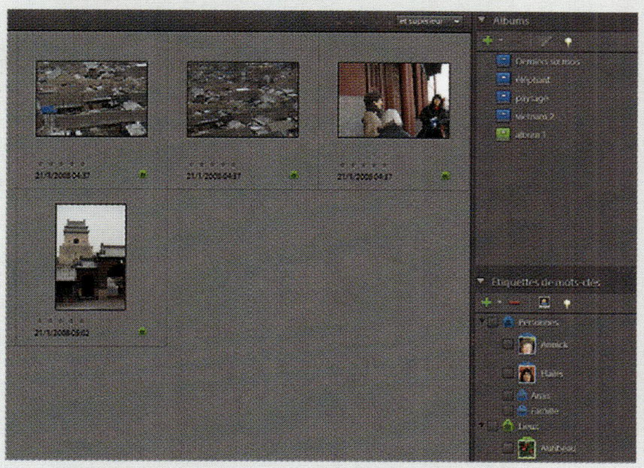

02 RETOUR À LA PHOTOTHÈQUE

Pour revenir à la photothèque, cliquez sur le bouton Tout afficher qui apparaît dans la barre grise, au-dessus de la zone d'affichage. Vous pouvez également décocher les étiquettes de mots-clés que vous avez sélectionnées dans le panneau du même nom.

03 RECHERCHE PAR MOTS-CLÉS

Rendez-vous ensuite dans le champ de recherche, situé à gauche au-dessus de la zone d'affichage. Ce champ vous permet par défaut d'effectuer une recherche de texte, mais aussi une recherche basée sur le contenu (voir étapes suivantes). Saisissez un terme de recherche ; Organizer affiche instantanément le résultat, c'est-à-dire les clichés qui contiennent l'expression saisie dans les mots-clés, le nom du fichier ou la légende.

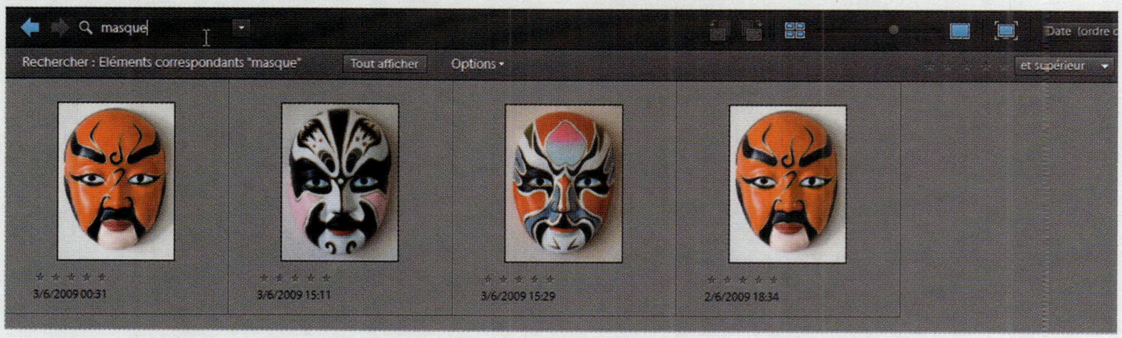

04 SIMILARITÉ VISUELLE

Réaffichez l'ensemble des clichés à l'aide du bouton Tout afficher, puis cliquez sur la flèche blanche située à droite du champ de recherche, et choisissez Recherche de similarité visuelle. Sélectionnez un cliché dans la photothèque et faites-le glisser sur la vignette ornée d'un point d'interrogation qui apparaît en dessous du champ de recherche : Organizer affiche les photos trouvées, en indiquant pour chacune d'entre elles le pourcentage de similitude.

05 AFFINER LA RECHERCHE

Comme vous le constaterez, la recherche de similarité visuelle produit un résultat qui varie énormément en fonction du cliché que vous avez soumis au moteur de recherche. Vous pourrez toutefois affiner le résultat de la manière suivante : cliquez sur l'icône située à gauche du bouton Tout afficher, puis faites glisser le curseur qui apparaît vers la gauche pour privilégier la similarité de couleur, ou vers la droite pour privilégier la similarité de forme. Vous pouvez également ajouter une seconde photo, à l'aide du bouton « + », situé à droite de la première vignette.

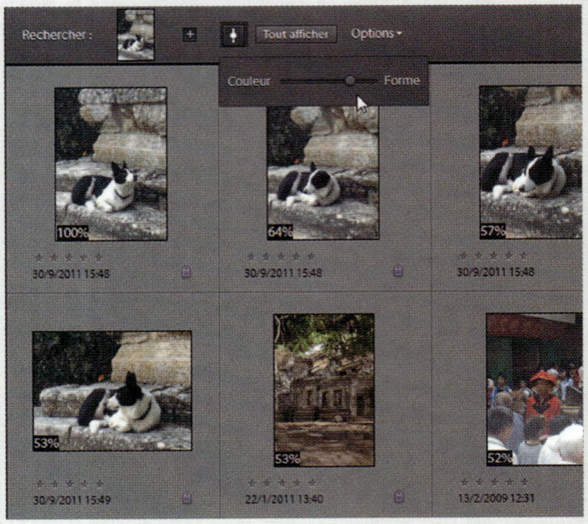

06 RECHERCHE D'OBJET

Si la recherche de similarité visuelle ne vous donne pas satisfaction, essayez la recherche d'objet. Dans le menu local du champ de recherche, sélectionnez l'option Recherche d'objet puis faites glisser une photo contenant l'objet de la recherche sur la vignette ornée d'un point d'interrogation. Organizer affiche la photo en grand format et un rectangle de recadrage. Ajustez le rectangle à l'objet recherché, puis cliquez sur le bouton Rechercher l'objet ; Organizer affiche les résultats, classés par ordre de pertinence.

07 ENREGISTRER LE RÉSULTAT DE LA RECHERCHE

Une fois la recherche terminée, vous souhaiterez sans doute enregistrer le résultat : cliquez sur le menu Options situé à droite du bouton Tout afficher, et choisissez Enregistrer les critères de recherche comme album dynamique... Dans la boîte de dialogue qui apparaît, saisissez un nom et validez ; la sélection de clichés est enregistrée dans un album dynamique qui apparaît dans le panneau Albums, à droite de l'écran (voir aussi le tutoriel Créer un album).

08 RECHERCHER DES DOUBLONS

Le menu local du champ de recherche, propose la commande Recherche de photos en double qui permet de traquer les doublons. Après avoir réaffiché l'ensemble des clichés, lancez la commande : Organizer analyse le contenu de la photothèque et affiche le résultat par groupe de clichés similaires. Comme vous le constaterez, cette commande détecte les doublons mais aussi les clichés présentant de fortes similitudes. Pour supprimer un cliché en double, cliquez sur sa vignette, puis sur le bouton Supprimer du catalogue qui apparaît en bas à gauche de l'écran. L'image est supprimée de la photothèque mais conservée sur l'ordinateur.

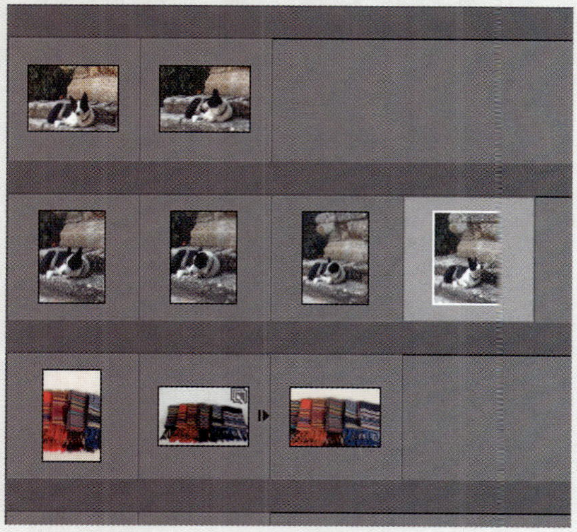

09 TRIER LES CLICHÉS

En complément des fonctions de recherche, Organizer propose une options de tri, disponible uniquement pour le mode Affichage par vignette. Cliquez sur le menu situé à gauche de l'onglet Organiser, dans la partie droite de l'écran, et choisissez Date (Ordre croissant) ou Date (Ordre décroissant) : les clichés sont alors classés en fonction de leur date de création.

CRÉER DES ALBUMS

Pour regrouper des photos selon vos besoins et envies, Elements Organizer permet de créer des albums.

Dans le jargon de Photoshop Elements et de certains catalogueurs, un album n'a rien à voir avec l'objet en papier auquel vous pourriez penser. Il s'agit en fait d'un dossier virtuel dans lequel vous pouvez placer les photos de votre choix, sans les déplacer de leurs dossiers d'origine. Un cliché de votre photothèque pourra ainsi être présent dans différents albums, sans pour autant être dupliqué.

01 CHOISIR LES CLICHÉS

Pour commencer, il s'agit de sélectionner les clichés que vous souhaitez réunir dans l'album. Pour ce faire, vous pouvez effectuer une sélection manuelle à l'aide d'un cliquer-glisser, sélectionner les clichés un par un en maintenant enfoncée la touche Ctrl/Cmd, ou encore utiliser les mots-clés ou le champ de recherche (voir tutoriel précédent).

02 CRÉER L'ALBUM

Une fois les clichés sélectionnés, rendez-vous dans le panneau Album, à droite de l'écran, cliquez sur le bouton « + » et choisissez la commande Nouvel album : dans la partie droite de l'écran s'affiche le panneau Détails de l'album, avec les vues miniatures des photos sélectionnées. Dans le champ Nom de l'album, entrez le nom de l'album, puis cliquez sur le bouton Terminer, en bas du panneau.

03 AFFICHER L'ALBUM

Une fois l'album créé, son nom apparaît dans le panneau Album. Cliquez sur celui-ci pour afficher son contenu. Comme vous le constaterez, tous les clichés appartenant à un album sont accompagnés d'une petite vignette de classeur qui indique le nom de l'album lors du survol de la souris. En cliquant droit sur cette même vignette, vous afficherez la commande Supprimer de l'album X. Cliquez sur le bouton Tout afficher, en haut de l'écran pour revenir à la photothèque.

04 MODIFIER L'ALBUM

L'album étant comparable à un dossier de photos, vous avez la possibilité de modifier son contenu. Pour ce faire, cliquez droit sur son nom dans le panneau Album et choisissez la commande Modifier l'album, ou cliquez sur l'icône Modifier l'album dans la partie supérieure du panneau, après avoir sélectionné l'album. Organizer réaffiche le panneau Détails de l'album. Pour supprimer un cliché, cliquez sur sa vignette puis sur le bouton « - » en bas du panneau ; pour ajouter un cliché, sélectionnez-le dans la photothèque, puis cliquez sur le bouton « + ». Cliquez ensuite sur le bouton Terminer.

05 PARTAGER L'ALBUM

À partir du panneau Détails de l'album, Organizer vous permet de partager l'album de photos via l'onglet Partage. Vous avez alors le choix entre différentes options : le partage en ligne avec Photoshop Showcase, l'enregistrement de l'album sur un CD ou un DVD, ou encore l'export vers un disque dur. Nous détaillerons la mise en œuvre de ces différentes options dans la dernière partie de cet ouvrage.

06 CRÉER UN ALBUM DYNAMIQUE 1/2

Revenez dans le panneau Album, cliquez sur le bouton+et choisissez la commande Créer un album dynamique : Organizer affiche une nouvelle boîte de dialogue qui va vous permettre de paramétrer l'album. En effet, contrairement à un album ordinaire, l'album dynamique rassemble les clichés en fonction de critères particuliers que vous allez définir ici (mots-clés, date, orientation, etc.).

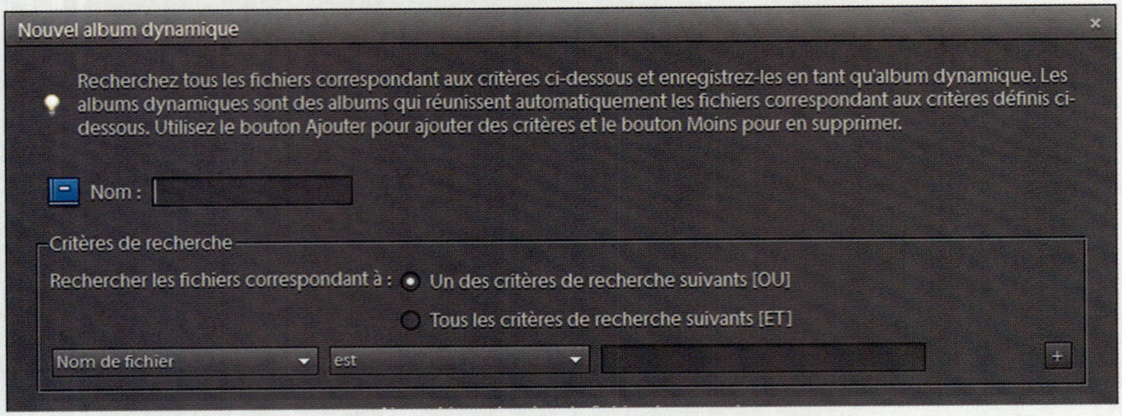

07 CRÉER UN ALBUM DYNAMIQUE 2/2

Commencez par nommer l'album via le champ Nom, puis choisissez un premier critère de recherche dans le menu local situé à gauche de la boîte de dialogue (ici, Etiquettes de mots-clés). Dans le second menu local, sélectionnez l'un de vos mots-clés. Si vous voulez ajouter un second crière, cliquez sur le bouton « + », à droite de la boîte de dialogue et choisissez-le, puis activez l'une des deux options : Un des critères... ou Tous les critères... et validez les réglages en cliquant sur OK.

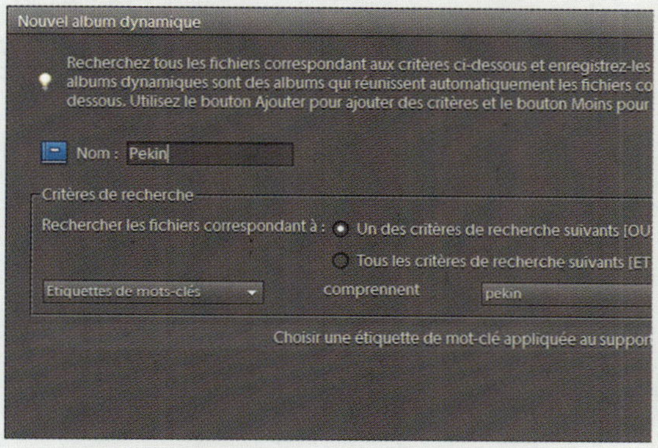

08 MODIFIER UN ALBUM DYNAMIQUE

Organizer affiche les clichés correspondant aux critères de l'album dynamique dans le panneau principal. Chaque fois que vous importerez de nouveaux clichés, ils seront automatiquement ajoutés à l'album dynamique s'ils correspondent aux critères requis. Si vous cliquez sur l'icône Modifier l'album, en haut du panneau Album, vous constaterez que, hormis son nom, l'album dynamique n'est pas modifiable. Si vous souhaitez modifier les critères de sélection, vous devrez donc créer un nouvel album dynamique.

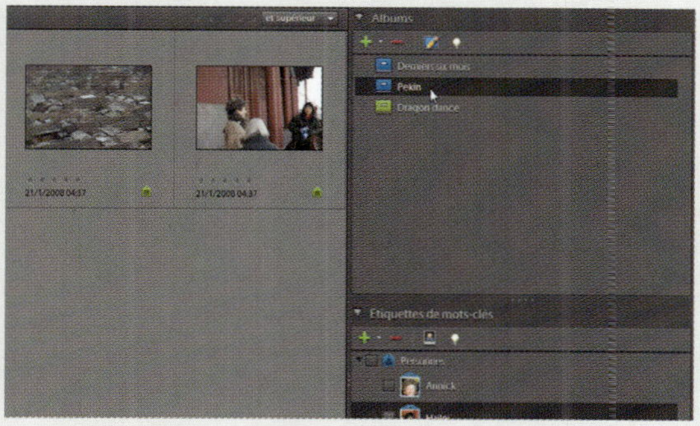

09 À PARTIR D'UN RÉSULTAT DE RECHERCHE

Comme nous l'avons vu brièvement dans le tutoriel précédent, vous pouvez créer un album dynamique à partir du résultat d'une recherche : pour ce faire, ouvrez le menu local Options qui s'affiche en haut de l'écran et choisissez la commande Enregistrer les critères de recherche en tant qu'album dynamique... Organizer ouvre alors la boîte de dialogue d'enregistrement d'album dynamique. Nommez l'album et validez.

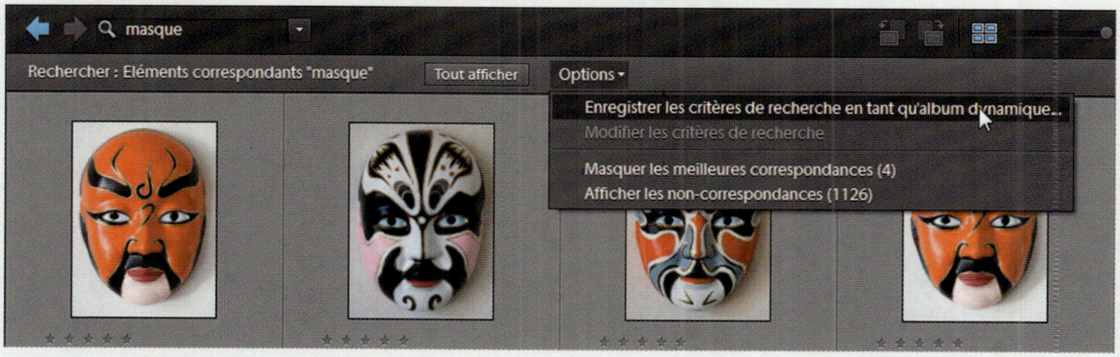

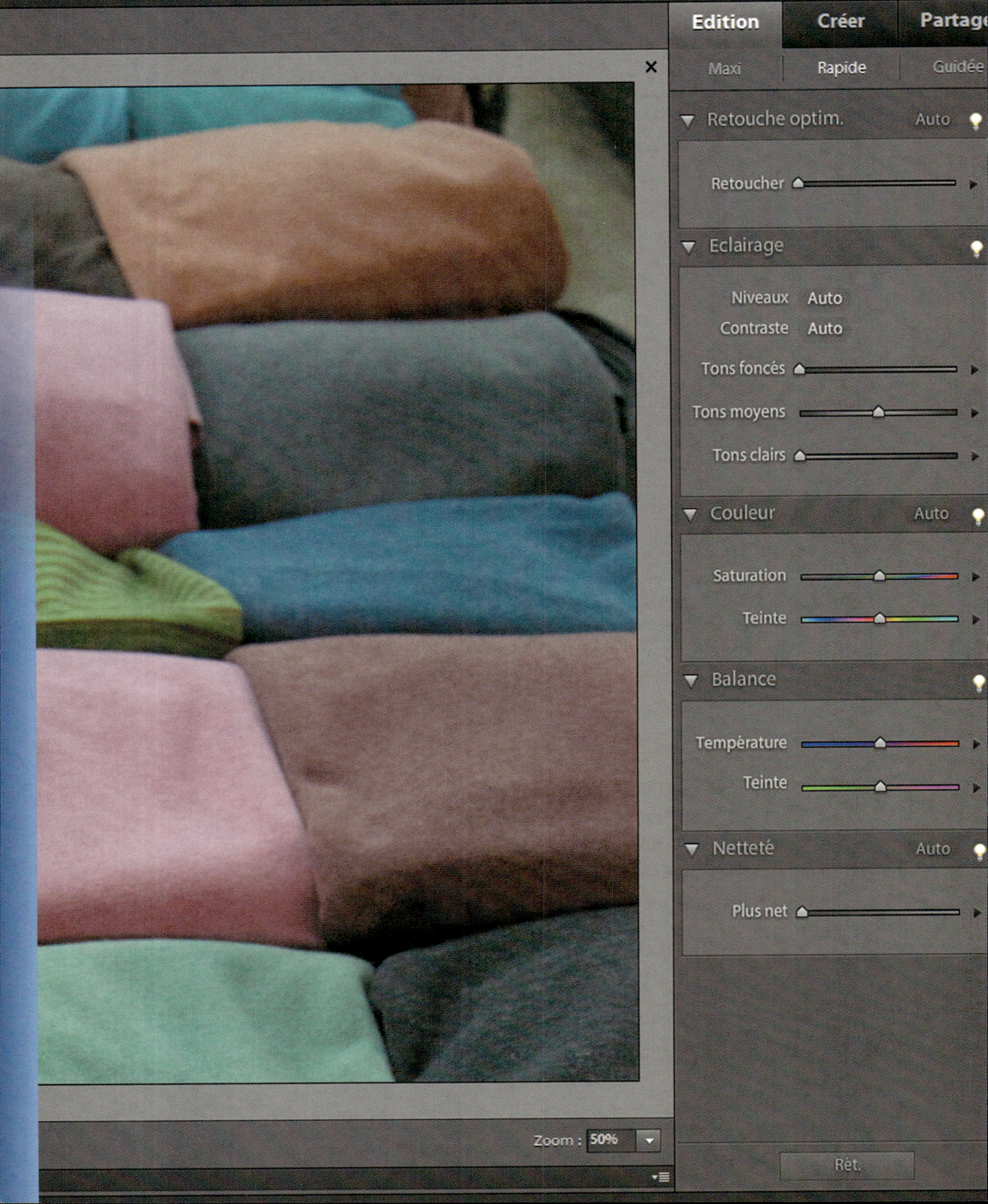
Edition
Créer
Partage
Maxi
Rapide
Guidée
Retouche optim.
Auto
Retoucher
Eclairage
Niveaux
Auto
Contraste
Auto
Tons foncés
Tons moyens
Tons clairs
Couleur
Auto
Saturation
Teinte
Balance
Température
Teinte
Netteté
Auto
Plus net
Zoom :
50%
Rét.

CORRECTIONS ET RETOUCHES

Que vous soyez néophyte ou amateur éclairé, Photoshop Elements propose quatre modes de corrections, adaptés à chaque type d'utilisateur.

Si pour certains la correction de photos est une corvée dont ils se passeraient bien, pour d'autres c'est l'occasion de retravailler chaque cliché pour restituer au plus près l'ambiance de la prise de vue. Dans tous les cas, c'est une opération incontournable qui permet de rattraper des erreurs de prises de vues, ou des photos prises dans de mauvaises conditions : clichés surexposés, sous-exposés, bouchés, ternes, flous… Même avec votre compact automatique, vous raterez sans doute quelques photos. Et si autrefois, le labo vous renvoyait la pellicule sans tirer les photos « ratées », aujourd'hui avec Photoshop Elements, vous avez les outils en main pour « sauver » ces mêmes photos.

Différents modes de travail

Photoshop Elements et Organizer proposent différents modes de travail que vous choisirez en fonction de votre expertise et de votre intérêt pour ces opérations de corrections : un mode Automatique, accessible à partir de l'Organizer, et trois autres modes exploitables à partir de l'éditeur Photoshop Elements.

Le diagnostic

Quel que soit le mode que vous choisirez, vous devrez au préalable (et dans la plupart des cas) faire le diagnostic de l'image en vous posant quelques questions : la photo est-elle trop sombre ? Trop claire ? Est-elle bien contrastée ? Les détails sont-ils visibles dans les zones d'ombre ? Et dans les zones claires ? Comment sont les couleurs, ternes ou vives ? Une dominante de couleur est-elle visible ? Autant de questions qui vous aideront ensuite à choisir la commande de correction la plus appropriée.

Retouche automatique dans l'Organizer

Pour ceux que la correction d'images n'intéresse pas, ou pour les grands débutants, l'Organizer propose un ensemble de commandes de correction automatique accessibles à partir de l'onglet Retoucher dans la partie droite de l'écran. Grâce à ces commandes, vous pourrez corriger d'un simple clic un ou plusieurs clichés sélectionnés dans l'Organizer (voir page 37).

Retoucher dans Photoshop Elements

Si vous faites vos premiers pas dans le monde de l'image numérique, vous ferez sans doute vos premières corrections à l'aide des commandes automatiques. Mais si ce domaine vous intéresse, vous souhaiterez aller au-delà de la simple commande presse-bouton et vous vous tournerez vers l'un des trois autres modes de correction de Photoshop Elements : Guidée, Rapide et Maxi (ou Standard), auquel vous accéderez directement depuis l'interface de l'éditeur Photoshop Elements, ou à partir de l'Organizer, en cliquant sur la flèche qui jouxte l'onglet Retouche, dans la partie droite de l'écran. (Figure 02)

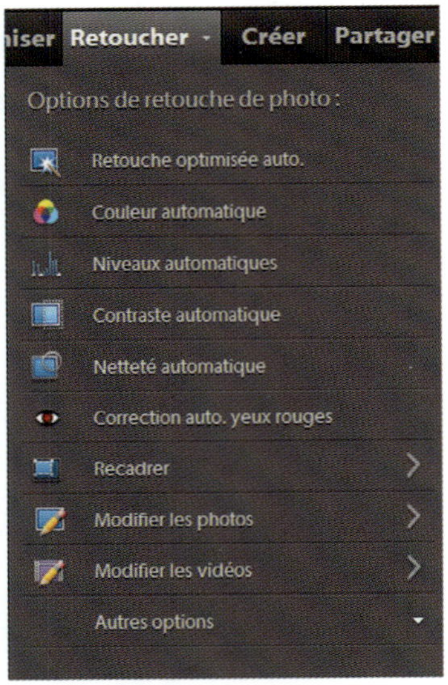

Figure 01 : le panneau Retouche de l'Organizer propose des commandes de correction automatiques.

Retouche Guidée

En mode Retouche guidée, Photoshop Elements vous propose une liste de tâches, parmi lesquelles vous choisirez celle que vous souhaitez effectuer (Figure 03) : Améliorer les couleurs, Eclaircir ou Obscurcir, Recadrer la photo, etc. Photoshop Elements affiche ensuite, un panneau de réglages commentés qui vous guidera tout au long de l'opération à effectuer.

Notez qu'en mode Retouche guidée, la barre d'outils de Photoshop Elements est réduite au minimum, mais vous disposez d'un mode d'affichage supplémentaire qui vous permet de comparer le cliché, avant et après modifications. (voir page 41)

Retouche Rapide

Pour ceux qui ne sont plus tout à fait des débutants et n'osent pas encore se lancer dans de la retouche sans filet, ou pour ceux qui souhaitent effectuer des corrections rapides, Photoshop Elements propose le mode Retouche Rapide. Lorsque vous sélectionnez ce mode, Photoshop Elements affiche dans la partie droite de l'écran un panneau qui regroupe les principaux réglages de correction : Eclairage, Couleurs, Balance, Netteté (Figure 04, page suivante). Avec ce mode de travail, vous pouvez corriger une image en quelques clics de souris, vous disposez en outre de préréglages que vous prévisualisez instantanément, et vous avez la possibilité de comparer votre cliché, avant et après modifications. (voir page 46)

Figure 02 : le menu local de l'onglet Retouche permet d'accéder aux modes de retouche de Photoshop Elements.

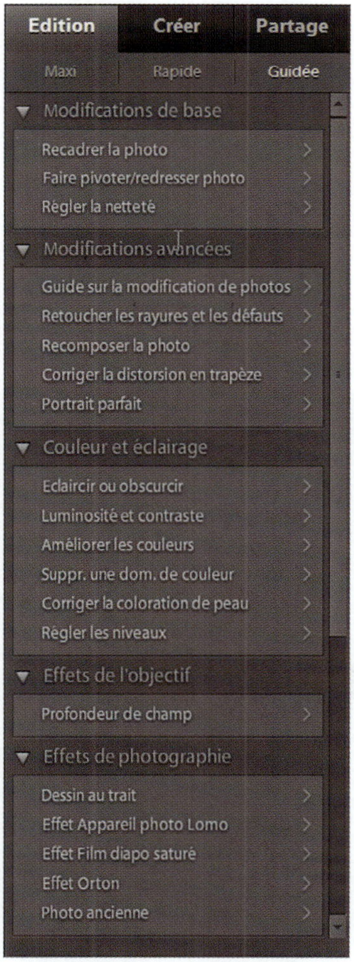

Figure 03 : le panneau du mode Retouche guidée de Photoshop Elements.

Retouche Maxi

Avec le mode Maxi, Photoshop Elements dévoile une interface complète, qui se rapproche de celle de son “grand frère” Photoshop. L’écran affiche dans sa partie gauche une barre d’outils fournie et dans sa partie droite, les différents panneaux Calques, Effets, Navigateur... dont vous aurez besoin pour travailler sur vos clichés. (Figure 05)

Comme vous le devinerez, ce mode est réservé à ceux qui ont déjà une bonne expérience de la manipulation d’images numériques, puisque contrairement aux modes précédents, le mode Maxi ne vous fournit aucune aide. En revanche, c’est le seul mode qui permet d’accéder à l’ensemble des commandes des différents menus.

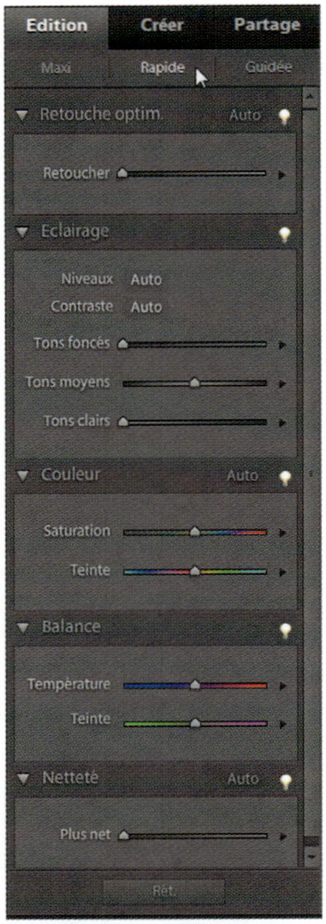

Figure 04 : le panneau de réglages du mode Retouche Rapide.

Figure 05 : En mode Maxi, Photoshop Elements révèle son interface standard.

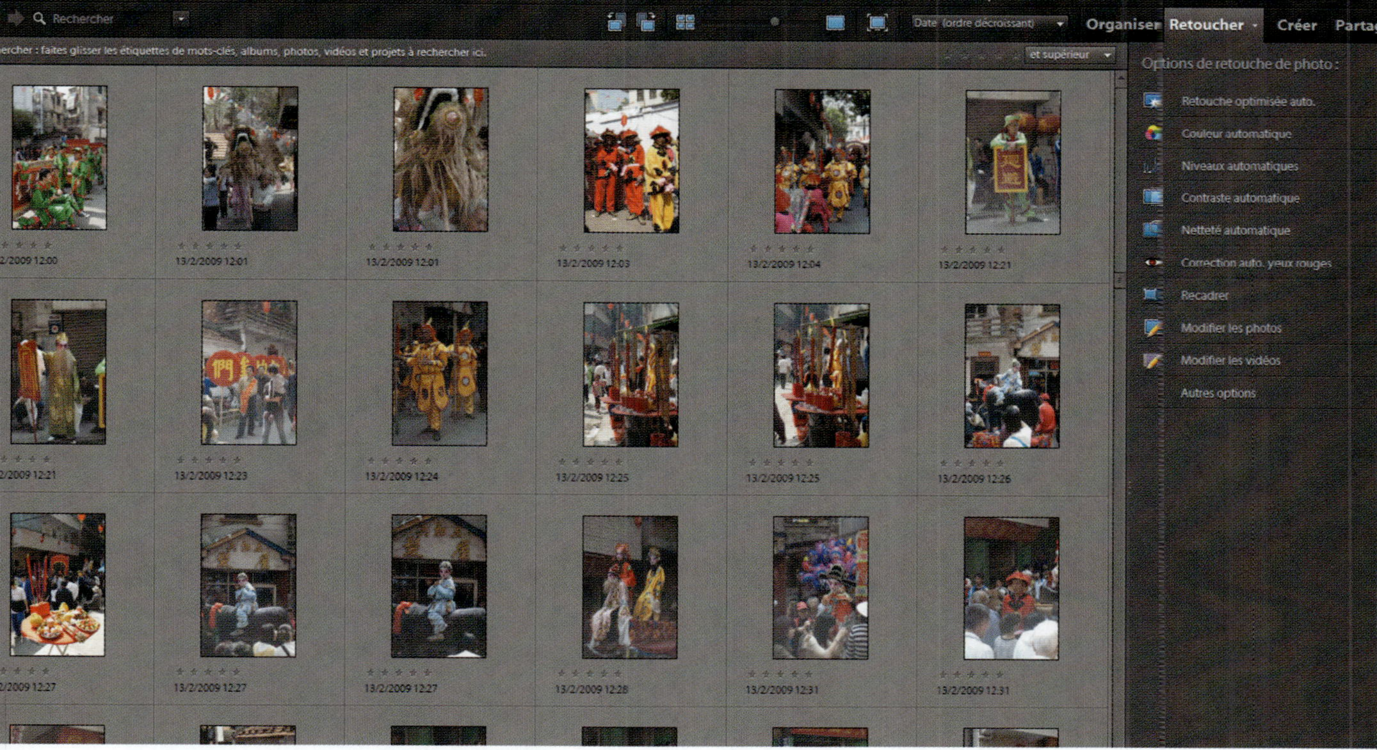

RETOUCHE AUTOMATIQUE

Pour corriger une photo d'un simple clic de souris, vous utiliserez le mode Automatique de l'Organizer.

À présent que vous savez gérer vos photos à l'aide de l'Organizer, vous avez découvert que certains clichés mériteraient quelques ajustements. Comme vous ignorez tout des techniques de correction d'images, dans un premier temps vous allez exploiter les commandes automatiques disponibles dans l'Organizer.

01 AFFICHER LES COMMANDES

Après avoir démarré Organizer, rendez-vous dans la partie droite de l'écran et cliquez sur l'onglet Retoucher, situé à droite de l'onglet Organiser ; l'application affiche la liste des commandes de corrections automatiques.

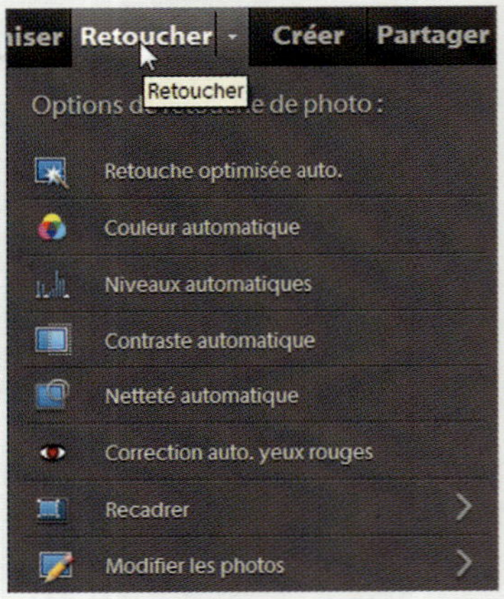

02 SÉLECTIONNER LES CLICHÉS

Dans le panneau principal de l'Organizer, sélectionnez la vignette du cliché à corriger, ou double-cliquez sur la vignette pour afficher l'image en grand format. Notez que vous pouvez sélectionner plusieurs clichés pour leur appliquer un même type de correction.

03 RETOUCHE OPTIMISÉE AUTO.

Revenez ensuite dans le panneau de commandes, dans la partie droite de l'écran et cliquez sur la commande Retouche optimisée auto. C'est la commande que vous utiliserez par défaut, si vous ignorez le type de correction que vous devez effectuer ; celle-ci améliore le rendu des couleurs et corrige les problèmes de sur ou sous-exposition.

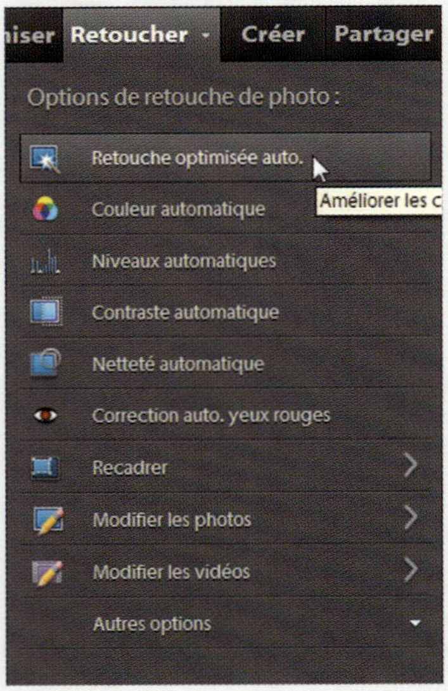

« Retouche optimisée auto. améliore le rendu des couleurs, et corrige les problèmes de sur ou sous-exposition. »

04 JEU DE VERSIONS

Organizer effectue les corrections nécessaires et affiche l'image corrigée. Si vous avez ouvert l'image en grand format pour effectuer les corrections, double-cliquez sur celle-ci pour revenir à la photothèque. Vous constaterez alors que Organizer a généré un jeu de versions regroupant l'image originale et l'image corrigée. Pour afficher les deux versions du cliché, cliquez sur la flèche noire située à droite de la vignette.

05 ANNULER UNE CORRECTION

Si le résultat produit par la commande Retouche optimisée auto ne vous convient pas, vous pouvez l'annuler, avant de tester une autre commande de correction automatique. Ouvrez le menu Edition et choisissez la commande Annuler, ou utilisez le raccourci Ctrl/Cmd+Z.

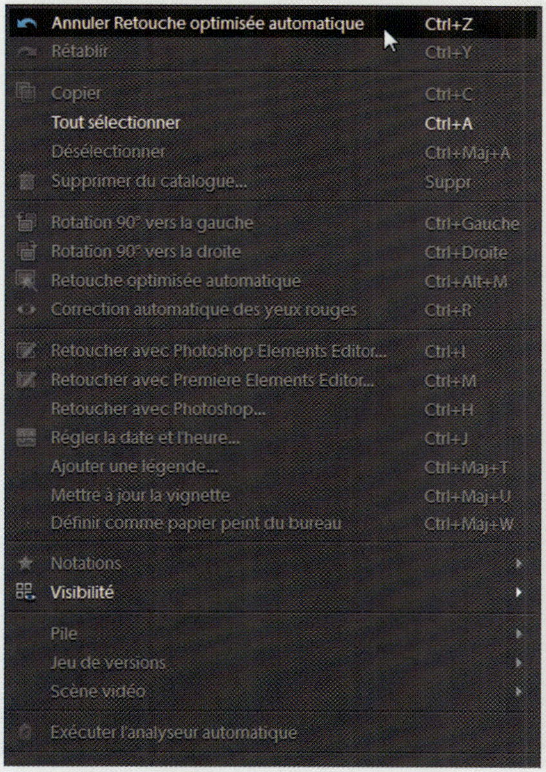

06 COULEUR AUTOMATIQUE

Si la photo nécessite uniquement un ajustement des couleurs, choisissez la commande Couleur automatique ; Organizer ajuste l'équilibre des couleurs et corrige le contraste

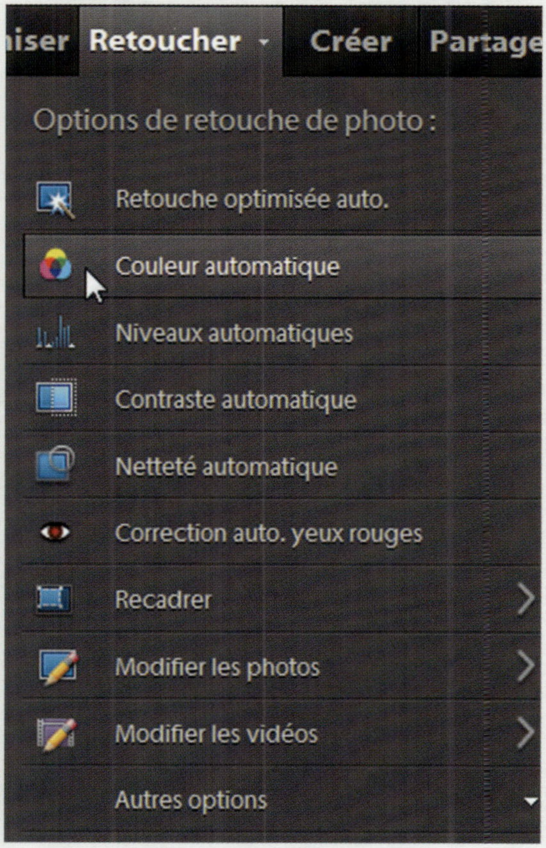

07 TESTER DIFFÉRENTS RÉGLAGES

Revenez dans la photothèque et affichez les différentes versions de l'image (voir étape 04). Double-cliquez sur la vignette du cliché original, celle située à droite du jeu de version, et testez la commande Niveaux automatiques. L'opération génère une nouvelle version de l'image. Revenez dans la photothèque et répétez la manipulation avec la commande Contraste automatique. Vous pouvez ainsi tester les différentes commandes de correction automatiques et comparer l'effet produit.

08 NETTETÉ AUTOMATIQUE

Une fois que vous aurez corrigé l'éclairage, le contraste et les couleurs de l'image, vous aurez peut-être besoin de renforcer sa netteté. Pour ce faire, réaffichez la photo au format écran et activez la commande Netteté automatique dans le panneau de réglage.

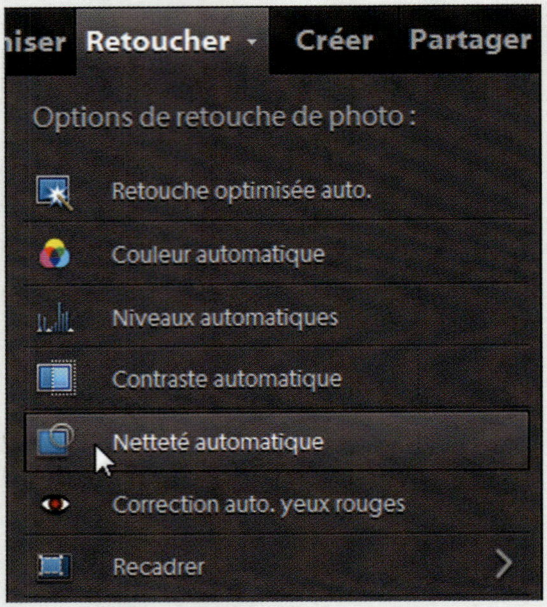

09 MODIFIER LE CADRAGE

Enfin, si vous souhaitez modifier le cadrage, activez la commande Recadrer: Organizer ouvre le cliché dans une nouvelle boîte de dialogue affichant un rectangle de recadrage. Ajustez le cadrage en déplaçant les poignées du rectangle. Cliquez sur la coche verte, située en bas à droite du rectangle, pour appliquer le recadrage. Si le résultat vous convient, validez-le à l'aide du bouton OK. Sinon, cliquez sur Annuler.

RETOUCHE GUIDÉE

Avec son mode Retouche Guidée, Photoshop Elements vous assiste tout au long des opérations de correction.

Comme vous l'avez découvert dans le tutoriel précédent, le mode Retouche Automatique produit d'excellents résultats, il ne vous laisse toutefois aucun contrôle sur les réglages. Si vous souhaitez aller plus loin, vous devrez adopter l'un des modes de retouche de Photoshop Elements. Et pour débuter, vous choisirez le mode Retouche Guidée qui propose un ensemble complet de commandes de correction et de modification de l'image.

01 OUVRIR UN CLICHÉ DANS PHOTOSHOP ELEMENTS

Après avoir lancé Organizer, sélectionnez le cliché que vous souhaitez corriger dans Photoshop Elements, puis cliquez sur la flèche située à droite de l'onglet Retoucher dans la partie droite de l'écran, et choisissez la commande Retouche photo guidée.

02 CHOISIR UNE TÂCHE

Photoshop Elements démarre, ouvre la photo à corriger dans sa fenêtre de travail, et affiche dans la partie droite de son interface, le panneau Guidée qui liste les différentes commandes de correction et de modification disponibles en mode assisté.

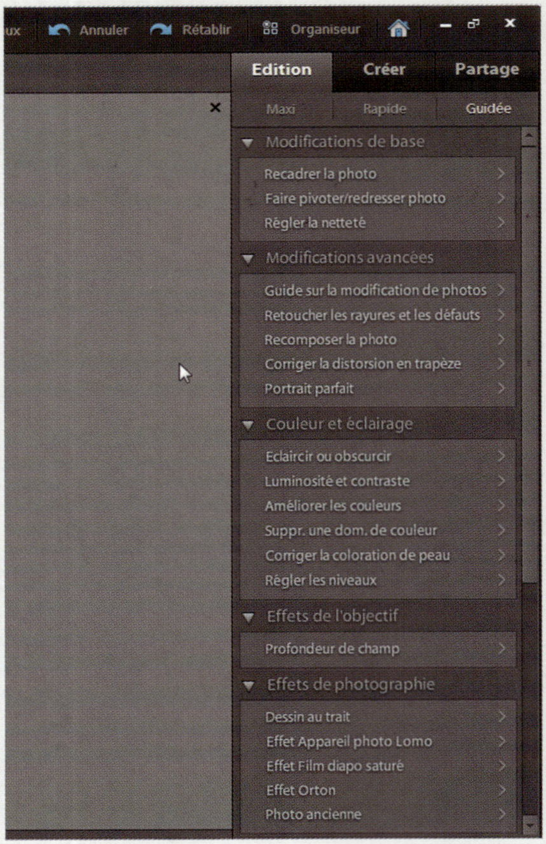

03 ÉCLAIRCIR OU OBSCURCIR 1/2

Pour commencer, vous allez tester la commande Eclaircir ou Obscurcir de la rubrique Couleur et éclairage. Cette commande permet de corriger les zones trop sombres et/ou les zones trop claires d'un cliché. Cliquez sur la flèche située à droite de la commande : Photoshop Elements affiche son panneau de réglages.

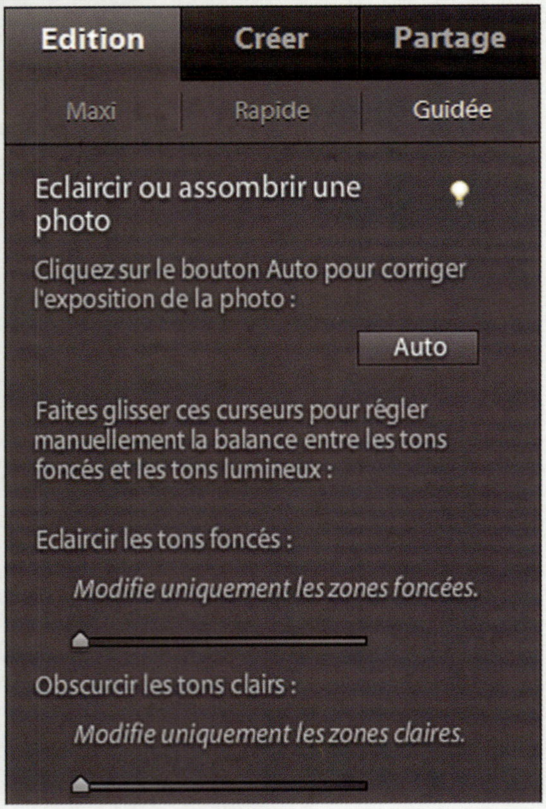

04 ÉCLAIRCIR OU OBSCURCIR 2/2

Si le cliché est globalement surexposé ou sous-exposé, cliquez sur le bouton Auto pour corriger l'exposition. Corrigez ensuite les zones d'ombres ou les zones de hautes lumières, à l'aide des curseurs Eclaircir les tons foncés et Obscurcir les tons clairs. Comme leur libellé l'indique, ces curseurs permettent de récupérer du détail dans les zones d'ombre et dans les hautes lumières.

05 AVANT/APRÈS

Avant de valider vos corrections, rendez-vous en bas à gauche de l'écran, cliquez sur le menu de la rubrique Affichage et choisissez Avant et après (Horizontal ou Vertical, suivant l'orientation de la photo). Photoshop Elements affiche le cliché, avant et après correction. Si le résultat vous convient, validez le réglage à l'aide du bouton Terminer, situé en bas du panneau de réglage. Sinon poursuivez les corrections en conservant le double affichage Avant et Après.

06 ENREGISTRER LES MODIFICATIONS

Reste à enregistrer la photo corrigée. Pour ce faire, activez la commande Enregistrer du menu Fichier : Photoshop Elements ouvre la boîte de dialogue d'enregistrement. Cliquez sur le bouton Enregistrer ; par défaut, le cliché est enregistré comme version modifiée de l'image originale et apparaîtra dans l'Organizer. Pour terminer, fermez le fichier en cliquant sur la case de fermeture dans l'angle supérieur droit de la fenêtre de travail.

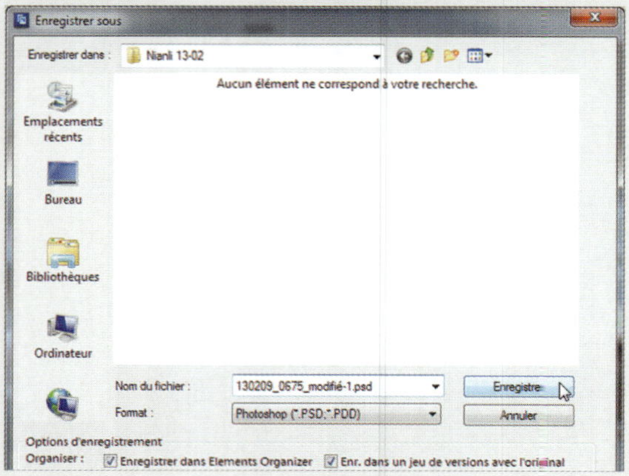

07 RETOUR À L'ORGANIZER

Après avoir refermé le fichier, revenez à l'Organizer, en cliquant sur son icône, en haut à droite de l'écran. À la place du cliché original, Organizer affiche à présent un jeu de versions. Cliquez sur la flèche noire qui jouxte la vignette pour afficher les différentes versions de l'image.

08 LUMINOSITÉ ET CONTRASTE

Dans la fenêtre de l'Organizer, sélectionnez un autre cliché à corriger. Lancez la commande Retouche photo Guidée..., comme vous l'avez fait à l'étape 01 : Photoshop Elements ouvre l'image sélectionnée dans sa fenêtre de travail. Dans la liste des commandes, cliquez sur Luminosité et contraste pour afficher les réglages de la commande et suivez les instructions données par le panneau.

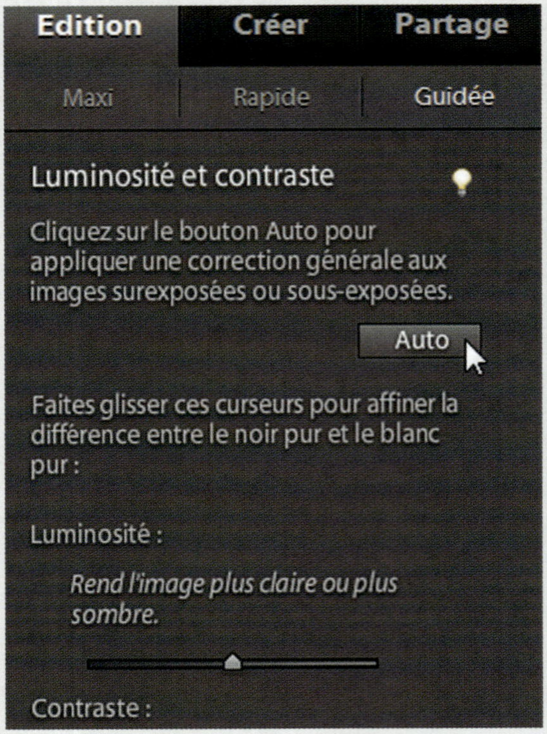

09 AMÉLIORER LES COULEURS

Validez ou annulez les corrections de luminosité et contraste à l'aide des boutons Terminer ou Annuler situés en bas du panneau. Puis lancez la commande Améliorer les couleurs. À l'instar des commandes précédentes, cette commande propose un bouton Auto pour appliquer une correction automatique, et un ensemble de curseurs commentés qui vous permettent d'effectuer des corrections manuelles.

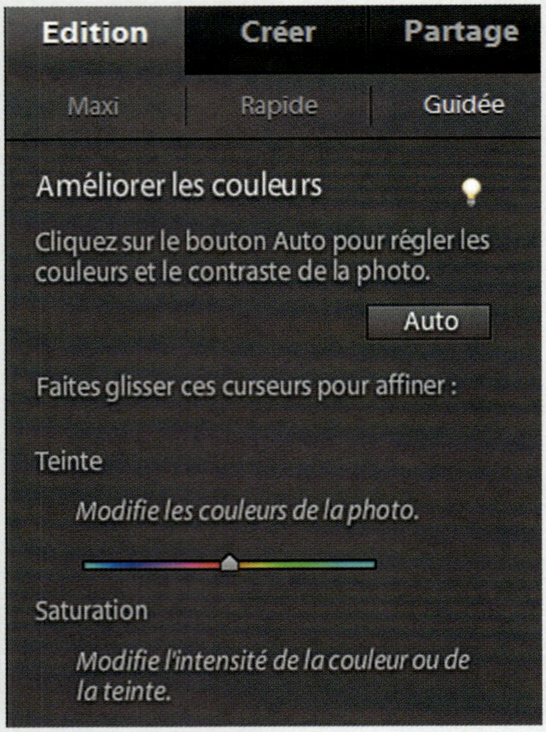

10 SUPPRIMER UNE DOMINANTE DE COULEUR

Refermez le panneau de réglage de la commande Améliorer les couleurs via son bouton Annuler et lancez la commande Supprimer une dominante de couleur. Cette dernière permet de corriger un cliché présentant un voile de couleur. Cliquez sur une zone de l'image censée être grise ou blanche : le voile de couleur est supprimé. Cliquez sur le bouton Terminer pour valider la correction.

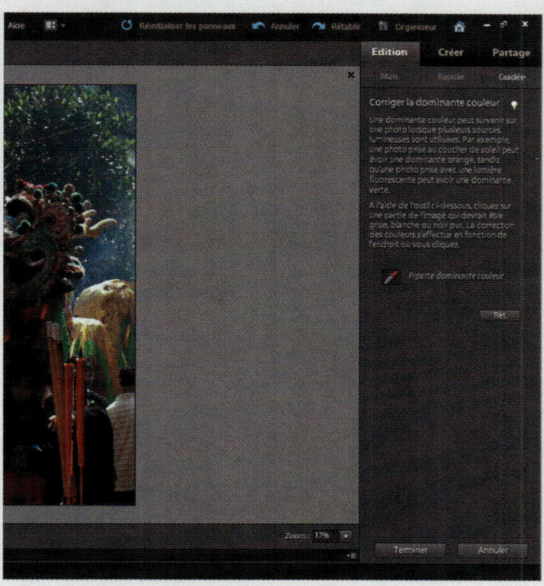

11 RÉGLER LES NIVEAUX 1/2

Plutôt que d'exploiter les commandes Luminosité et contraste ou Eclaircir ou Obscurcir, essayez la commande Régler les niveaux. Dans le panneau de réglage de la commande, lisez les instructions puis cliquez sur le bouton Créer un calque de réglage des niveaux. Validez la première boîte de dialogue qui apparaît : Photoshop Elements ouvre alors la boîte de dialogue Niveaux.

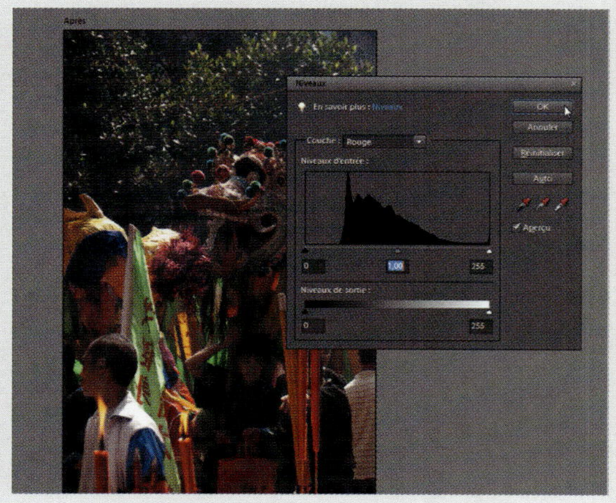

12 RÉGLER LES NIVEAUX 2/2

Ajustez le contraste de l'image en déplaçant les curseurs noir et blanc, situés aux deux extrémités de l'histogramme et réglez la luminosité moyenne du cliché en utilisant le curseur gris situé au centre de l'histogramme. Validez le réglage à l'aide du bouton OK. Nous reviendrons sur l'utilisation de la commande Niveaux dans les tutoriels consacrés au mode de retouche Standard.

RETOUCHE RAPIDE

Pour l'utilisateur intermédiaire (ou pressé !), le mode Retouche Rapide simplifie les opérations de correction.

Entre le mode Retouche Guidée et le mode Retouche Standard, Photoshop Elements propose son mode Retouche Rapide. Destiné à ceux qui maîtrisent suffisamment les commandes de correction pour se passer d'une assistance complète, le mode Retouche Rapide réunit dans un même panneau l'essentiel des commandes de correction, tout en proposant pour chacune d'entre elles, des réglages prédéfinis.

01 OUVRIR UN CLICHÉ DANS PHOTOSHOP ELEMENTS

Dans Elements Organizer, sélectionnez le cliché à corriger, puis ouvrez le menu local de l'onglet Retoucher et choisissez Retouche photo Rapide. Si vous avez déjà lancé l'éditeur Photoshop Elements, l'application revient au premier plan, ouvre le cliché dans sa fenêtre de travail et affiche le panneau Retouche Rapide dans la partie droite de l'écran.

« Si vous ne savez pas quels réglages adopter, vous pourrez utiliser les réglages prédéfinis. »

02 RÉGLER L'ÉCLAIRAGE

Pour commencer, réglez l'éclairage à l'aide des commandes de la rubrique Eclairage. Cliquez d'abord sur le bouton Auto du réglage Niveaux pour appliquer une correction de niveaux automatique. Si le résultat ne vous convient pas, faites glisser le curseur Tons moyens pour éclaircir ou obscurcir l'image. Corrigez les zones d'ombres et de hautes lumières à l'aide des curseurs Tons foncés et Tons clairs.

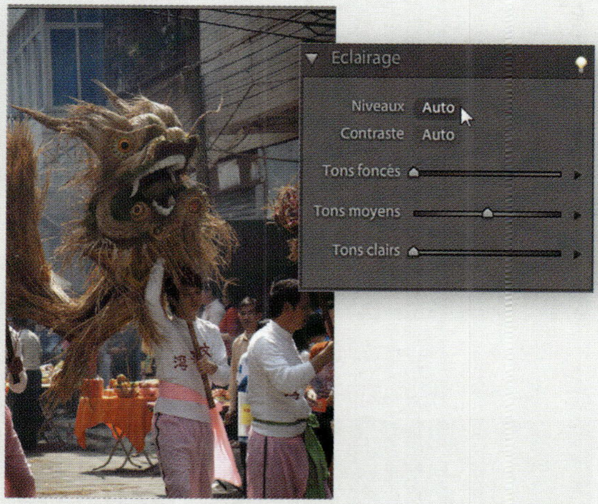

03 UTILISER LES RÉGLAGES PRÉDÉFINIS

Si vous ne savez pas quels réglages adopter, vous pourrez utiliser les réglages prédéfinis : cliquez sur la flèche noire située à droite du curseur Tons moyens : un groupe de neuf vignettes, correspondant chacune à un réglage prédéfini, apparaît. Survolez ces vignettes pour prévisualiser les différents réglages sur votre image de travail, puis cliquez sur le réglage qui vous convient et refermez le groupe de vignettes en cliquant à nouveau sur la flèche associée au curseur.

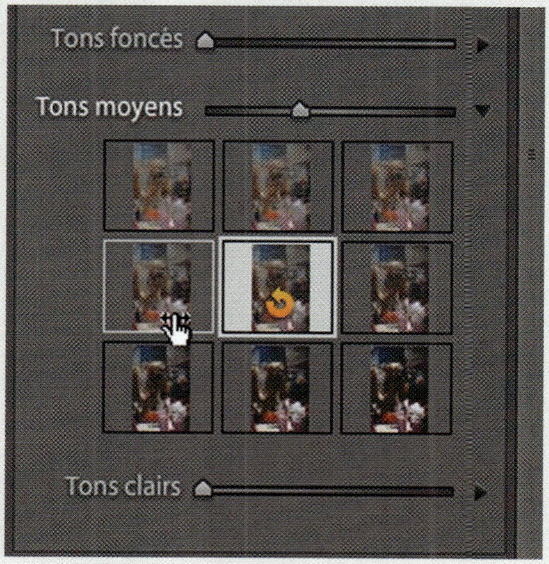

04 VALIDER OU SUPPRIMER UN RÉGLAGE

Lorsque vous effectuez des corrections en mode Retouche Rapide, vos réglages sont appliqués instantanément à l'image, dès que vous passez d'une rubrique à l'autre. Toutefois, tant que vous travaillez dans une rubrique (Eclairage, Couleur, etc.), cette dernière affiche en regard de son nom, un bouton en forme de croix qui permet de supprimer le réglage en cours. Dans tous les cas, vous avez la possibilité de supprimer un réglage à l'aide de la commande Annuler du menu Edition.

05 RÉGLER LA COULEUR

Une fois l'éclairage réglé, passez à la rubrique Couleur : ajustez l'intensité des couleurs à l'aide du curseur Saturation, ou affichez les réglages prédéfinis en cliquant sur la flèche qui jouxte le curseur, puis cliquez sur le réglage qui vous convient.

06 RÉGLER LA BALANCE

Pour terminer, vous pourrez également ajuster la balance des couleurs, via la rubrique Balance, afin de produire un cliché plus chaud ou plus froid. Affichez les réglages prédéfinis associés au curseur Température et testez les différents réglages en survolant les vignettes avant de cliquer sur le réglage qui vous convient.

07 AVANT/APRÈS

Avant d'enregistrer l'image corrigée, rendez-vous en bas à gauche de l'écran, cliquez sur le menu de la rubrique Affichage et choisissez Avant et après (Horizontal ou Vertical, suivant l'orientation de la photo). Photoshop Elements affiche le cliché, avant et après correction. Si le résultat vous convient, enregistrez les modifications (voir étape 08). Sinon, annulez les différents réglages via la commande Edition> Annuler.

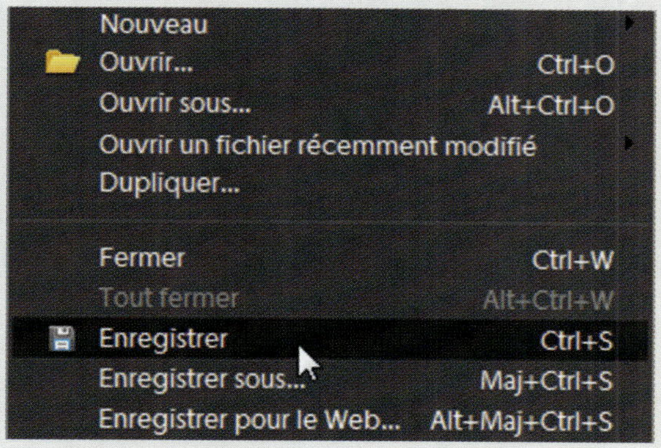

08 ENREGISTRER L'IMAGE

Pour enregistrer le cliché corrigé, ouvrez le menu Fichier et activez la commande Enregistrer : Photoshop Elements ouvre la boîte de dialogue d'enregistrement. Cliquez sur le bouton Enregistrer ; par défaut, le cliché est enregistré comme version modifiée de l'image originale et apparaîtra dans l'Organizer. Pour terminer, fermez le fichier en cliquant sur la case de fermeture dans l'angle supérieur droit de la fenêtre de travail.

09 RETOUR À L'ORGANIZER

Après avoir refermé le fichier, revenez à l'Organizer, en cliquant sur son icône, en haut à droite de l'écran. À la place du cliché original, Organizer affiche à présent un jeu de versions. Cliquez sur la flèche noire qui jouxte la vignette pour afficher les différentes versions de l'image.

CORRIGER L'ÉCLAIRAGE EN MODE STANDARD

Pour corriger l'éclairage d'un cliché vous trouverez les commandes essentielles dans le menu Accentuation.

Comme vous l'avez découvert dans les tutoriels précédents, les modes Retouche Guidée et Retouche Rapide sont parfaits pour vous familiariser avec les opérations de correction. Mais pour exploiter toutes les possibilités de Photoshop Elements, vous devrez passer en mode Retouche Standard. C'est en effet le seul mode qui permet d'accéder à l'ensemble des commandes et outils de l'application. Dans ce tutoriel et les suivants, nous allons donc voir comment corriger un cliché en exploitant cette fois les commandes disponibles dans le menu Accentuation. Nous commencerons par les corrections d'éclairage avant d'aborder les corrections de couleur et de netteté.

SUR LE CD : Vous trouverez sur le CD les éléments nécessaires à la réalisation de ce tutoriel.

01 AJOUT DE PHOTOS DANS L'ORGANIZER

Pour réaliser ce tutoriel et les suivants, vous allez travailler à partir de photos présentes sur le CD-Rom. Après avoir copié le contenu du CD dans votre dossier Images, rendez-vous dans l'Organizer et activez la commande Fichier> Obtenir des photos et des vidéos> A partir de fichiers et de dossiers. Naviguez jusqu'au dossier dans lequel vous avez copié le contenu du CD, sélectionnez le dossier Retouche Standard et validez : le contenu du dossier est ajouté à la photothèque et s'affiche dans la fenêtre de l'Organizer.

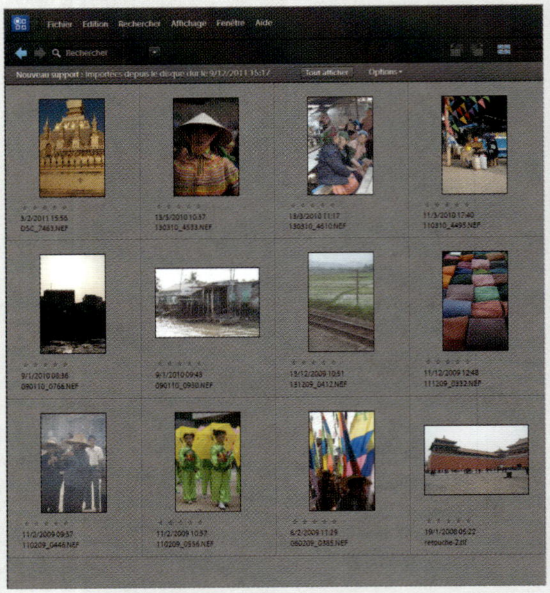

02 OUVRIR UN CLICHÉ

Ouvrez le menu Affichage et activez la commande Afficher le nom des fichiers. Sélectionnez le fichier niveaux-1, puis rendez-vous dans la partie droite de l'écran, ouvrez le menu local de l'onglet Retoucher et choisissez Retouche photo Standard ; Photoshop Elements démarre et affiche l'image dans son interface standard.

03 LA COMMANDE NIVEAUX

Dans le menu Accentuation, sélectionnez le sous-menu Régler l'éclairage et activez la commande Niveaux... : la boîte de dialogue de la commande apparaît à l'écran, affichant l'histogramme de l'image. Ce dernier montre la répartition des niveaux de luminosité de l'image, des tons foncés, à gauche, aux tons clairs, à droite.

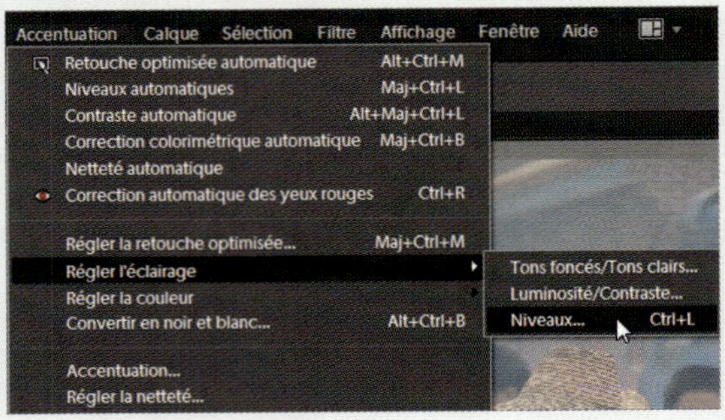

04 CORRIGER LE CONTRASTE

Dans un premier temps, vous allez corriger le contraste à l'aide des curseurs triangulaires noir et blanc, situés aux deux extrémités de l'histogramme. Cliquez sur le curseur noir et faites-le glisser vers la droite pour le rapprocher du début de l'histogramme. Cliquez ensuite sur le curseur blanc et déplacez-le vers la gauche, de manière à le rapprocher de l'extrémité droite de l'histogramme. Comme vous le constaterez, la photo récupère des tons proches du noir et du blanc, elle gagne en contraste.

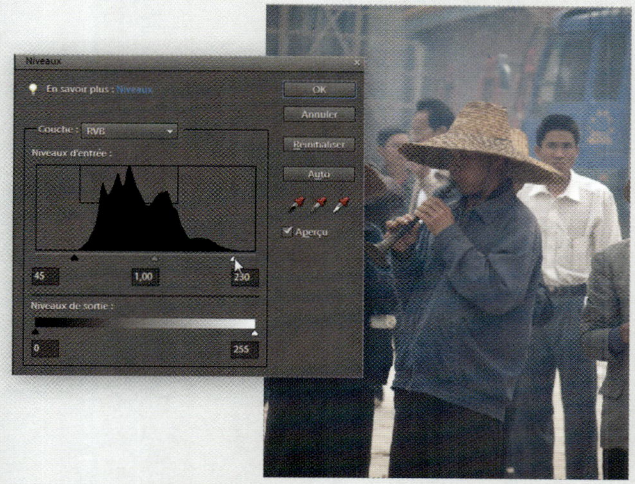

05 CORRIGER LES TONS MOYENS

À l'aide de la commande Niveaux, vous pouvez également corriger le ton moyen de l'image. Si le cliché vous semble trop sombre ou trop clair, cliquez sur le curseur blanc situe au centre de l'histogramme et faites-le glisser légèrement vers la droite ou vers la gauche. En déplaçant le curseur vers la droite, vous assombrissez globalement l'image, en le déplaçant vers la gauche, vous l'éclaircissez. Dans les deux cas, le contraste est préservé.

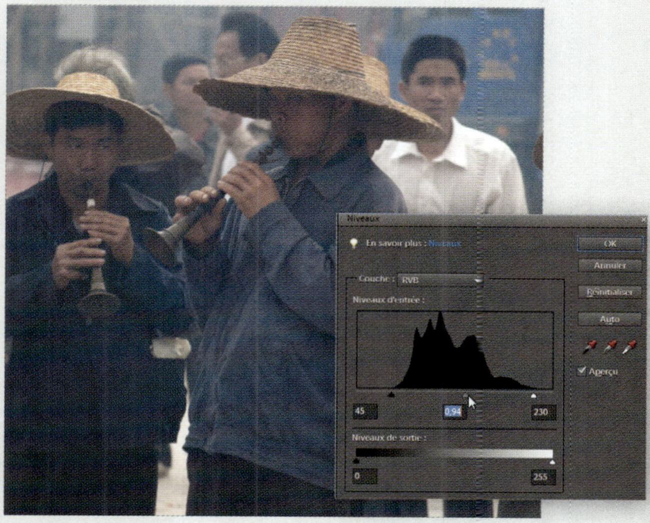

06 VALIDER LE RÉGLAGE

Une fois les réglages terminés, refermez la boîte de dialogue à l'aide du bouton OK. Si le résultat ne vous convient pas, cliquez sur le bouton Réinitialiser pour revenir à l'image originale sans refermer la boîte de dialogue. Notez qu'une fois appliqués, vous ne pourrez modifier les réglages. Vous ne pourrez que les annuler, via la commande Edition> Annuler. Si vous souhaitez effectuer des corrections modifiables, vous devrez utiliser les calques de réglage.

07 TONS FONCÉS/TONS CLAIRS 1/2

Indépendamment du contraste et de la luminosité, certains clichés sont bouchés dans les tons sombres ou « cramés » dans les tons clairs. Il en résulte une perte de détails que vous pouvez corriger à l'aide de la commande Tons foncés/Tons clairs du sous-menu Accentuation> Régler l'éclairage.

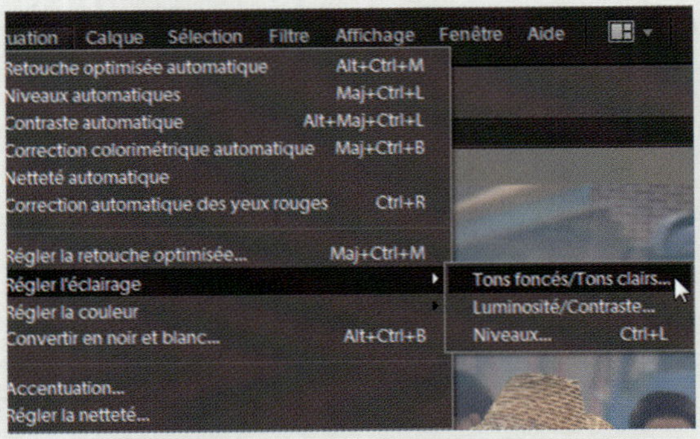

09 LUMINOSITÉ/CONTRASTE

Si l'utilisation de l'histogramme de la commande Niveaux vous semble trop complexe, vous pouvez corriger la luminosité et le contraste de l'image à l'aide de la commande du même nom. Méfiez-vous toutefois, car en l'absence d'histogramme, vous risquez d'effectuer des corrections trop poussées qui détérioreront le cliché.

08 TONS FONCÉS/ TONS CLAIRS 2/2

Revenez dans l'Organizer, sélectionnez la photo tons_fonces dans le dossier Retouche Standard et ouvrez-la dans Photoshop Elements. Lancez ensuite la commande Tons foncés/tons clairs. Photoshop Elements ouvre la boîte de dialogue de la commande et effectue une correction automatique que vous pourrez ajuster manuellement : pour déboucher les ombres, utilisez le curseur Eclaircir les tons foncés ; pour récupérer du détail dans les hautes lumières, faites glisser le curseur Obscurcir les tons clairs.

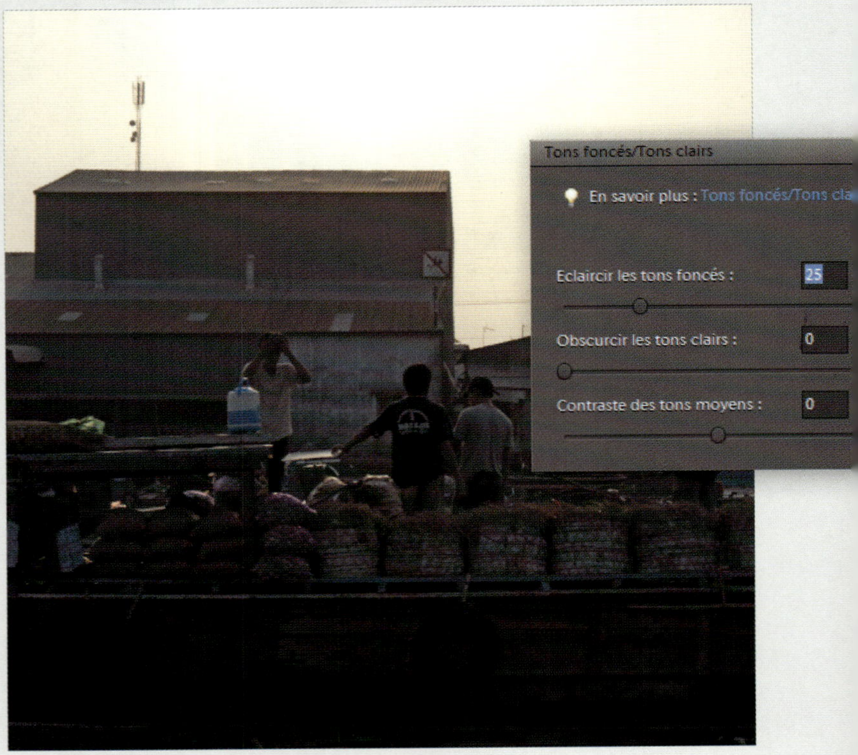

CORRIGER LA COULEUR

En mode Retouche Standard, les corrections colorimétriques se font à partir du sous-menu Régler la couleur.

Dans le tutoriel précédent, vous avez vu comment corriger l'éclairage via les commandes du sous-menu Accentuation> Régler l'éclairage. À présent, nous allons voir comment corriger les couleurs d'un cliché à l'aide des commandes du sous-menu Régler la couleur du même menu. Vous y retrouverez les réglages que proposent les modes Retouche Guidée et Retouche Rapide, mais avec la possibilité de les exploiter sous forme de calques de réglage.

SUR LE CD : Vous trouverez sur le CD les éléments nécessaires à la réalisation de ce tutoriel.

01 OUVRIR UN CLICHÉ

Revenez dans l'Organizer, affichez le contenu du dossier Retouche Standard et sélectionnez le fichier teinte_saturation, puis ouvrez-le en mode Retouche photo Standard, via la commande du menu local de l'onglet Retoucher.

02 TEINTE/SATURATION

Ouvrez le menu Accentuation, puis le sous-menu Régler la couleur, et choisissez la commande Teinte/Saturation. Photoshop Elements ouvre la boîte de dialogue de la commande à partir de laquelle vous allez pouvoir corriger les couleurs sur l'ensemble de l'image, mais aussi ajuster une plage de couleurs données, ou transformer le cliché en noir et blanc.

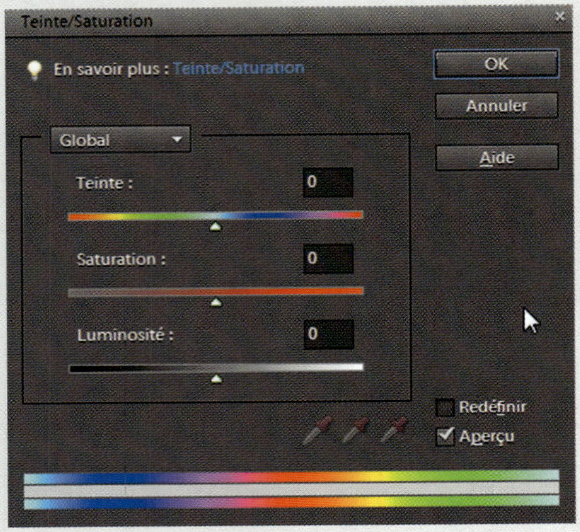

03 CORRIGER LA SATURATION

Le cliché que vous avez ouvert dans Photoshop Elements présente un contraste et une luminosité corrects, mais ses couleurs sont ternes. Pour les booster, faites glisser le curseur Saturation légèrement vers la droite : les couleurs sont ravivées. Attention, si vous poussez trop la saturation, vous perdrez du détail dans les zones saturées, et surtout vous ne pourrez restituer ces couleurs sur votre imprimante à jet d'encre !

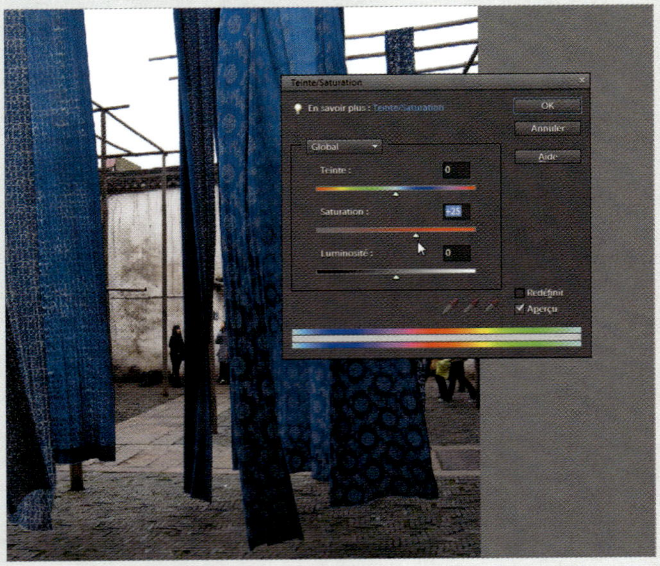

04 CORRIGER UNE PLAGE DE COULEUR 1/2

Dans certains cas, vous aurez besoin de renforcer la saturation d'une plage de couleurs précise, comme les bleus d'un ciel, par exemple. Refermez la boîte de dialogue à l'aide du bouton OK. Revenez dans l'Organizer et ouvrez le fichier plage_couleur. Relancez la commande Teinte/Saturation et ouvrez le menu local Global, en haut à gauche de la boîte de dialogue.

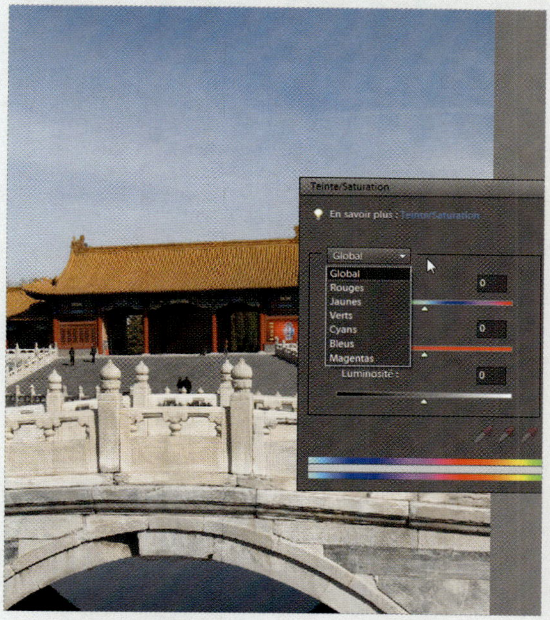

05 CORRIGER UNE PLAGE DE COULEUR 2/2

Choisissez la plage des Bleus et faites glisser le curseur Saturation légèrement vers la droite ; sur l'image de travail, les zones bleues s'affichent plus saturées.

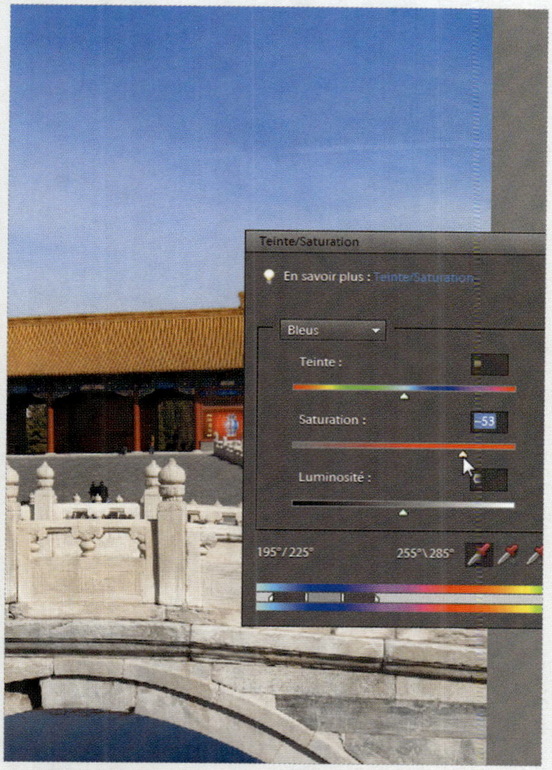

06 SUPPRIMER LA COULEUR

À partir de cette même boîte de dialogue, vous pouvez convertir le cliché en noir et blanc : cliquez sur le bouton Annuler, en maintenant la touche Alt/Option enfoncée, pour réinitialiser les réglages, puis faites glisser le curseur Saturation jusqu'à l'extrémité gauche du ruban dégradé ; le cliché s'affiche en noir et blanc. Notez que vous obtiendrez le même résultat grâce à la commande Suppression de la couleur du sous-menu Régler la couleur.

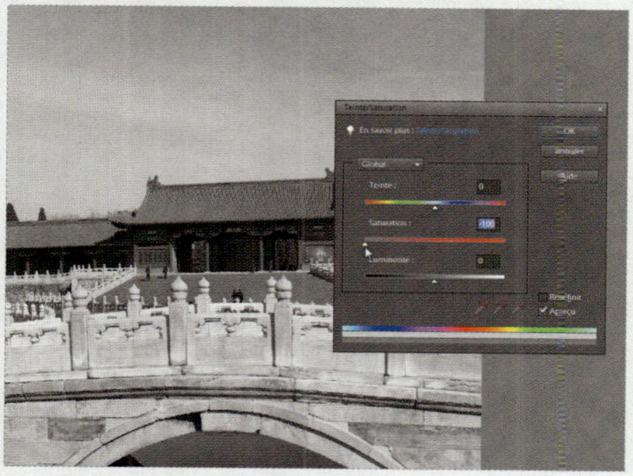

07 CORRIGER UNE DOMINANTE

Refermez la boîte de dialogue Teinte/Saturation et ouvrez dans Photoshop Elements le fichier dominante, présent dans le dossier Retouche Standard de l'Organizer. Revenez dans le menu Accentuation et activez la commande Correction de la dominante couleur, du sous-menu Régler la couleur. Cliquez ensuite sur une zone grise de l'image ; la dominante de couleur est supprimée. Si le voile de couleur persiste, cliquez sur une autre zone grise de l'image.

08 CORBEILLE DE PROJETS

Refermez la boîte de dialogue à l'aide du bouton OK, puis descendez en bas de l'écran dans la Corbeille de projets. Ce panneau affiche sous forme de vignettes les fichiers déjà ouverts dans Photoshop Elements. Si les vignettes ne sont pas visibles, cliquez sur la barre de titre du panneau pour le déployer. Double-cliquez ensuite sur la vignette du fichier saturation pour le rouvrir au premier plan dans la fenêtre de travail.

09 VARIANTE DE COULEURS 1/2

Revenez dans l'Organizer et ouvrez le fichier variante_couleur en mode Photo retouche standard. Dans le sous-menu Régler la couleur du menu Accentuation, choisissez la commande Variantes de couleur : une nouvelle boîte de dialogue s'affiche à l'écran qui vous permettra de corriger de manière plus intuitive les couleurs du cliché. Contrairement à la commande Teinte/Saturation, la commande Variantes permet d'ajuster la couleur par gammes de tons (Tons foncés, Tons clairs, Tons moyens) mais elle ne permet de régler que la saturation de l'image globale.

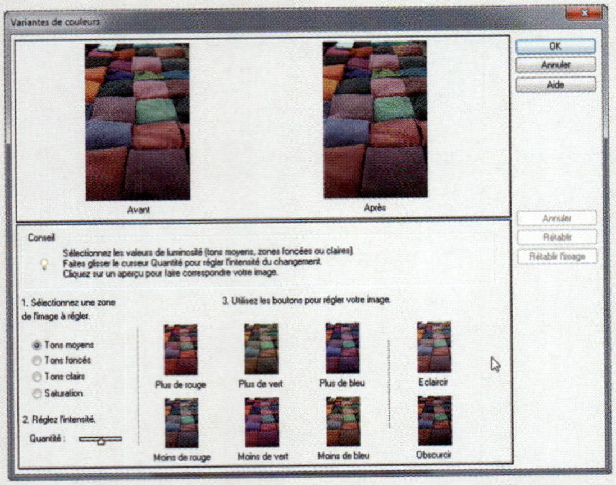

10 VARIANTE DE COULEURS 2/2

Dans la partie gauche de la boîte de dialogue, sélectionnez d'abord une gamme de tons (Tons moyens, Tons foncés, etc.), puis cliquez sur la vignette correspondant au réglage que vous souhaitez appliquer (Plus de rouge, Plus de vert, etc.). Répétez l'opération avec les autres gammes de tons ; le résultat s'affiche dans la partie supérieure de la boîte de dialogue.

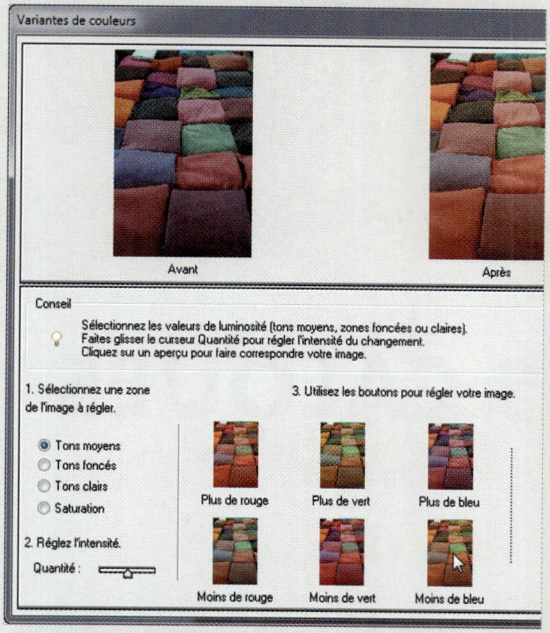

11 COURBES DE COULEUR

Refermez la boîte de dialogue Variantes à l'aide du bouton Annuler et lancez la commande Régler les courbes de couleur du sous-menu Régler la couleur. Photoshop Elements ouvre une nouvelle boîte de dialogue qui propose une autre méthode pour la correction du contraste, des tons foncés, des tons moyens et des tons clairs. En pratique, elle permet d'effectuer (en partie) les mêmes corrections que les commandes Niveaux et Tons foncés/tons clairs. Pour corriger le cliché, sélectionnez un style, dans la partie gauche de la boîte de dialogue, ou utilisez les curseurs qui jouxtent la liste des styles.

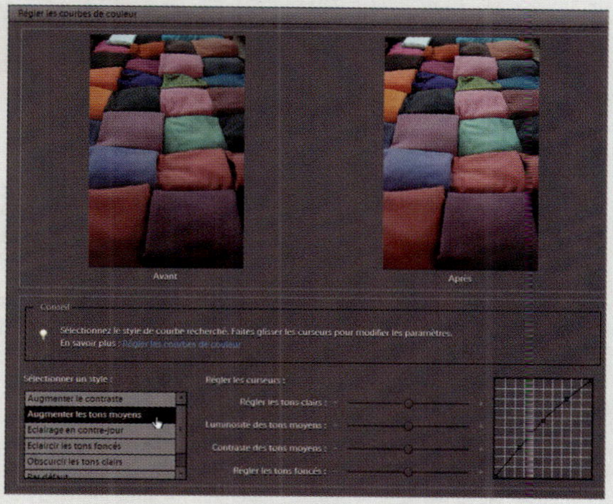

12 ENREGISTRER LES MODIFICATIONS

Une fois les corrections terminées, ouvrez le menu Fichier et activez la commande Enregistrer : Photoshop Elements ouvre sa boîte de dialogue d'enregistrement et propose par défaut d'enregistrer l'image comme version modifiée de l'image de la photothèque. Cliquez simplement sur le bouton Enregistrer ; le cliché modifié apparaîtra dans un jeu de versions, dans la fenêtre de l'Organizer.

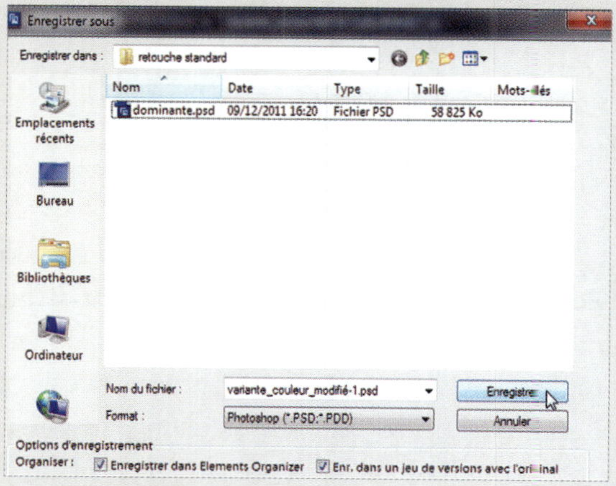

UTILISER LES CALQUES DE RÉGLAGE

Grâce aux calques de réglage, vous pouvez effectuer des corrections d'images rééditables.

À moins d'utiliser la commande Annuler du menu Edition, les corrections d'images sont difficilement modifiables. Heureusement, avec les calques de réglage de Photoshop Elements vous avez la possibilité d'appliquer un réglage sur un cliché, puis de le modifier, de le désactiver ou de le supprimer très simplement.

SUR LE CD : Vous trouverez sur le CD les éléments nécessaires à la réalisation de ce tutoriel.

01 OUVRIR UN CLICHÉ

Après avoir lancé Organizer, sélectionnez le cliché « calque-réglage » dans le dossier Retouche Standard, puis ouvrez-le dans Photoshop Elements, via le menu local de l'onglet Retoucher. Photoshop Elements démarre et affiche la photo dans sa fenêtre de travail.

02 AJOUTER UN CALQUE DE RÉGLAGE

Rendez-vous dans le menu Calque et activez la commande Nouveau calque de réglage ; Photoshop Elements affiche un sous-menu listant les différentes commandes de correction disponibles sous forme de calques de réglage. Sélectionnez la commande Niveaux.

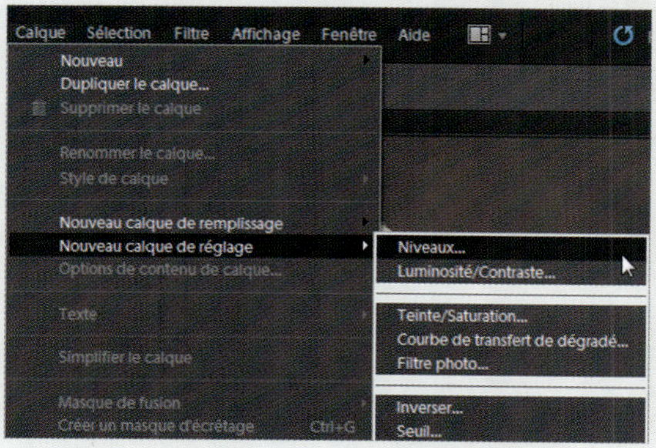

« Les corrections d'images sont difficilement modifiables. Heureusement, il y a les calques de réglage de Photoshop Elements. »

03 RÉGLAGE DES NIVEAUX

L'application ouvre d'abord la boîte de dialogue Nouveau calque ; validez-la à l'aide du bouton OK. Dans la partie droite de l'écran, apparaît ensuite le panneau Réglages, à partir duquel vous allez effectuer les corrections. Cliquez sur le curseur gris, situé au centre de l'histogramme et faites-le glisser vers la gauche, afin d'éclaircir le cliché.

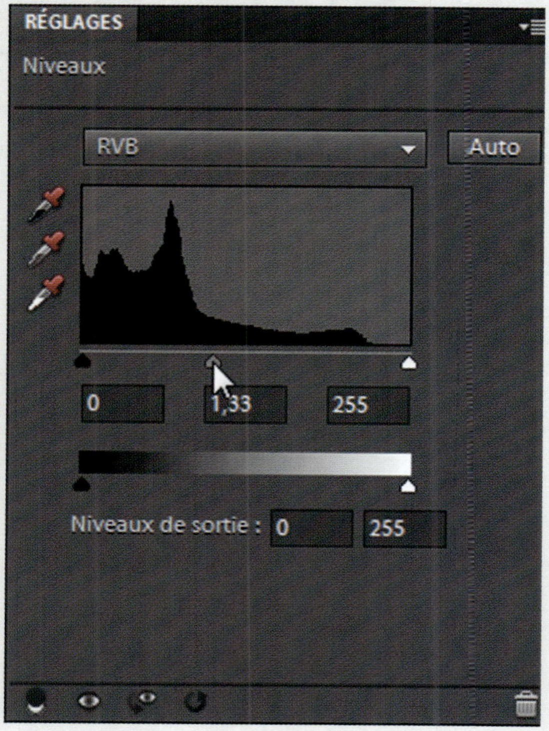

04 LE PANNEAU CALQUES

Une fois le réglage terminé, rendez-vous dans le panneau Calques que vous trouverez immédiatement au-dessus du panneau Réglages. Le panneau Calques affiche en sélection noire (ou bleue), un élément nommé Niveaux 1. Il s'agit du calque de réglage contenant la correction de niveaux. En dessous de ce calque de réglage, se trouve l'élément Arrière-plan, c'est le calque qui contient le cliché à corriger. Cliquez sur celui-ci.

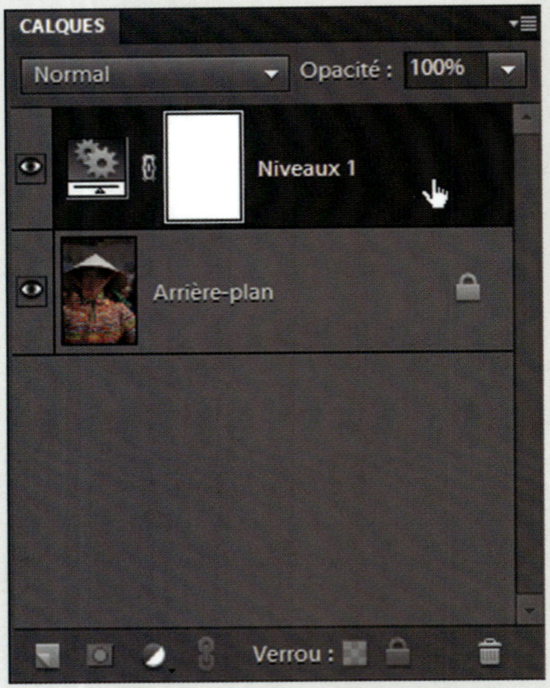

06 DÉSACTIVER LE RÉGLAGE

L'utilisation des calques de réglage vous permet à tout moment de revenir à l'image originale. Il vous suffit pour cela de désactiver le calque de réglage : dans le panneau Calques, cliquez sur l'icône en forme d'œil, située à gauche du calque de réglage. Pour réactiver le réglage, cliquez à nouveau sur cette même icône (ou plutôt sur son emplacement, car l'icône est masquée).

05 MODIFIER LE RÉGLAGE

Pour modifier le réglage de niveaux, revenez dans le panneau Calques et cliquez à nouveau sur le calque de réglage Niveaux 1 ; dans la partie droite de l'écran, le panneau Réglages réaffiche l'histogramme de la commande Niveaux, avec les réglages que vous avez effectués. Ajustez les réglages, puis revenez dans le panneau Calques et cliquez sur le calque Arrière-plan.

« L'enregistrement au format PSD permet de préserver les calques. »

07 AJOUTER UN RÉGLAGE

Un des avantages des calques de réglage est aussi de vous permettre de tester ou de superposer plusieurs réglages. Revenez dans le panneau Calques et cliquez sur le calque Arrière-plan, puis ajouter un nouveau calque de réglage Luminosité/Contraste, en suivant les instructions de l'étape 02. Le panneau Calques affiche à présent deux calques de réglage superposés que vous pouvez afficher ou masquer indépendamment.

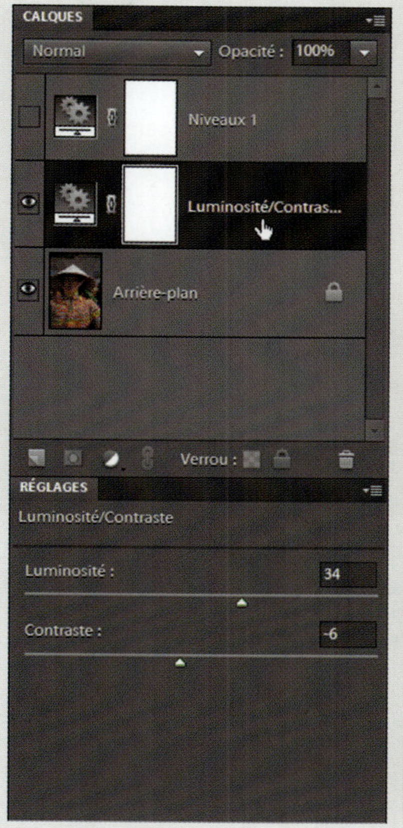

08 SUPPRIMER UN RÉGLAGE

Si le calque de réglage Luminosité/Contraste que vous avez ajouté à l'étape précédente, ne vous semble pas utile, vous pouvez le masquer, ou le supprimer. Pour supprimer le calque, cliquez dessus dans le panneau Calques (il s'affiche alors en bleu), puis cliquez sur l'icône de corbeille située en bas à droite du panneau.

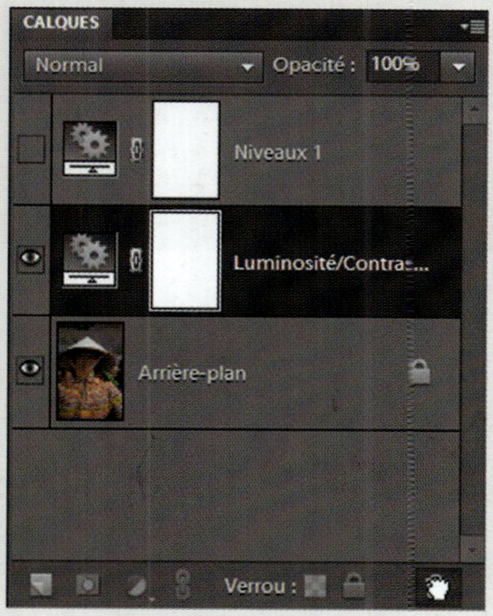

09 ENREGISTRER L'IMAGE

Une fois vos corrections terminées, vous devrez bien sûr enregistrer l'image modifiée. Activez la commande Enregistrer du menu Fichier. Vous retrouverez la même boîte de dialogue que vous avez utilisée dans les tutoriels précédents. Seul changement, Photoshop Elements vous propose d'enregistrer le fichier au format Photoshop, afin de préserver ses calques. Cliquez sur le bouton Enregistrer, en conservant les réglages par défaut.

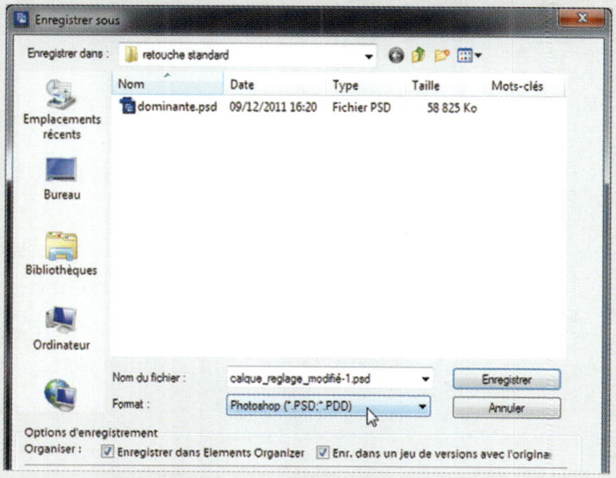

CORRIGER LA NETTETÉ

Quel que soit le mode de retouche que vous avez choisi, vous disposez de commandes pour corriger la netteté.

Avec votre compact autofocus, la plupart de vos photos sont nettes. À l'exception de quelques cas particuliers comme un sujet excentré, ou un « bougé ». Heureusement, Photoshop Elements dispose de commandes qui permettent de corriger ces problèmes de netteté, que vous travailliez en mode Retouche Guidée, Rapide ou Standard. Mais attention, aucune de ces commandes ne fait de miracle !

SUR LE CD : Vous trouverez sur le CD les éléments nécessaires à la réalisation de ce tutoriel.

01 OUVRIR UN CLICHÉ

Dans le dossier Retouche Standard de l'Organizer, sélectionnez le fichier « netteté » et ouvrez-le dans Photoshop Elements via la commande du menu local de l'onglet Retoucher.

02 ACCENTUATION

Rendez-vous dans le menu Accentuation et activez la commande Accentuation : Photoshop Elements ouvre la boîte de dialogue de la commande et applique à l'image un réglage d'accentuation par défaut. Cliquez sur différentes zones de l'image pour afficher le détail dans la zone de prévisualisation. Si le résultat vous convient, validez le réglage à l'aide du bouton OK. Sinon, augmenter légèrement la valeur du Rayon en faisant glisser le curseur vers la droite, et faites de même avec le curseur Gain.

03 RÉGLER LA NETTETÉ

Si la commande Accentuation ne donne pas un résultat satisfaisant, cliquez sur le bouton Annuler et lancez la commande Régler la netteté du menu Accentuation. Observez l'effet produit avec les réglages par défaut, puis augmentez si besoin la valeur du Rayon. Si le manque de netteté de l'image provient d'un bougé, sélectionnez l'option Flou directionnel dans la rubrique Supprimer et ajustez l'angle de déplacement à l'aide du curseur circulaire de la rubrique Angle.

04 RETOUCHE GUIDÉE

Si vous êtes débutant et préférez travailler en mode Retouche Guidée, cliquez sur l'onglet Guidée dans la partie droite de l'écran. Vous retrouverez les commandes présentées dans le tutoriel Retouche guidée (page 41). Cliquez sur la commande Régler la netteté, dans la première section du panneau : Photoshop Elements affiche les réglages de la commande. Cliquez sur le bouton Auto pour appliquer un réglage automatique, et si le résultat ne vous convient pas, utilisez le curseur de réglage puis cliquez sur le bouton Terminer pour valider la correction.

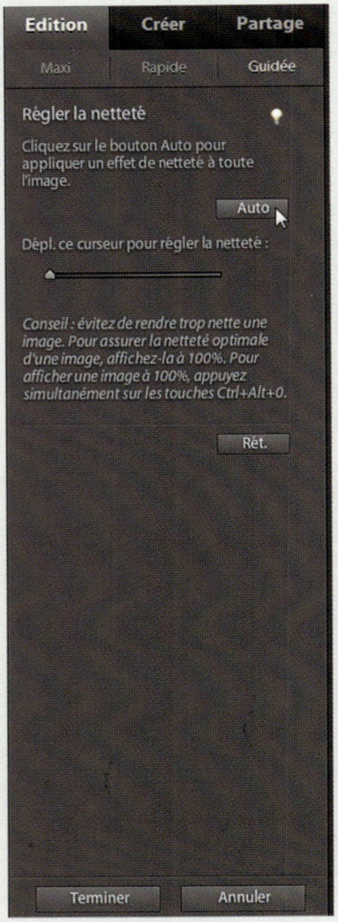

05 RETOUCHE RAPIDE

Si vous préférez travailler en mode Retouche Rapide, cliquez sur l'onglet Rapide, dans la partie droite de l'écran ; Photoshop Elements affiche les réglages de retouche rapide (voir page 46). Rendez-vous dans le bas du panneau, au réglage Netteté. Cliquez d'abord sur le bouton Auto pour tester le réglage automatique, puis ajustez si besoin l'intensité du réglage à l'aide du curseur Plus net.

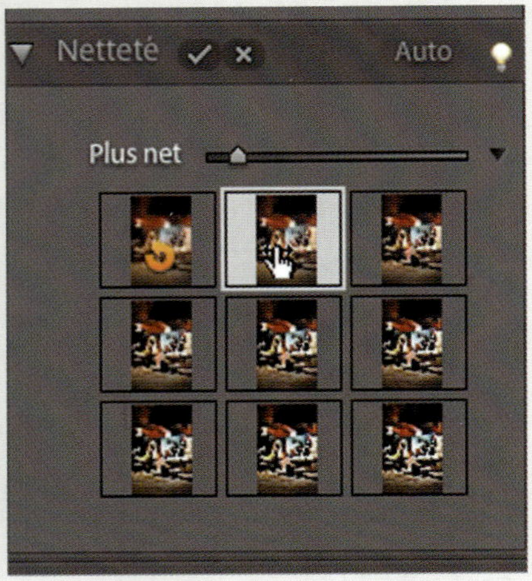

06 AFFICHAGE AVANT/APRÈS

N'oubliez pas que les modes Retouche Guidée et Retouche Rapide vous permettent de comparer l'image, avant et après correction : dans l'angle inférieur gauche de l'écran, ouvrez le menu local de la rubrique Affichage et choisissez l'option Avant et après.

CORRIGER LE CADRAGE

En plus de la technique et du choix du sujet, le choix du cadrage est essentiel pour réussir une bonne photo.

Parmi les nombreux clichés de votre photothèque, vous avez d'excellentes images. Mais à la réflexion, certaines seraient encore meilleures après un léger recadrage. Pour effectuer cette opération, Photoshop Elements dispose d'un outil dédié, accessible à partir des différents modes de travail.

SUR LE CD : Vous trouverez sur le CD les éléments nécessaires à la réalisation de ce tutoriel.

01 OUVRIR UN CLICHÉ

Dans le dossier Retouche Standard de l'Organizer, sélectionnez le fichier « recadrage » et ouvrez-le en mode Retouche photo Standard dans Photoshop Elements, via la commande du menu local de l'onglet Retoucher.

02 L'OUTIL RECADRER

Ouvrez le menu Image et choisissez la commande Recadrer : Photoshop Elements affiche sur l'image un rectangle de recadrage doté de huit poignées, une à chaque angle et une au milieu de chaque côté.

03 MODIFIER LE RECADRAGE

Ajustez le rectangle de recadrage à la zone de l'image que vous souhaitez conserver, en effectuant un cliquer-glisser sur l'une des poignées du rectangle. Vous pouvez également déplacer le rectangle de recadrage, en cliquant-glissant à l'intérieur de celui-ci. Photoshop Elements affiche un voile semi-opaque sur les portions de l'image qui seront supprimées lors du recadrage. Une fois votre cadrage mis au point, validez-le en tapant sur la touche Retour.

04 RECADRAGE PARAMÉTRÉ

Si vous souhaitez recadrer une image avec des dimensions précises, activez l'outil Recadrage comme à l'étape 02, puis rendez-vous dans la barre d'options qui s'affiche au-dessus de la fenêtre du document et cliquez dans le champ L. Entrez la nouvelle largeur de l'image en pixels (ici 300 px). Passez ensuite au champ H et entrez la nouvelle hauteur de l'image (ici 400 px). Le rectangle de recadrage s'adapte aux nouvelles proportions de l'image. Ajustez votre cadrage et validez-le à l'aide de la touche Retour.

05 RECADRAGE EN MODE RETOUCHE GUIDÉE

Si vous travaillez en mode Retouche Guidée, cliquez sur la commande Recadrer la photo, en haut de la liste des commandes ; le rectangle de recadrage s'affiche sur l'image. Modifiez le cadrage, comme expliqué à l'étape 03, puis cliquez sur le bouton Terminer en bas du panneau. Si vous souhaitez recadrer l'image à une taille précise, ouvrez le menu Taille de la zone de recadrage et choisissez une taille prédéfinie (attention, les dimensions sont en pouces).

06 RECADRAGE EN MODE RETOUCHE RAPIDE

Si vous travaillez en mode Retouche Rapide, activez l'outil Recadrer dans la barre d'outils, à gauche de l'écran, puis cliquez-glissez sur l'image pour tracer le rectangle de recadrage. Vous pourrez ensuite modifier le cadrage en suivant la mise en œuvre de l'étape 03, ou effectuer un recadrage paramétré, comme expliqué dans l'étape 04

MAQUILLER, RÉPARER UN ACCROC

Grâce à son outil Correcteur, Photoshop Elements permet d'effectuer de petits travaux de retouche et de maquillage.

Pour maquiller un point noir sur un visage, supprimer des accrocs, poussières d'objectif, etc. Photoshop Elements dispose de deux outils spécialisés : le Correcteur et le Correcteur localisé. Le premier permet de réparer des accrocs en prélevant manuellement de la matière autour de la zone à maquiller ; le second retouche automatiquement les petites « pétouilles » d'un simple clic de souris. Comme vous le constaterez ces deux outils ont des limites et vous ne pourrez les utiliser pour effacer un personnage dans une scène ou supprimer un élément de décor inesthétique.
Pour effectuer ce type de retouches très particulières, vous devrez exploiter les outils de sélection, les calques et autres masques, dont nous reparlerons plus loin dans ce livre.

SUR LE CD : Vous trouverez sur le CD les éléments nécessaires à la réalisation de ce tutoriel.

01 OUVRIR UN FICHIER

Dans le dossier Retouche Standard de l'Organizer, sélectionnez le fichier « correcteur » et ouvrez-le en mode Retouche photo Standard dans Photoshop Elements, via la commande du menu local de l'onglet Retoucher. Il s'agit ici de nettoyer la base du monument en supprimant les taches marron incrustées dans le mur.

02 L'OUTIL CORRECTEUR LOCALISÉ

Dans la barre d'outil, située à gauche de l'écran, activez l'outil Loupe et zoomez sur la partie inférieure du cliché en effectuant un cliquer-glisser. Revenez ensuite dans la barre d'outils et activez l'outil Correcteur localisé (le morceau de sparadrap, associé à un cercle en pointillé).

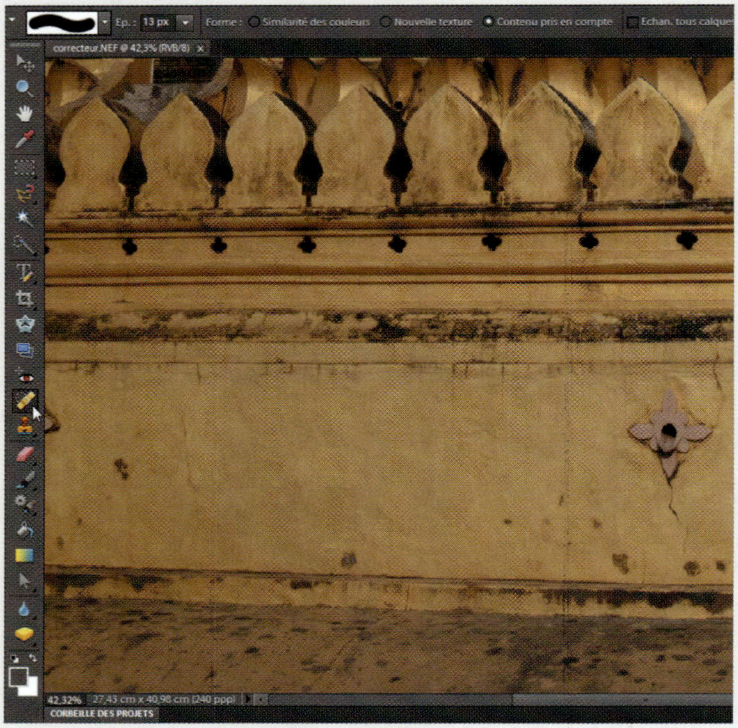

03 MAQUILLER LES TACHES

Placez le pointeur en forme de cercle sur la zone à maquiller. Si le cercle couvre l'ensemble de la tache, cliquez simplement sur celle-ci ; l'outil Correcteur efface la tache, en exploitant les pixels environnants. Si le diamètre de l'outil est trop réduit. Rendez-vous dans la barre d'options, en haut de l'écran, cliquez sur la flèche qui jouxte le champ Epaisseur et faites glisser le curseur pour augmenter le diamètre de l'outil. Revenez ensuite dans la fenêtre de travail et cliquez sur les taches à maquiller.

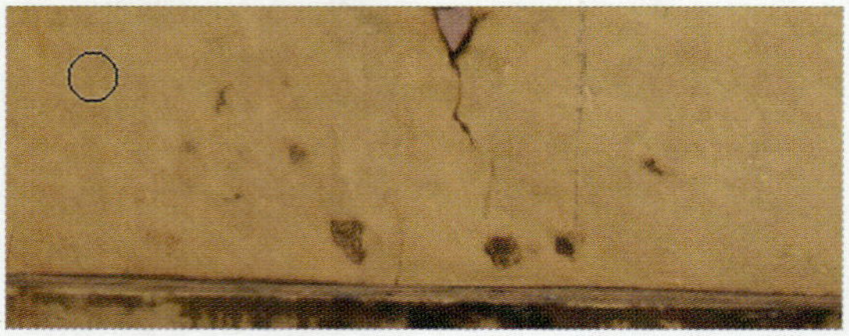

04 L'OUTIL CORRECTEUR

Revenez dans la barre d'outils, faites un clic prolongé sur l'outil Correcteur localisé et sélectionnez l'outil Correcteur. Rendez-vous ensuite dans la barre d'options et cochez l'option Aligné. Revenez sur l'image de travail, enfoncez la touche Alt/Option et cliquez à proximité de la zone à maquiller, afin de prélever un échantillon de l'arrière-plan. Appliquez l'outil Correcteur sur la zone à maquiller, via une série de clics de souris.

06 EN MODE GUIDÉE 2/2

Pour corriger un petit accroc, activez le premier outil, puis réglez son diamètre à l'aide du curseur et cliquez sur la zone à maquiller. Si vous devez retoucher un accroc plus important, choisissez le second outil. Réglez son diamètre à l'aide du curseur, puis prélevez un échantillon de l'arrière-plan (voir étape 04) et appliquez l'outil par petites touches sur la zone à maquiller. Une fois la retouche terminée, cliquez sur le bouton Terminer, en bas du panneau.

05 EN MODE GUIDÉE 1/2

Si vous préférez travailler en mode Retouche Guidée, cliquez sur l'onglet Guidée dans la partie droite de l'écran pour afficher la liste des commandes, puis activez la commande Retoucher les rayures et les défauts, dans la rubrique Modifications avancées. Le panneau de réglage affiche les instructions de la commande.

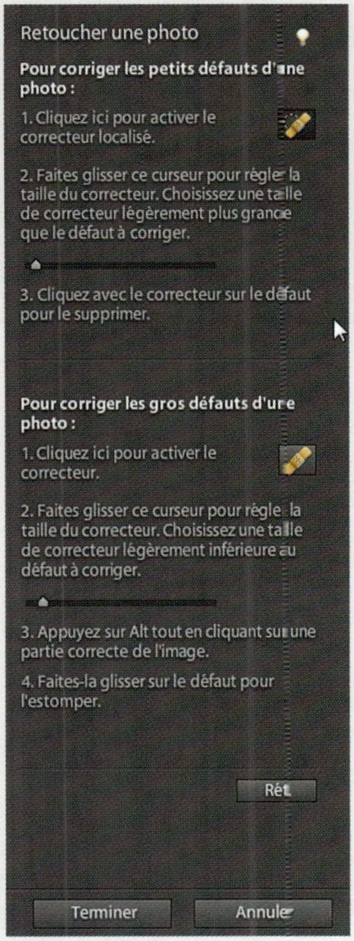

DÉVELOPPER VOS FICHIERS RAW

Photoshop Elements intègre Camera Raw, une interface dédiée au traitement des fichiers RAW.

Les reflex numériques, ainsi que certains modèles de bridge, permettent d'enregistrer vos clichés au format RAW. Contrairement au format standard (JPEG) avec lequel le cliché subit une série de post-traitements avant d'être enregistré, le format RAW enregistre une image brute de capteur qui devra être développée, avant d'être exploitée dans Photoshop Elements. Pour ce faire, vous disposez de l'interface Camera Raw, accessible directement à partir de l'Organizer. Comme vous allez le découvrir dans ce tutoriel, Camera Raw permet d'ajuster les paramètres de l'image : exposition, température de couleur, contraste, saturation, etc., avec une marge de manœuvre beaucoup plus importante que celle autorisée par le format JPEG.

SUR LE CD : Vous trouverez sur le CD les éléments nécessaires à la réalisation de ce tutoriel.

01 OUVRIR LE FICHIER RAW

Pour commencer, importez dans l'Organizer les images du dossier Fichiers raw présent sur le CD-Rom. Sélectionnez ensuite le cliché DSC_7636 et ouvrez-le dans Photoshop Elements, comme un cliché ordinaire. L'image s'ouvre dans l'interface de Camera Raw.

02 BALANCE DES BLANCS

Le premier réglage à effectuer est celui de la balance des blancs si le rendu des couleurs ne correspond pas à celui de la scène photographiée. Cliquez sur le menu Balance des blancs et testez d'abord le réglage Auto. Si ce dernier ne convient pas, rouvrez le menu et sélectionnez le préréglage correspondant aux conditions de prise de vue (Lumière naturelle, Nuageux, Ombre, etc.).

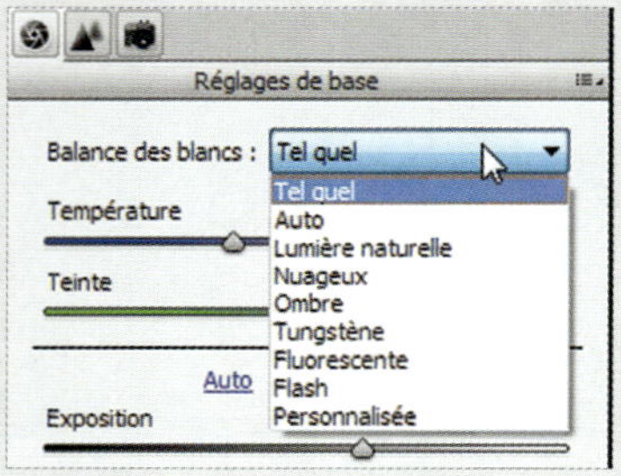

03 RÉGLAGE AUTO

Reste ensuite à régler les autres paramètres de l'image : exposition, hautes et basses lumières, contraste, etc. Si vous ne voulez pas vous aventurer dans des réglages manuels, cliquez sur la commande Auto, située au-dessus du réglage Exposition. Camera Raw analyse l'image et ajuste les différents paramètres. Le résultat varie en fonction de la qualité de l'image originale, mais vous pourrez si besoin est, l'utiliser comme base de travail.

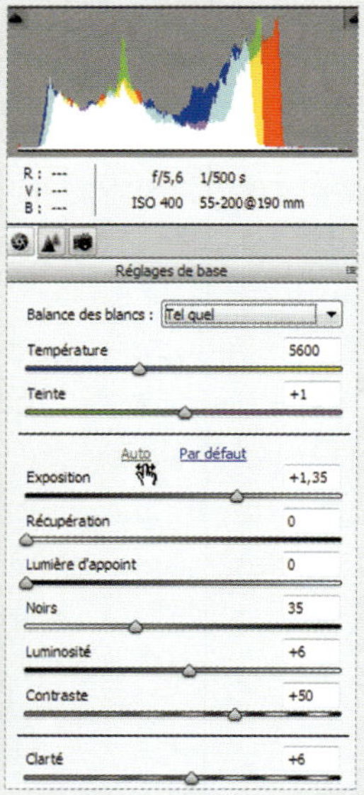

04 RÉGLER L'EXPOSITION

Si vous préférez travailler en mode manuel, cliquez sur le bouton Par défaut pour réinitialiser les paramètres avant de passer au réglage de l'exposition. Faites glisser le curseur vers la droite pour corriger une sous-expositon (comme ici), ou vers la gauche pour corriger une surexposition. Durant cette opération, vous devez garder un œil sur l'histogramme, situé en haut du panneau de réglage, de manière à vérifier que celui-ci ne s'étend pas au-delà des limites matérialisées par les deux triangles noirs.

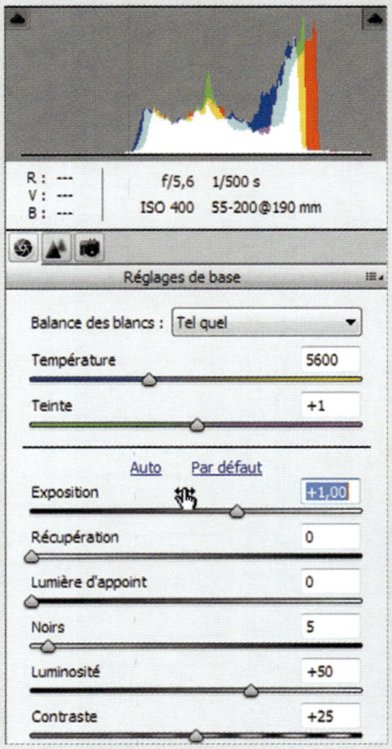

05 RÉCUPÉRATION

Refermez Camera Raw à l'aide du bouton Terminer et ouvrez le fichier DSC_8124 à partir de l'Organizer. Ici, l'histogramme est rogné à ses deux extrémités. Faites glisser vers la gauche le curseur Récupération, afin de récupérer du détail dans les tons clairs.

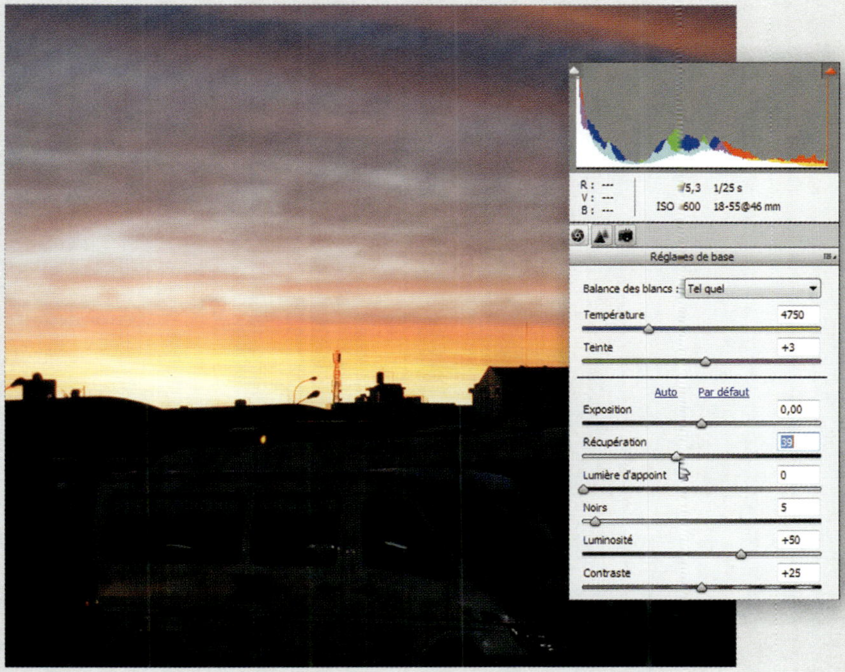

06 LUMIÈRE D'APPOINT

Passez ensuite au réglage Lumière d'appoint. Ce dernier permet de déboucher les tons sombres. Faites glisser le curseur vers la droite et observez la partie gauche de l'histogramme. Sur l'image, des détails apparaissent dans les zones d'ombre.

07 NOIRS

Refermez l'image en cours de correction à l'aide du bouton Terminer et rouvrez le premier fichier. Les corrections précédentes ont été sauvegardées. Ici, le cliché manque de contraste à cause de l'absence de tons sombres. Cliquez sur le curseur Noirs et faites-le glisser vers la droite ; en haut du panneau de réglage, l'histogramme s'étend vers la gauche.

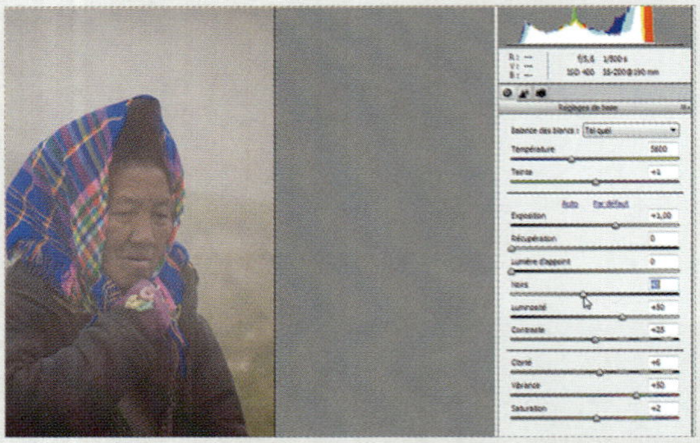

08 LUMINOSITÉ/CONTRASTE

Comme vous le constaterez, l'essentiel du travail de correction se fait avec les réglages Exposition, Récupération, Lumière d'appoint et Noirs. Vous n'utiliserez les réglages Contraste et Luminosité que pour peaufiner le rendu de l'image, une fois les autres paramètres ajustés. Ici, vous allez donc renforcer le contraste du cliché en faisant glisser le curseur Contraste vers la droite, puis vous ferez de même avec le curseur Luminosité.

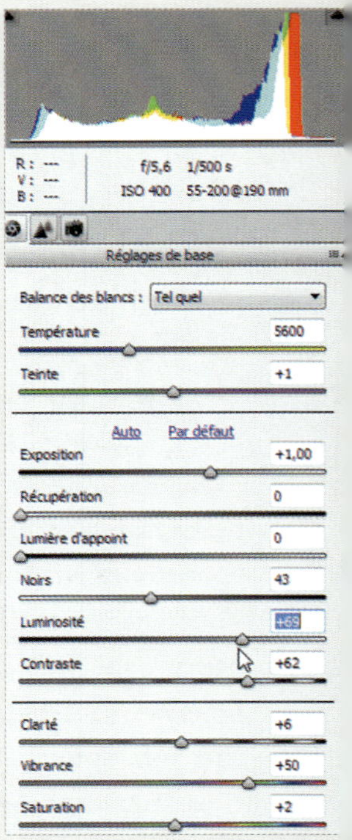

09 SATURATION

Il reste enfin à régler la saturation de l'image à l'aide du curseur Vibrance. Ici l'image est terne, les couleurs manquent de saturation. Faites glisser le curseur Vibrance vers la droite et observez le résultat.

10 POST-TRAITEMENT

Une fois les corrections terminées, vous avez différentes possibilités : quitter Camera Raw en enregistrant l'image avec ses paramètres de développement, ouvrir l'image corrigée dans Photoshop Elements, ou enregistrer l'image au format DNG, un format RAW générique qui vous garantira la compatibilité de vos fichiers avec les futures versions de Photoshop Elements et Photoshop.

11 ENREGISTRER LES PARAMÈTRES DE L'IMAGE

Si vous souhaitez enregistrer le fichier Raw avec ses paramètres de développement, cliquez sur le bouton Terminer. L'interface Camera Raw se referme et le fichier RAW est mis à jour dans l'Organizer. Lorsque plus tard vous voudrez utiliser le cliché dans Photoshop Elements, l'application lancera d'abord Camera Raw. Vous n'aurez plus alors qu'à cliquer sur le bouton Ouvrir l'image pour afficher l'image dans Photoshop Elements (voir étape suivante).

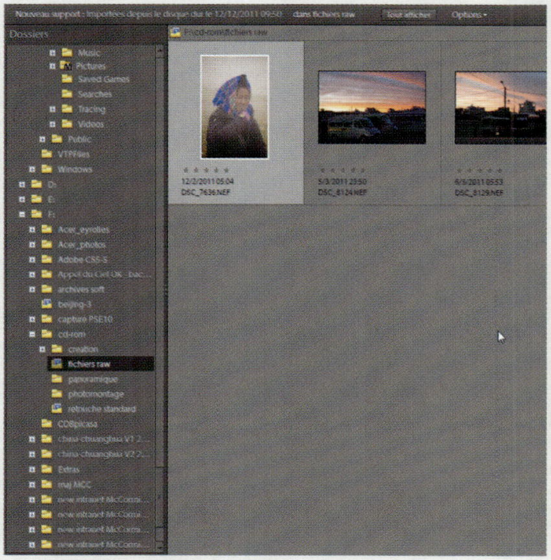

12 OUVRIR LE FICHIER DANS PHOTOSHOP ELEMENTS

Si vous souhaitez ouvrir l'image directement dans Photoshop Elements, cliquez sur le bouton Ouvrir l'image, dans l'angle inférieur droit de l'interface Camera Raw. L'application referme Camera Raw et affiche le cliché dans sa fenêtre de travail. Vous pourrez alors exploiter l'image comme un fichier ordinaire. Mais attention, en fin de travail, vous devrez sauvegarder l'image dans un autre format, PSD, JPEG ou TIFF.

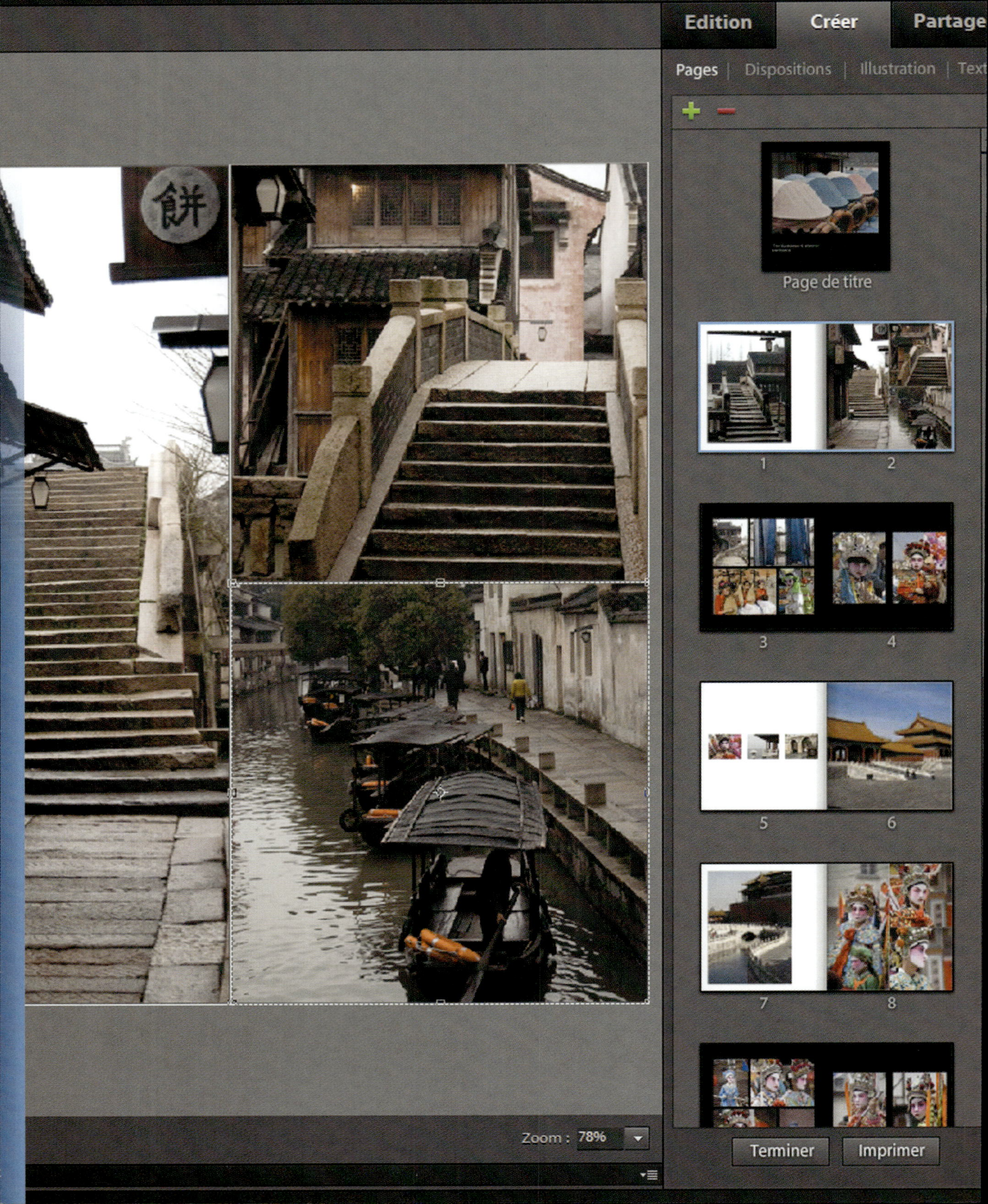
Edition
Créer
Partage
Pages
Dispositions
Illustration
Text
Page de titre
1
2
3
4
5
6
7
8
Zoom :
78%
Terminer
Imprimer

CRÉER

De la carte de vœux au livre photos, en passant par les collages, Photoshop Elements vous permet d'exploiter vos clichés de manière créative.

Pour créer un livre photos, une planche contact ou une jaquette de CD, il ne suffit pas de disposer de belles images. Il faut aussi savoir comment s'y prendre. Pour ceux qui débutent dans le domaine de l'image numérique, et ceux qui n'ont pas envie de se plonger dans l'apprentissage de manipulations techniques, Photoshop Elements et son Organizer proposent un ensemble de commandes de création accessibles à partir de l'onglet Créer des deux applications. Grâce à ces commandes, vous pourrez réaliser simplement des cartes de vœux, calendriers et autres objets graphiques.

En plus de ces commandes automatisées, Photoshop Elements intègre aussi un ensemble de filtres et d'effets prédéfinis que vous pourrez exploiter pour transformer des images.

Tirages photos

Avant de vous lancer dans des créations complexes, vous souhaiterez peut-être tout simplement imprimer quelques photos. L'opération ne pose pas de problème particulier, mais elle se complique dès lors que vous essayez d'imprimer plusieurs clichés sur une même page. Pour vous faciliter la tâche, Photoshop Elements propose quatre commandes d'impression regroupées dans la rubrique Tirages photos. Comme vous le découvrirez dans le tutoriel (page 87), vous pourrez, grâce à ces commandes, imprimer un lot de photos sélectionnées dans l'Organizer, imprimer une planche contact, ou commander des tirages en lignes. (Figure 01)

Catalogue de photos

Pour réaliser un catalogue de photos, vous avez deux solutions : soit vous maîtrisez les outils de mise en page comme XPress, InDesign, Publisher… et vous créerez votre propre maquette, soit vous ne maîtrisez aucun de ces outils et vous exploiterez la fonction Catalogue de photos que propose Photoshop Elements. Comme vous le découvrirez dans le tutoriel (page 108), cette fonction permet de générer un catalogue de photos à partir d'une sélection de clichés effectuée dans l'Organizer. La création du catalogue se fait de manière automatique, mais vous pourrez ensuite revenir sur chacune des pages et les modifier à votre guise. (Figure 02)

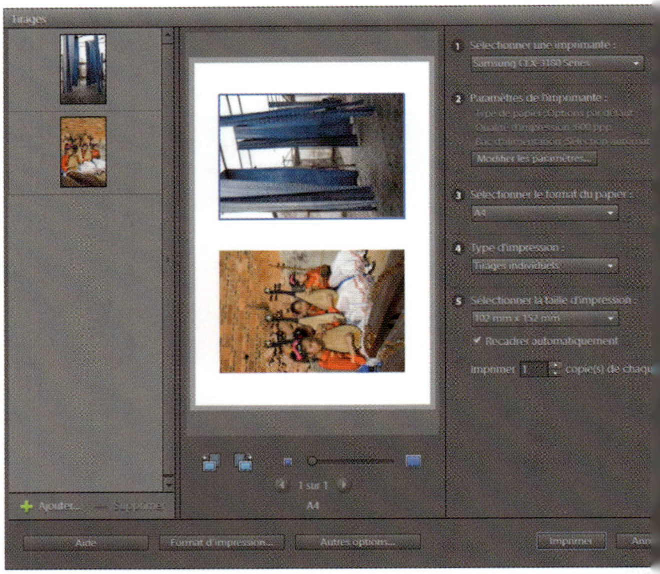

Figure 01 : les commandes d'impression de la rubrique Tirages photos.

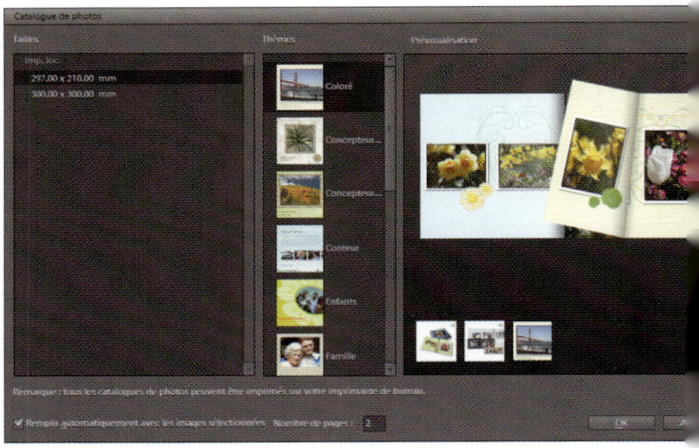

Figure 02 : l'interface d'édition d'un catalogue de photos.

Cartes de vœux

Avec la fonction Cartes de vœux de l'onglet Créer, vous disposez de nombreux modèles, classés par thèmes, qui permettent de réaliser une carte en quelques clics : choisissez vos clichés dans l'Organizer, lancez la commande et l'application génère une composition que vous pourrez ensuite personnaliser en modifiant l'arrière-plan, la disposition des photos, le texte, etc. Nous en reparlerons dans le chapitre dédié page 114. (Figure 03)

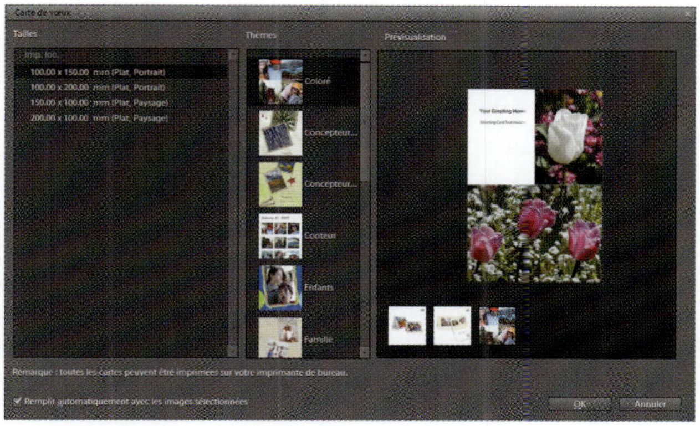

Figure 03 : l'interface de création des cartes de vœux.

Calendriers

Même si vous maîtrisez les outils de mise en page, la création d'un calendrier est une opération laborieuse puisqu'elle nécessite de reconstituer manuellement un tableau de dates pour les mois à venir. Avec la fonction Calendriers de l'onglet Créer, Photoshop Elements permet de générer en quelques minutes un calendrier composé des photos de votre choix. Comme vous le découvrirez dans un chapitre consacré (page 119), à l'instar des cartes de vœux, les calendriers de Photoshop Elements sont entièrement rééditables et personnalisables. (Figure 04)

Figure 04 : l'interface de création des calendriers photos.

Collage photo

Pour réaliser un collage photo, il suffit de rassembler dans un même document Photoshop une série de clichés, puis de les réorganiser en jouant sur leur taille, position et orientation. Rien de plus simple, à condition de savoir exploiter les calques et quelques autres commandes de l'application. Si vous n'en êtes pas encore arrivé à ce stade, vous utiliserez la commande Collage Photo de l'onglet Créer. À l'instar des autres commandes de création, Collage photo permet de générer un collage photo à partir d'une sélection de clichés réalisée dans l'Organizer. Nous en reparlerons page 124. (Figure 05)

Figure 05 : l'interface de création Collage photo.

Jaquette de CD

Enfin, l'onglet Créer propose une dernière fonction automatisée qui permet de créer une jaquette de CD. Comme les autres scripts du panneau, cette commande génère à partir de clichés sélectionnés dans l'Organizer, un document que vous pourrez personnaliser en choisissant un arrière-plan, l'encadrement des photos et leur disposition. Rendez-vous page 118 ! (Figure 06)

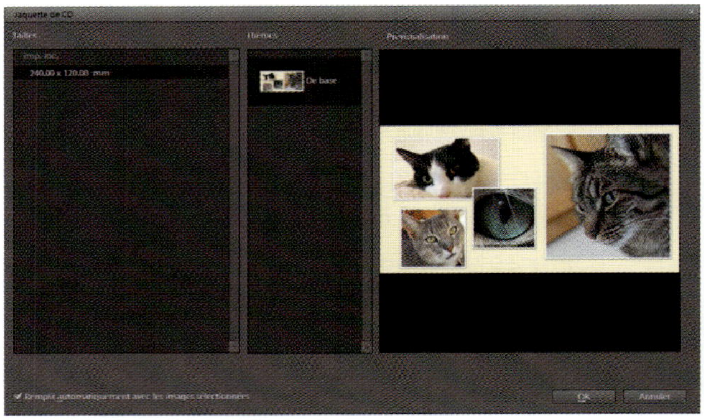

Figure 06 : l'interface de création Jaquette de CD.

Autres scripts

Si vous êtes observateur, vous aurez noté que l'onglet Créer de l'Organizer proposait d'autres fonctions de création : Film instantané et DVD avec menu. En pratique ces fonctions ne sont utilisables qu'avec Première Elements, l'application de montage vidéo d'Adobe.

Exploiter les filtres

Comme tous les éditeurs bitmap, Photoshop Elements dispose d'une vaste collection de filtres qui permettent d'appliquer un effet particulier sur une image ou une portion d'image. Comme vous le découvrirez dans le tutoriel (page 138), certains de ces filtres sont purement utilitaires, comme les filtres de renforcement que vous utiliserez pour corriger la netteté d'une image, alors que d'autres sont plus créatifs et vous permettront de transformer un cliché en aquarelle ou en dessin au trait ; le tout en un clic de souris. (Figure 07)

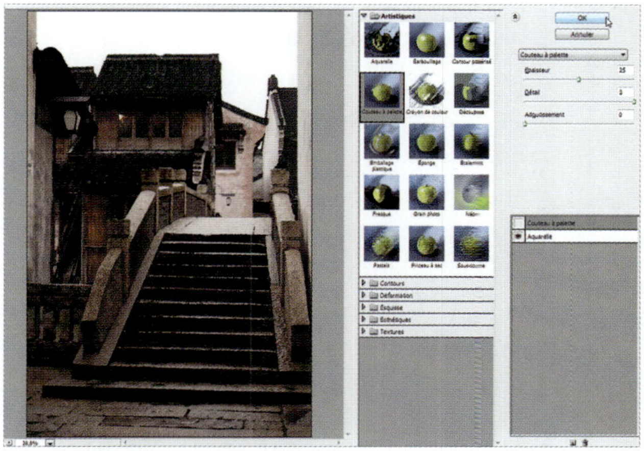

Figure 07 : l'interface Galerie de filtres gère l'application de la plupart des filtres.

Effets et styles de calque

En plus des filtres qui sont accessibles depuis les différents modes de travail, Guidée, Rapide et Standard, et dont l'effet est définitif (à moins de l'annuler à l'aide de la commande Annuler), Photoshop Elements dispose également d'effets et de styles de calque qui ne sont exploitables qu'en mode Standard.

Comme nous le verrons dans le tutoriel (page 142), ces commandes permettent d'appliquer des transformations non destructives sur une image. Vous pourrez ainsi, ajouter un effet d'ombre portée, de lueur, ou transformer un cliché en gravure, en gardant à tout moment la possibilité de revenir à l'image originale. (Figure 08)

Figure 08 : le panneau Effets de l'interface Standard gère les effets et les styles de calques.

Jouer avec le noir et blanc

Pour terminer ce tour d'horizon des commandes de création, il ne faut pas oublier la commande Convertir en noir et blanc dont nous reparlerons dans le tutoriel page 147. Cette commande, accessible uniquement en mode Standard, permet de convertir une image couleur en noir et blanc, et propose de nombreux réglages prédéfinis, ainsi que la possibilité de définir un réglage de conversion personnalisé. (Figure 09)

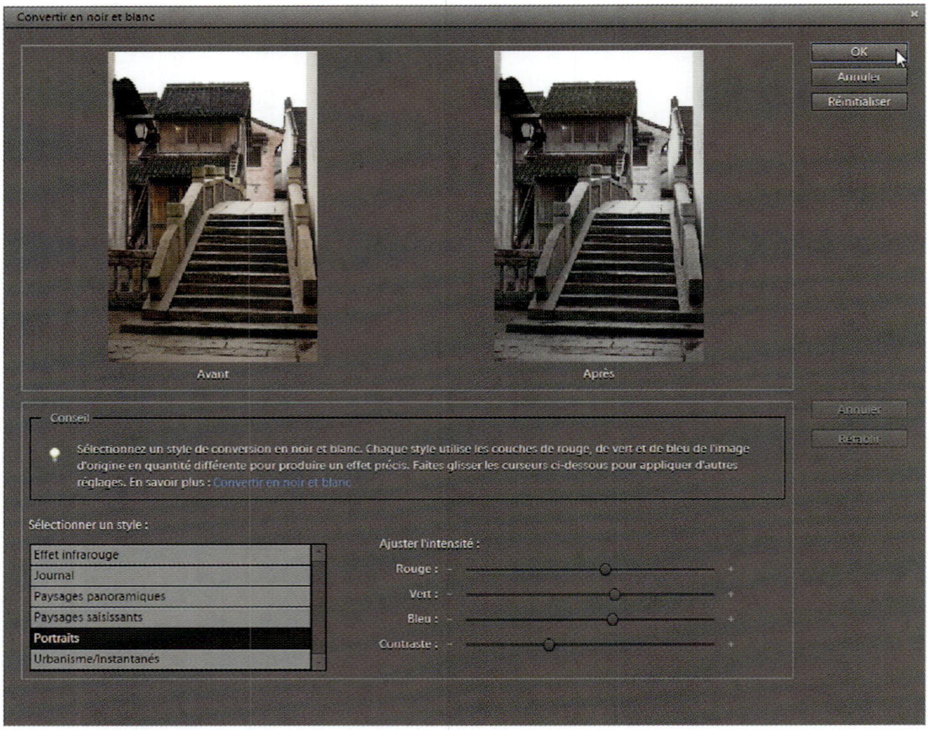

Figure 09 : l'interface de la commande Convertir en noir et blanc.

IMPRIMER DES PHOTOS

La rubrique Tirage photo regroupe les fonctions d'impression multiformat et les commandes de tirages en ligne.

Pour imprimer des photos sur votre imprimante à jet d'encre, vous disposez bien sûr de la commande Imprimer du menu Fichier de Photoshop Elements. Mais la rubrique Tirage photo de l'onglet Créer regroupe différentes commandes qui vous permettront de faire des tirages multi-formats, d'imprimer une collection d'images ou une planche contact, ou encore de commander des tirages en ligne.

SUR LE CD : Vous trouverez sur le CD les éléments nécessaires à la réalisation de ce tutoriel.

01 AJOUTER DES PHOTOS DANS L'ORGANIZER

Pour réaliser ce tutoriel et les suivants, vous allez travailler à partir de photos présentes sur le CD-Rom. Dans l'Organizer, activez la commande Fichier> Obtenir des photos et des vidéos> A partir de fichiers et de dossiers. Naviguez jusqu'au dossier dans lequel vous avez copié le contenu du CD, sélectionnez le dossier Création et validez : le contenu du dossier est ajouté à la photothèque et s'affiche dans la fenêtre de l'Organizer.

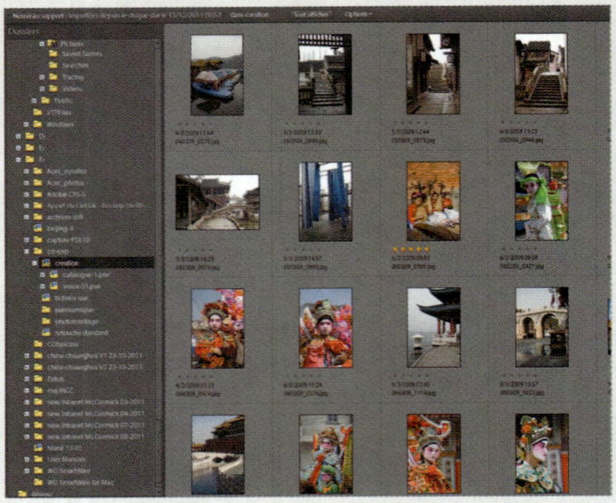

02 SÉLECTION DES PHOTOS

Sélectionnez 5 ou 6 photos en effectuant un cliquer-glisser, ou en cliquant sur chacune des vignettes avec la touche Ctrl/Cmd enfoncée. Puis rendez-vous dans la partie droite de l'écran. Cliquez sur l'onglet Créer afin d'afficher la liste des commandes de création.

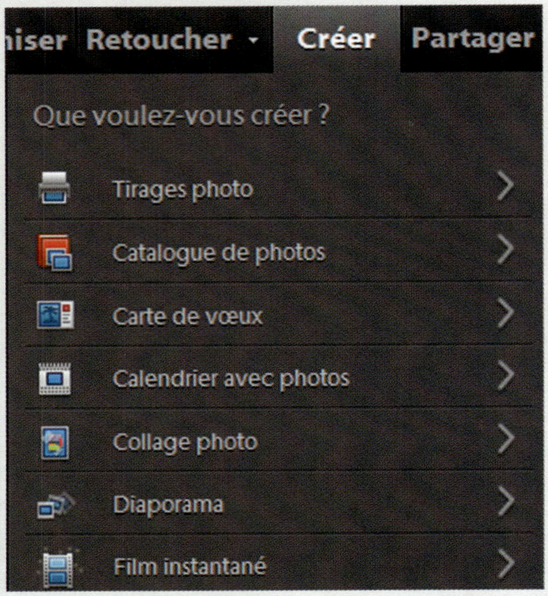

03 IMPRESSION SIMPLE

Cliquez sur la commande Tirage photo, le panneau affiche la liste des commandes d'impression. Activez la commande Impr. avec l'impr. locale pour afficher la boîte de dialogue d'impression. Sur Macintosh, Photoshop Elements démarre automatiquement, ouvre les clichés sélectionnés dans l'Organizer et affiche sa boîte de dialogue d'impression.

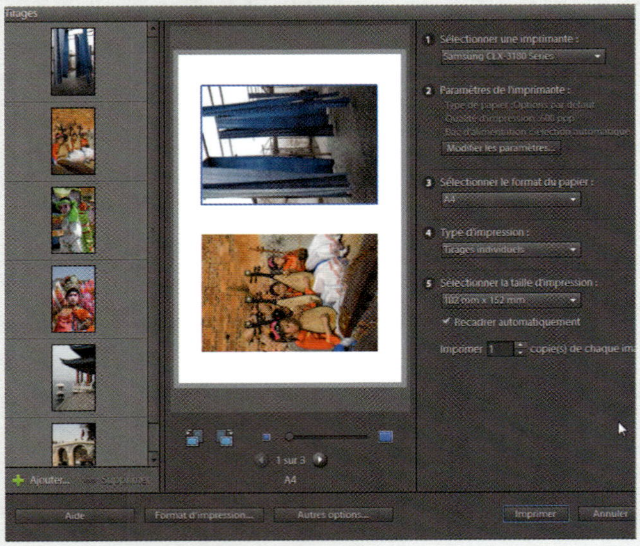

04 PARAMÉTRER L'IMPRESSION 1/2

Dans la partie droite de la boîte de dialogue, vérifiez que votre imprimante est bien sélectionnée, puis choisissez un format de papier et une taille d'impression. Par défaut, Photoshop Elements vous propose le format d'impression Taille réelle qui correspond à une impression en haute résolution.

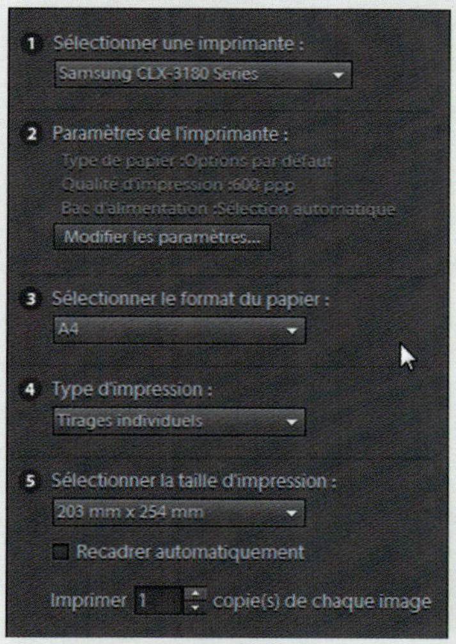

« Pour imprimer plusieurs clichés sur une même page, sélectionnez-les dans l'Organizer, puis activez la commande Tirage photo »

05 PARAMÉTRER L'IMPRESSION 2/2

Pour terminer, vous pouvez ajuster le cadrage : faites glisser le curseur situé à droite en dessous de la prévisualisation de la page imprimée, puis cliquez-glissez pour déplacer l'image à l'intérieur de son rectangle d'impression. Cliquez ensuite sur le bouton bleu Page suivante, pour afficher la seconde photo, ajustez si besoin son cadrage, et faites de même pour les autres photos. Lancez l'impression en cliquant sur Imprimer…

06 COLLECTION D'IMAGES SUR WINDOWS

Si vous souhaitez imprimer plusieurs clichés sur une même page, sélectionnez-les dans l'Organizer, puis activez la commande Tirage photo dans l'onglet Créer et choisissez Imprimer une collection d'images. La boîte de dialogue d'impression affiche l'aperçu de la première page, avec la disposition par défaut. Pour changer de disposition, ouvrez le menu local de la rubrique Disposition, dans la partie droite de la boîte de dialogue, et choisissez un autre réglage.

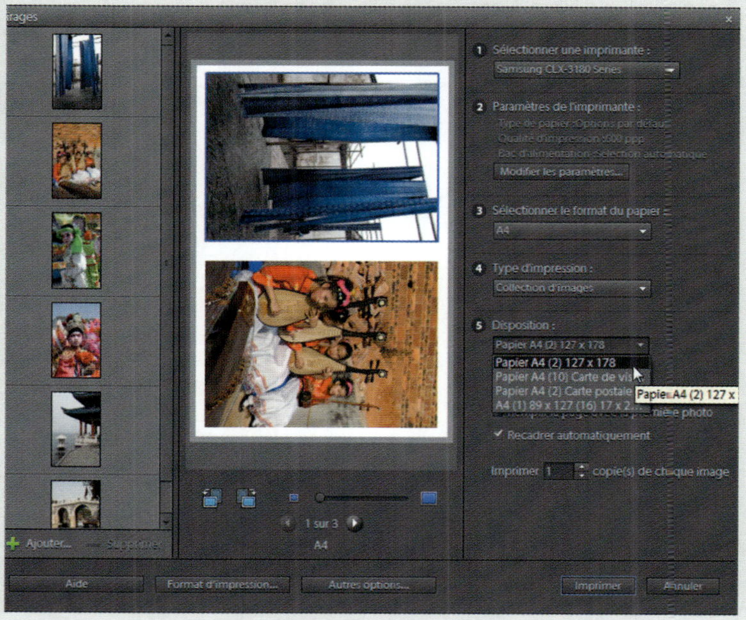

07 COLLECTION D'IMAGES SUR MACINTOSH 1/2

Sur Macintosh, la commande Imprimer une collection d'images ouvre la boîte de dialogue Collection d'images qui affiche une disposition par défaut, basée sur une image unique. Ouvrez le menu local de la rubrique Disposition et choisissez un réglage prédéfini.

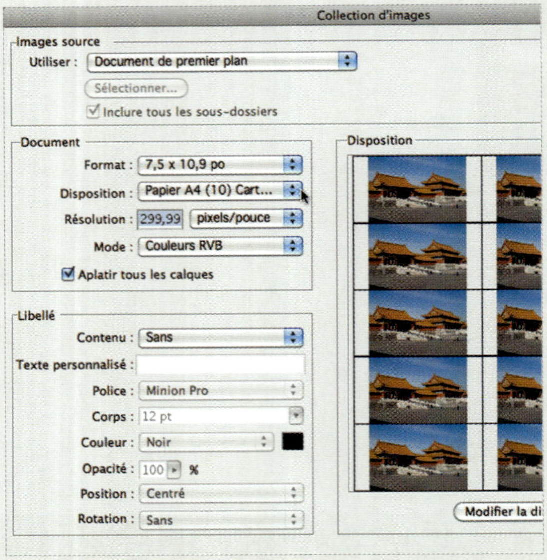

08 COLLECTION D'IMAGES SUR MACINTOSH 2/2

Dans la zone de prévisualisation, cliquez sur la première image : une boîte de dialogue d'ouverture de fichier s'affiche. Naviguez jusqu'au dossier contenant les clichés à imprimer, sélectionnez une première image, puis cliquez sur le bouton Ouvrir. L'image apparaît dans la prévisualisation de la page. Répétez l'opération pour remplacer les autres images. Cliquez sur le bouton OK. Photoshop Elements génère une planche photo prête à imprimer.

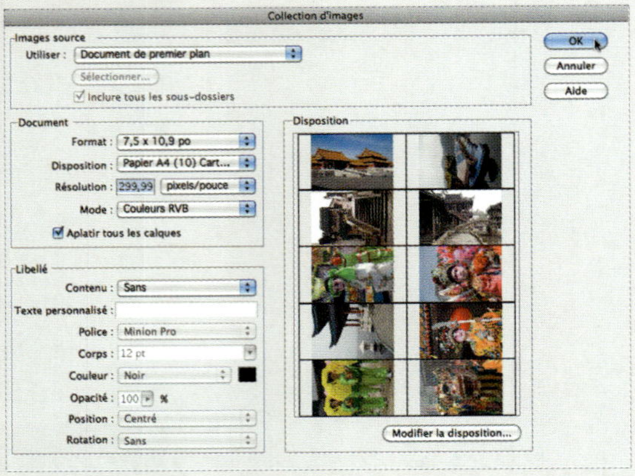

09 PLANCHE CONTACT

Pour imprimer une planche contact, sélectionnez vos clichés dans la fenêtre de l'Organizer, puis activez la commande Tirage photos de l'onglet Créer et choisissez Imprimer la planche contact. La boîte de dialogue d'impression apparaît, affichant la prévisualisation de la planche contact. Dans le panneau de réglage, choisissez le nombre de colonnes, activez l'option Afficher les options d'impression et cochez l'option Nom de fichier. Lancez l'impression à l'aide du bouton Imprimer.

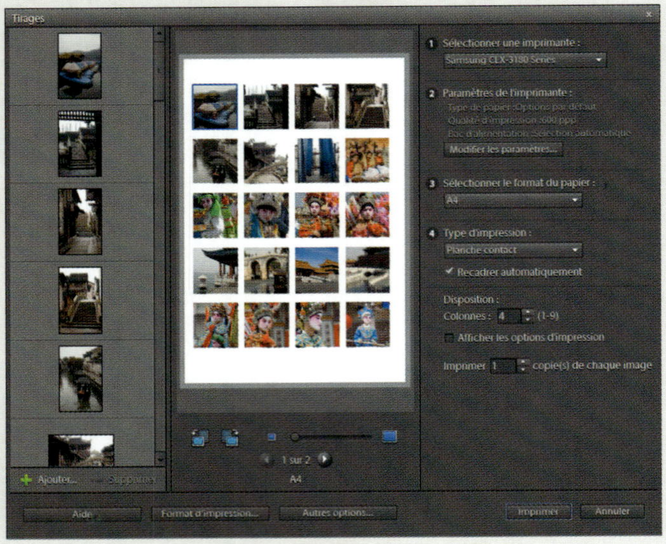

10 PLANCHE CONTACT SUR MACINTOSH

Lorsque vous lancez la commande Imprimer la planche contact sur Macintosh, Photoshop Elements démarre et affiche la boîte de dialogue Planche contact. Dans la rubrique Vignettes, ajustez le nombre de colonnes et de rangées, puis cliquez sur le bouton OK. L'application génère la planche contact et l'affiche dans la fenêtre de travail. Lancez l'impression à l'aide de la première commande de la rubrique Tirage photo (voir étape 03).

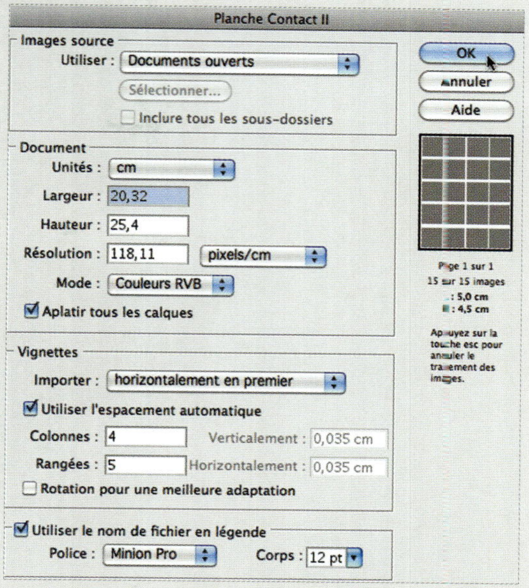

« Commander des tirages […] affiche la page Web du service en ligne. »

11 COMMANDER DES TIRAGES EN LIGNE 1/2

Si vous souhaitez commander des tirages en ligne, sélectionnez vos clichés dans l'Organizer et choisissez la commande Commander des tirages, dans la rubrique Tirage photo de l'onglet Créer : dans la boîte de dialogue qui apparaît, créer un compte en remplissant le formulaire, puis cliquez sur le bouton Suite. Organizer télécharge les fichiers, lance votre navigateur et affiche la page Web du service en ligne.

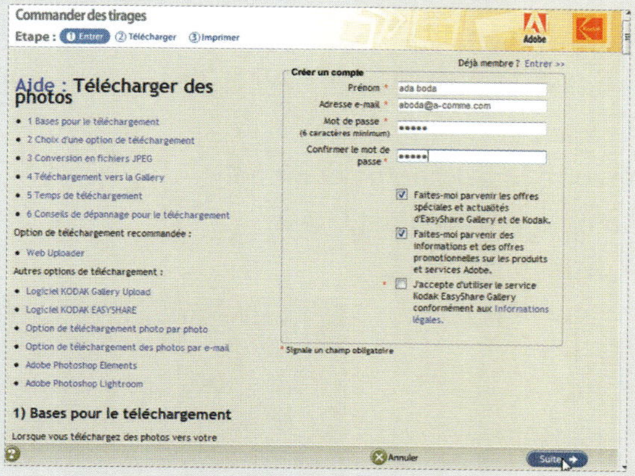

12 COMMANDER DES TIRAGES EN LIGNE 2/2

Cochez l'option Sélectionner toutes les photos..., puis cliquez sur le bouton Ajouter au panier. Dans la page récapitulative qui s'affiche, précisez les formats et quantités et cliquez sur le bouton Finaliser la commande. Saisissez une adresse de livraison et passez à la page paiement sécurisé pour terminer votre commande.

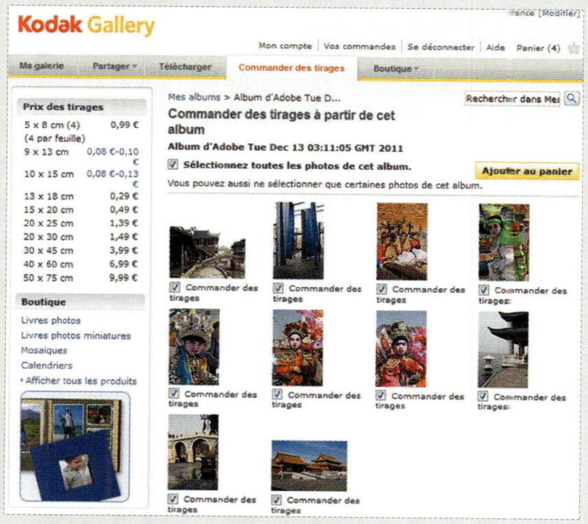

UN ALBUM PHOTOS

Avec la fonction Catalogue photo, vous pouvez créer un album photos sans aucune notion de mise en page.

Pour créer un album photos, il existe une multitude de services en ligne qui proposent chacun leur propre application. Mais en général, les albums ainsi créés ne peuvent être imprimés que via ces mêmes services. Si vous souhaitez créer un album photos et l'imprimer sur votre imprimante personnelle, vous utiliserez la fonction Catalogue photos, disponible dans l'onglet Créer de Photoshop Elements et de l'Organizer. Grâce à cette fonction vous réaliserez votre album, même si vous ignorez tout des techniques de mise en page.

SUR LE CD : Vous trouverez sur le CD les éléments nécessaires à la réalisation de ce tutoriel.

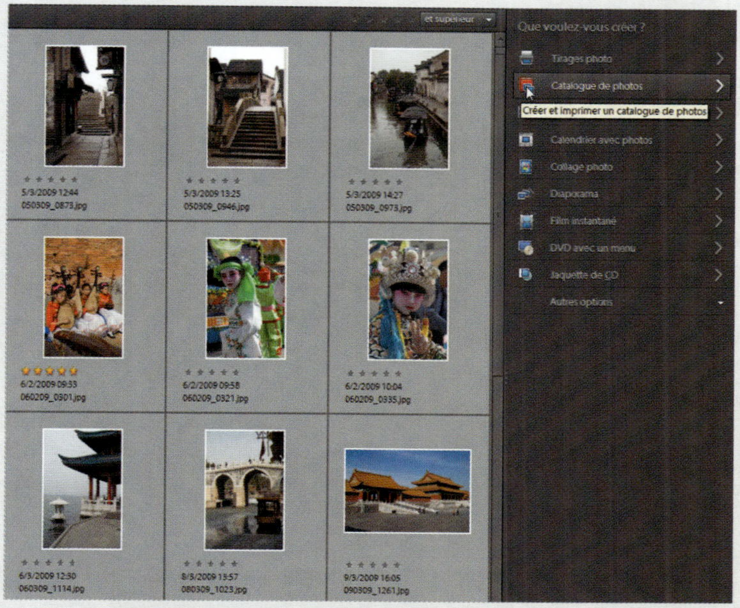

01 SÉLECTIONNER LES PHOTOS

Après avoir démarré l'Organizer, sélectionnez les clichés que vous souhaitez rassembler dans le catalogue photos. Pour ce faire, vous pouvez procéder manuellement à l'aide d'un cliquer-glisser ou de la touche Ctrl/Cmd, ou aussi exploiter les tags ou les albums. Une fois la sélection terminée, cliquez sur la commande Catalogue photos de l'onglet Créer.

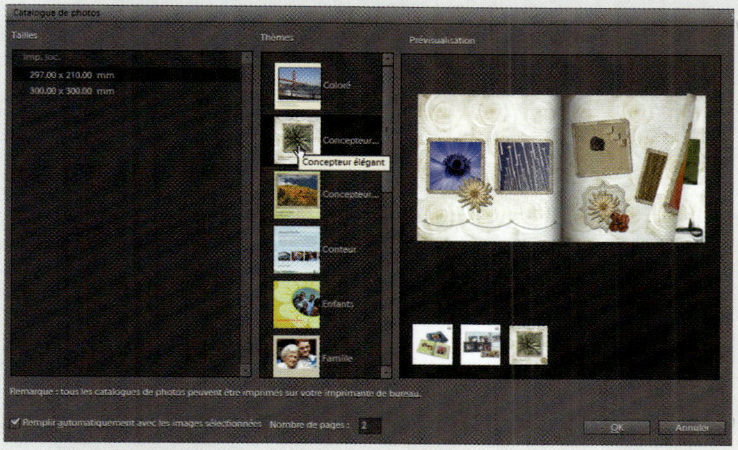

02 CHOIX DU THÈME

Photoshop Elements démarre automatiquement, charge les clichés sélectionnés et affiche la boîte de dialogue Catalogue de photos. Dans la rubrique Tailles, choisissez d'abord un format d'albums, puis sélectionnez un thème. Une prévisualisation de l'album s'affiche dans la partie droite de la boîte de dialogue.

03 PARAMÉTRAGE DE L'ALBUM

Saisissez ensuite le nombre de pages dans la partie inférieure de la boîte de dialogue, (notez que vous pourrez toujours ajouter ou supprimer des pages plus tard). Vérifiez que l'option Remplir automatiquement avec les images sélectionnées, est cochée. Une fois ces paramètres réglés, cliquez sur le bouton OK pour lancer la construction de l'album.

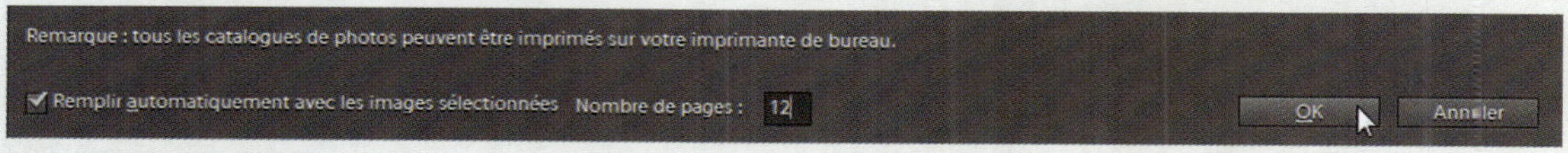

« Lors de la création de l'album, Photoshop Elements exploite tous les clichés que vous avez sélectionnés. »

04 MISE EN PAGE AUTOMATIQUE

Après quelques minutes d'attente, le document mis en page apparaît à l'écran : la couverture du catalogue s'affiche dans la fenêtre de travail, alors que le panneau Créer affiche les vues miniatures des doubles pages de la composition. Pour parcourir votre création, utilisez les flèches de navigation situées en dessous de la fenêtre de travail ou cliquez sur les vues miniatures dans la partie droite de l'écran.

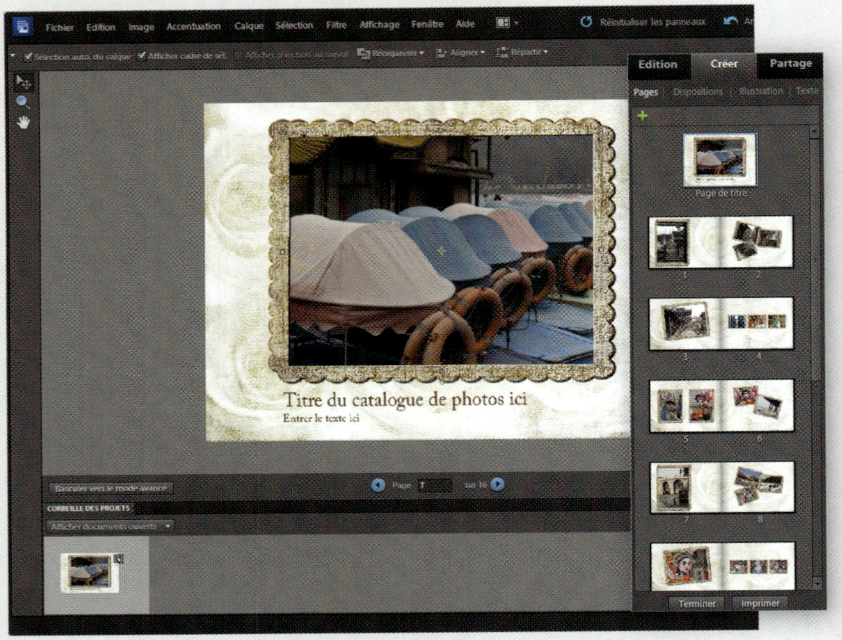

05 AJOUTER UN TITRE

Revenez à la couverture de l'album en cliquant sur sa vignette, puis double-cliquez sur le bloc de texte qui contient le titre par défaut. Le texte passe en mode Edition. Sélectionnez-le d'un triple clic, ou via le raccourci Ctrl/Cmd+A, puis saisissez le nouveau titre.

06 MISE EN FORME DU TEXTE

Dans la barre d'outils située à gauche de l'écran, activez le pointeur de déplacement (le premier outil), puis rendez-vous dans la partie droite de l'écran qui affiche les réglages de mise en forme du texte. Choisissez une police, réglez la taille du texte, puis cliquez sur la case échantillon de la rubrique Couleur et choisissez une couleur dans le nuancier qui s'affiche, ou appliquez un style prédéfini en double-cliquant sur sa vignette.

07 AJUSTER LES PHOTOS 1/2

Une fois le titre mis en forme, cliquez sur le bouton Pages situé en haut à gauche du panneau de réglage, pour réafficher les pages du document. Cliquez sur la vue réduite de la première double-page pour l'ouvrir dans la fenêtre de travail, puis double-cliquez sur une photo que vous souhaitez modifier : une petite barre d'outils apparaît en haut à gauche de celle-ci

« La mise en page de l'album est basée sur des blocs photo et des blocs de texte que vous pouvez librement réorganiser. »

08 AJUSTER LES PHOTOS 2/2

Pour modifier le cadrage, cliquez-glissez sur la photo à l'intérieur du bloc image, ou utilisez le curseur situé en haut à gauche de l'image. Si vous souhaitez remplacer l'image par un autre cliché, cliquez sur l'icône de dossier, l'application affiche une boîte de dialogue d'ouverture de fichiers. Sélectionnez un nouveau cliché et validez ; la photo est remplacée dans la mise en page. Une fois les ajustements d'images terminés, validez-les en cliquant sur la coche verte.

09 MODIFIER LA MISE EN PAGE

La mise en page de l'album est basée sur des blocs photo et des blocs de texte que vous pouvez librement réorganiser. Cliquez sur une image quelconque : un cadre doté de huit poignées apparaît autour de celle-ci. Déplacez la photo en cliquant-glissant à l'intérieur du bloc. Si vous souhaitez redimensionner l'image, cliquez-glissez sur l'une de ses poignées d'angle. Une fois la taille ajustée, validez la transformation en cliquant sur la coche verte.

10 CHANGER LA DISPOSITION

Si vous n'osez pas vous lancer dans des modifications manuelles, utilisez les modèles de pages prédéfinis : cliquez sur le bouton Dispositions, en haut du panneau Créer. Le panneau affiche des modèles de pages à 2, 3 photos ou plus. Cliquez sur la vignette du modèle et faites-la glisser sur la page à modifier ; la nouvelle disposition s'applique automatiquement. Si le nombre de photos présentes sur la page est inférieur à celui de la nouvelle disposition, Photoshop Elements affiche des blocs image gris. Cliquez sur ceux-ci pour importer des clichés supplémentaires.

12 AJOUTER UN BLOC DE TEXTE

Enfin, vous avez la possibilité d'ajouter des blocs de texte supplémentaires, pour vos légendes par exemple. Cliquez sur le bouton Texte, en haut du panneau Créer ; ce dernier affiche les réglages de mise en forme du texte. Cliquez sur le bouton Ajouter un bloc de texte, en haut du panneau ; un nouveau bloc de texte est inséré en mode Edition. Saisissez votre texte, puis réglez sa mise en forme (voir étape 06) et repositionnez-le dans la page.

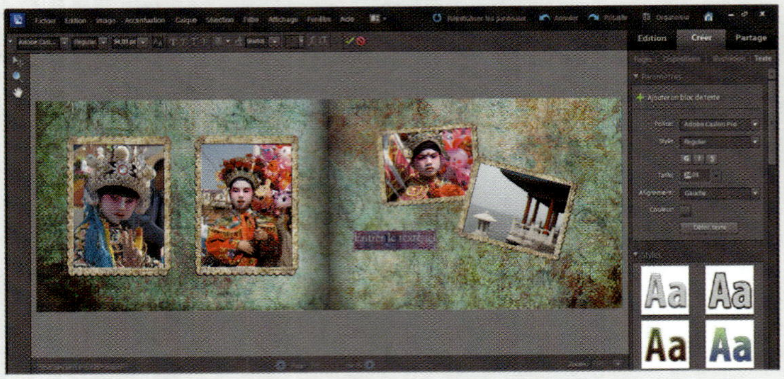

11 ARRIÈRE-PLAN ET CADRE

Revenez dans le panneau de réglage et cliquez sur le bouton Illustration ; celui-ci affiche une collection de fonds de pages et de cadres. Pour changer l'arrière-plan d'une page, cliquez sur la vignette d'un fond de page et faites-la glisser sur la double-page du catalogue ; la modification est immédiate. Pour ajouter un cadre autour d'une photo, cliquez sur un modèle de cadre et faites-le glisser sur le cliché.

13 TRAVAILLER EN MODE AVANCÉ

Par défaut, l'édition du catalogue se fait dans une interface simplifiée qui n'affiche qu'une barre d'outils réduite et limite l'accès aux différents menus. Si vous souhaitez travailler avec l'ensemble des commandes et outils de l'application, cliquez sur le bouton Basculer vers le mode avancé, en bas à gauche de la fenêtre de travail. Pour revenir en mode « assisté », cliquez sur le bouton Basculer vers le mode de base.

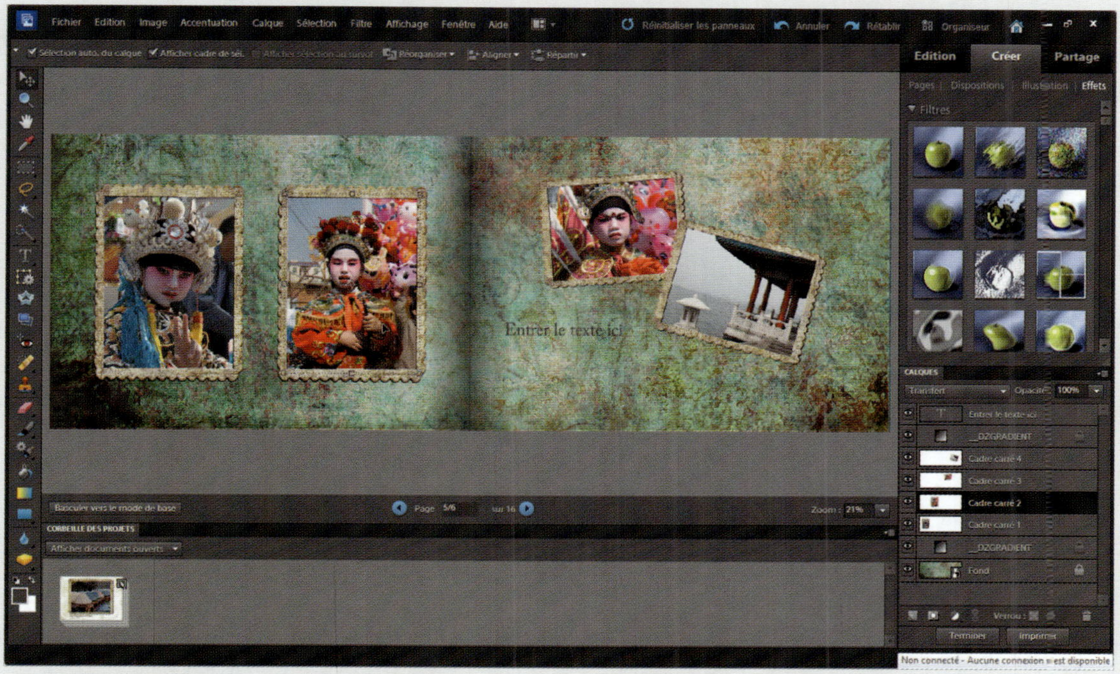

14 ENREGISTRER LE CATALOGUE

Une fois la mise en forme du catalogue achevée, cliquez sur le bouton Terminer, en bas du panneau de réglage ; Photoshop Elements vous propose d'enregistrer le document. Cliquez sur le bouton Enregistrer pour ouvrir la boîte de dialogue d'enregistrement. Nommez le catalogue et validez. Par défaut, le catalogue est enregistré dans le dossier contenant les clichés que vous avez utilisés et apparaîtra dans l'Organizer.

15 RÉÉDITER LE CATALOGUE

Pour rééditer le catalogue, revenez dans l'Organizer. Dans le menu local Affichage, en haut à droite de l'écran, choisissez Affichage par vignette. Le contenu de la photothèque s'affiche, classé par dates décroissantes. En première position, vous retrouverez donc votre projet de catalogue. Cliquez droit sur sa vignette et choisissez Retoucher avec Photoshop Elements dans le menu contextuel qui apparaît. Le catalogue s'ouvre en mode Édition dans la fenêtre de travail de Photoshop Elements.

DES CARTES DE VŒUX

Pour créer une carte de vœux, vous disposez de nombreux modèles et de thèmes que vous pouvez personnaliser.

Même s'il existe de très nombreux sites spécialisés dans la vente de cartes de vœux, papier ou électronique, rien ne vaut une carte de vœux personnalisée. Comme vous allez le découvrir dans ce tutoriel, grâce à la commande Carte de vœux de l'onglet Créer, accessible à partir de Photoshop Elements et de l'Organizer, la création d'une carte de vœux se fait très simplement.

SUR LE CD : Vous trouverez sur le CD les éléments nécessaires à la réalisation de ce tutoriel.

01 SÉLECTIONNER LES PHOTOS

Après avoir démarré l'Organizer, sélectionnez les clichés que vous souhaitez utiliser pour votre carte de vœux. Pour ce faire, cliquez sur une première vignette, puis enfoncez la touche Ctrl/Cmd et sélectionnez les autres clichés. Une fois la sélection terminée, cliquez sur la commande Carte de vœux de l'onglet Créer.

02 CHOIX DU THÈME

Photoshop Elements démarre automatiquement, charge les clichés sélectionnés et affiche la boîte de dialogue Carte de vœux. Dans la rubrique Tailles, choisissez d'abord un format de carte, puis sélectionnez un thème. Une prévisualisation de la carte s'affiche dans la partie droite de la boîte de dialogue. Validez votre choix à l'aide du bouton OK.

03 PERSONNALISER LE TITRE

Photoshop Elements mouline quelques instants, puis affiche la carte de vœux dans sa fenêtre de travail. Double-cliquez sur le bloc de texte qui contient le titre par défaut. Le texte passe en mode Édition. Sélectionnez-le d'un triple clic, ou via le raccourci Ctrl/Cmd+A, puis saisissez le titre de votre choix.

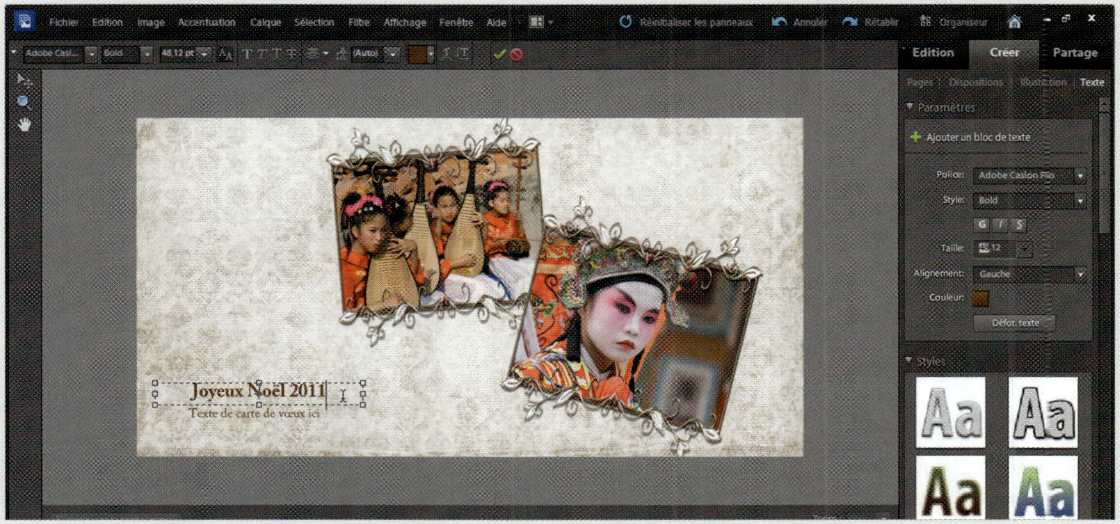

04 MISE EN FORME DU TEXTE

Dans la barre d'outils située à gauche de l'écran, activez le pointeur de déplacement (le premier outil), puis rendez-vous dans la partie droite de l'écran qui affiche les réglages de mise en forme du texte. Choisissez une police, réglez la taille du texte, puis cliquez sur la case échantillon de la rubrique Couleur et choisissez une couleur dans le nuancier qui s'affiche, ou appliquez un style prédéfini en double-cliquant sur sa vignette.

05 AJUSTER LES PHOTOS 1/2

Double-cliquez sur une photo que vous souhaitez modifier : une petite barre d'outils apparaît en haut à gauche de celle-ci.

06 AJUSTER LES PHOTOS 2/2

Pour modifier le cadrage, cliquez-glissez sur la photo à l'intérieur du bloc image, ou utilisez le curseur situé en haut à gauche de l'image. Si vous souhaitez remplacer l'image par un autre cliché, cliquez sur l'icône de dossier, l'application affiche une boîte de dialogue d'ouverture de fichiers. Sélectionnez un nouveau cliché et validez ; la photo est remplacée dans la mise en page. Une fois les ajustements d'image terminées, validez-les en cliquant sur la coche verte.

07 MODIFIER LA MISE EN PAGE

À l'instar du catalogue, la mise en page de la carte de vœux est basée sur des blocs photo et des blocs de texte que vous pouvez librement organiser. Cliquez sur une image quelconque : un cadre doté de huit poignées apparaît autour de celle-ci. Déplacez la photo en cliquant-glissant à l'intérieur du bloc. Si vous souhaitez redimensionner l'image, cliquez-glissez sur l'une de ses poignées d'angle. Une fois la taille ajustée, validez la transformation en cliquant sur la coche verte.

08 CHANGER LA DISPOSITION

Si vous préférez utiliser un modèle prédéfini : cliquez sur le bouton Dispositions, en haut du panneau Créer. Le panneau affiche quelques modèles de cartes. Cliquez sur la vignette de votre choix et faites-la glisser sur la carte en cours d'édition ; la nouvelle disposition s'applique automatiquement. Si le nombre de photos présentes sur la carte est inférieur à celui de la nouvelle disposition, Photoshop Elements affiche des blocs image gris. Cliquez sur ceux-ci pour importer des clichés supplémentaires.

09 MODIFIER L'ARRIÈRE-PLAN

Revenez dans le panneau de réglage et cliquez sur le bouton Illustration ; celui-ci affiche une collection de fonds et de cadres. Pour changer l'arrière-plan de la carte cliquez sur la vignette d'un fond de page et faites-la glisser sur la carte de vœux ; la modification est immédiate. Pour ajouter un cadre autour d'une photo, cliquez sur un modèle de cadre et faites-le glisser sur le cliché.

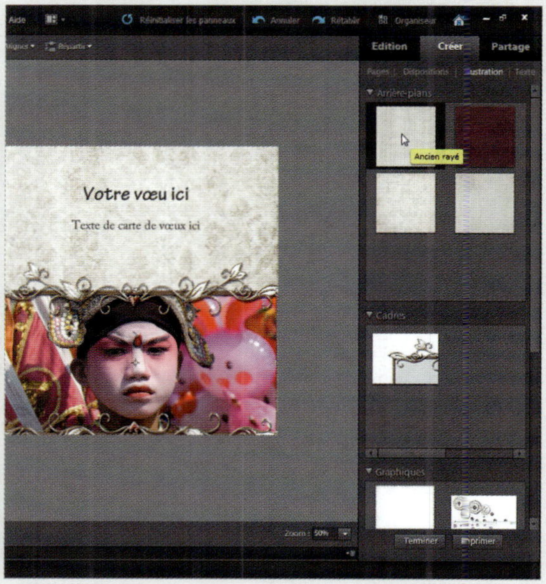

10 AJOUTER UN BLOC DE TEXTE

Enfin, vous avez la possibilité d'ajouter un bloc de texte supplémentaire. Cliquez sur le bouton Texte, en haut du panneau Créer; ce dernier affiche les réglages de mise en forme du texte. Cliquez sur le bouton Ajouter un bloc de texte, en haut du panneau; un nouveau bloc de texte est inséré en mode Édition. Saisissez votre texte, puis réglez sa mise en forme (voir étape 04) et repositionnez-le dans la page.

11 ENREGISTRER LE DOCUMENT

Une fois la mise en page de la carte achevée, cliquez sur le bouton Terminer, en bas du panneau de réglage; Photoshop Elements vous propose d'enregistrer le document. Cliquez sur le bouton Enregistrer pour ouvrir la boîte de dialogue d'enregistrement. Nommez la carte et validez. Par défaut, la carte de vœux est enregistrée dans le dossier contenant les clichés que vous avez utilisés et apparaîtra dans l'Organizer.

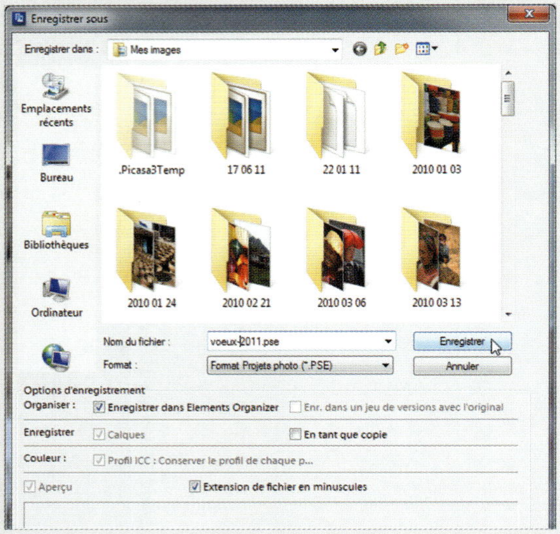

12 IMPRIMER LA CARTE

Pour imprimer la carte de vœux, cliquez sur le bouton Imprimer, en bas du panneau de réglage; Photoshop Elements ouvre la boîte de dialogue d'impression. Si vous avez déjà enregistré et fermé le document, revenez dans Organizer, cliquez droit sur la vignette de la carte, et choisissez la commande Retoucher avec Photoshop Elements; une fois la carte de vœux rouverte dans la fenêtre de travail, cliquez sur le bouton Imprimer.

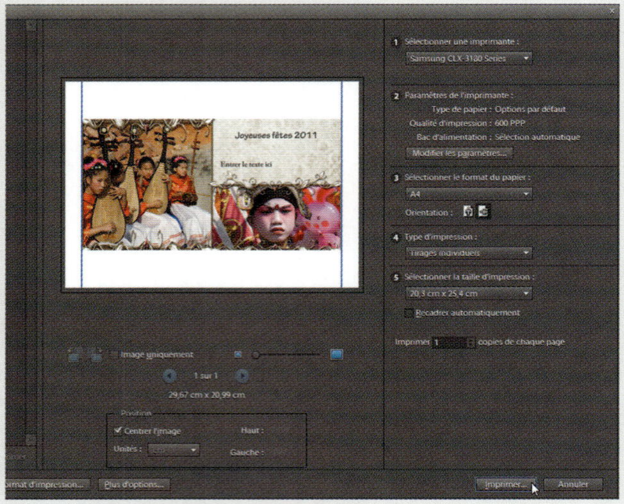

CRÉER UN CALENDRIER AVEC VOS PHOTOS

Avec sa fonction Calendrier photos, Photoshop Elements génère des planches de calendrier prêtes à l'emploi.

Dans la lignée des autres scripts de création automatisés, l'onglet Créer propose la commande Calendrier photos. Comme vous allez le découvrir dans ce tutoriel, cette commande permet de générer en quelques clics de souris un calendrier utilisant les clichés de votre choix.

SUR LE CD : Vous trouverez sur le CD les éléments nécessaires à la réalisation de ce tutoriel.

01 SÉLECTIONNER LES CLICHÉS

Après avoir démarré l'Organizer, sélectionnez les clichés que vous souhaitez utiliser pour votre calendrier. Pour ce faire, cliquez sur une première vignette, puis enfoncez la touche Ctrl/Cmd et sélectionnez les autres clichés. Une fois la sélection terminée, cliquez sur la commande Calendrier photos de l'onglet Créer.

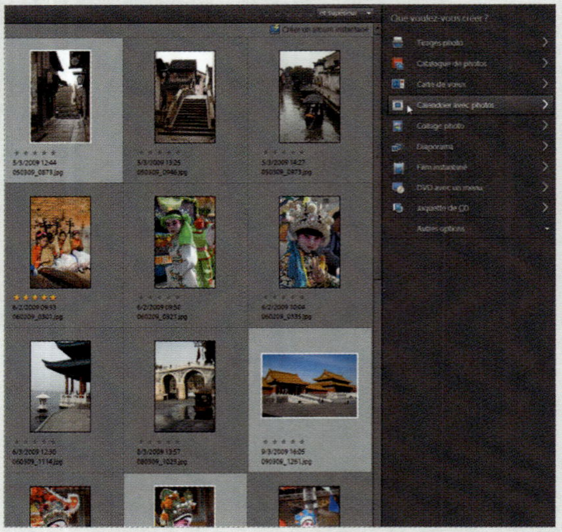

02 CHOISIR LE THÈME

Photoshop Elements démarre automatiquement, charge les clichés sélectionnés et affiche la boîte de dialogue Calendrier photos. Dans la rubrique Tailles, choisissez d'abord un format de calendrier, réglez ensuite le mois de début et l'année, puis sélectionnez un thème : une prévisualisation du calendrier s'affiche dans la partie droite de la boîte de dialogue. Validez votre choix à l'aide du bouton OK.

03 AJOUTER LE TITRE

Photoshop Elements mouline quelques instants, puis affiche la première page du calendrier dans sa fenêtre de travail et les vignettes des pages suivantes dans le panneau de réglage. Double-cliquez sur le bloc de texte qui contient le titre par défaut. Le texte passe en mode Edition. Sélectionnez-le d'un triple clic, ou via le raccourci Ctrl/Cmd+A, puis saisissez le titre de votre choix.

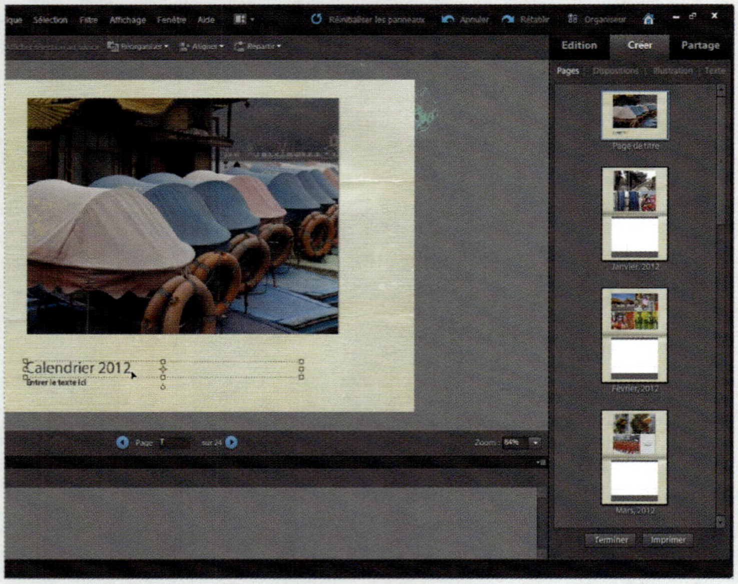

04 MISE EN FORME DU TEXTE

Dans la barre d'outils, située à gauche de l'écran, activez le pointeur de déplacement (le premier outil), puis rendez-vous dans la partie droite de l'écran qui affiche les réglages de mise en forme du texte. Choisissez une police, réglez la taille du texte, puis cliquez sur la case échantillon de la rubrique Couleur et choisissez une couleur dans le nuancier qui s'affiche, ou appliquez un style prédéfini en double-cliquant sur sa vignette.

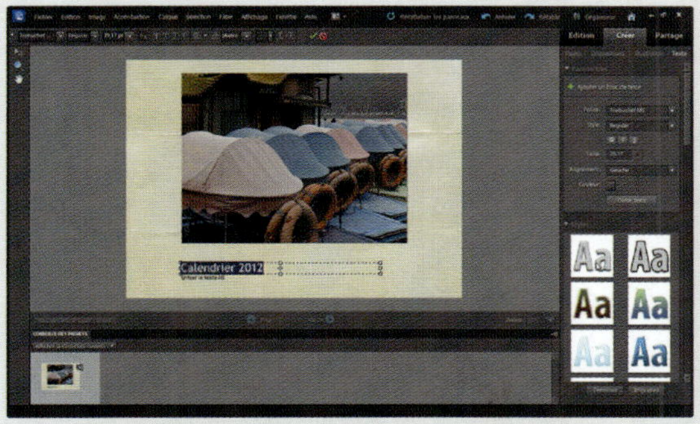

05 AJUSTER LES PHOTOS 1/2

Double-cliquez sur une photo que vous souhaitez modifier : une petite barre d'outils apparaît en haut à gauche de celle-ci

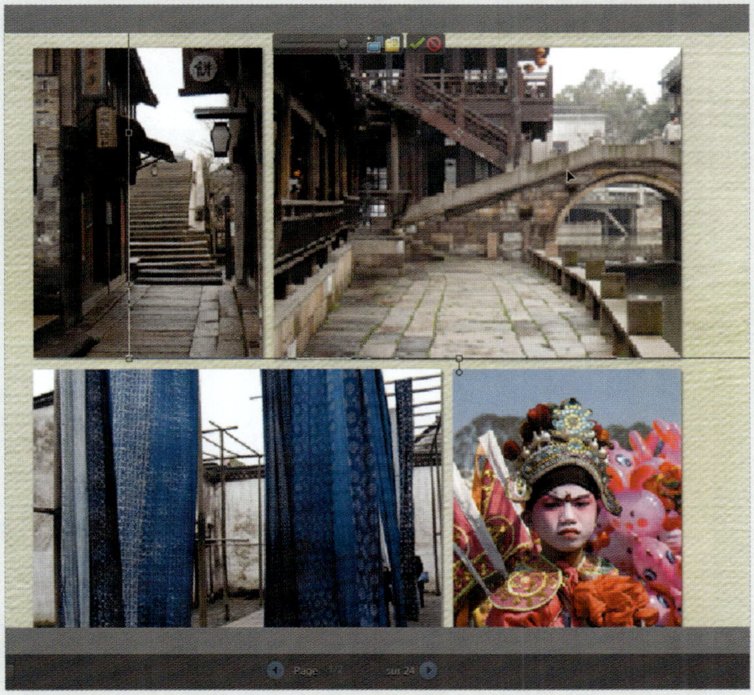

06 AJUSTER LES PHOTOS 2/2

Pour modifier le cadrage, cliquez-glissez sur la photo à l'intérieur du bloc image, ou utilisez le curseur situé en haut à gauche de l'image. Si vous souhaitez remplacer l'image par un autre cliché, cliquez sur l'icône de dossier, l'application affiche une boîte de dialogue d'ouverture de fichiers. Sélectionnez un nouveau cliché et validez ; la photo est remplacée dans la mise en page. Une fois les ajustements d'image terminés, validez-les en cliquant sur la coche verte.

07 MODIFIER LA MISE EN PAGE

À l'instar du catalogue photos, la mise en page du calendrier est basée sur des blocs photo et des blocs de texte que vous pouvez librement réorganiser. Cliquez sur une image quelconque : un cadre doté de huit poignées apparaît autour de celle-ci. Déplacez la photo en cliquant-glissant à l'intérieur du bloc. Si vous souhaitez redimensionner l'image, cliquez-glissez sur l'une de ses poignées d'angle. Une fois la taille ajustée, validez la transformation en cliquant sur la coche verte. Passez à la page suivante en cliquant sur sa vignette, dans la partie droite de l'écran.

08 CHANGER LA DISPOSITION

Si vous préférez utiliser un modèle prédéfini : cliquez sur le bouton Dispositions, en haut du panneau Créer. Le panneau affiche les différentes dispositions disponibles. Cliquez sur la vignette de votre choix et faites-la glisser sur la page en cours d'édition ; la nouvelle disposition s'applique automatiquement. Si le nombre de photos présentes sur la carte est inférieur à celui de la nouvelle disposition, Photoshop Elements affiche des blocs image gris. Cliquez sur ceux-ci pour importer des clichés supplémentaires.

09 CHANGER L'ARRIÈRE-PLAN

Revenez dans le panneau de réglage et cliquez sur le bouton Illustration ; celui-ci affiche une collection de fonds et de cadres. Pour changer l'arrière-plan de la page cliquez sur la vignette d'un fond de page et faites-la glisser dans la fenêtre de travail ; la modification est immédiate. Pour ajouter un cadre autour d'une photo, cliquez sur un modèle de cadre et faites-le glisser sur le cliché.

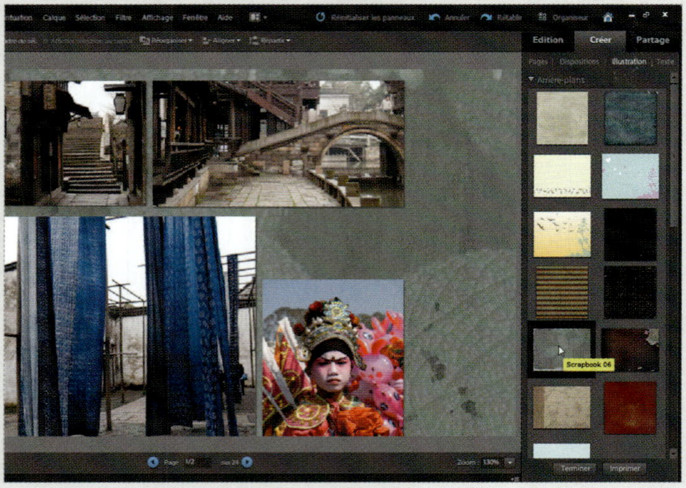

10 AJOUTER LES PHOTOS MANQUANTES

Si le nombre de clichés sélectionnés au départ est insuffisant, les dernières pages du calendrier affichent des blocs image vides. Pour placer une photo dans l'un de ces blocs, cliquez sur ce dernier. Photoshop Elements affiche sa boîte de dialogue d'ouverture de fichiers. Sélectionnez une nouvelle photo et validez ; l'image est insérée dans le bloc vide.

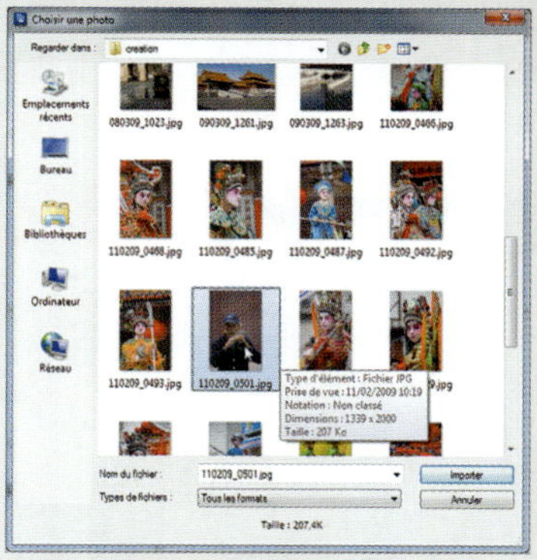

12 IMPRIMER LE CALENDRIER

Pour imprimer le calendrier, cliquez sur le bouton Imprimer, situé en bas du panneau de réglage ; Photoshop Elements ouvre la boîte de dialogue d'impression. Si vous avez déjà enregistré et refermé le document, revenez dans Organizer, cliquez droit sur la vignette du calendrier et choisissez la commande Retoucher avec Photoshop Elements dans le menu contextuel ; une fois le calendrier rouvert dans la fenêtre de travail, cliquez sur le bouton Imprimer.

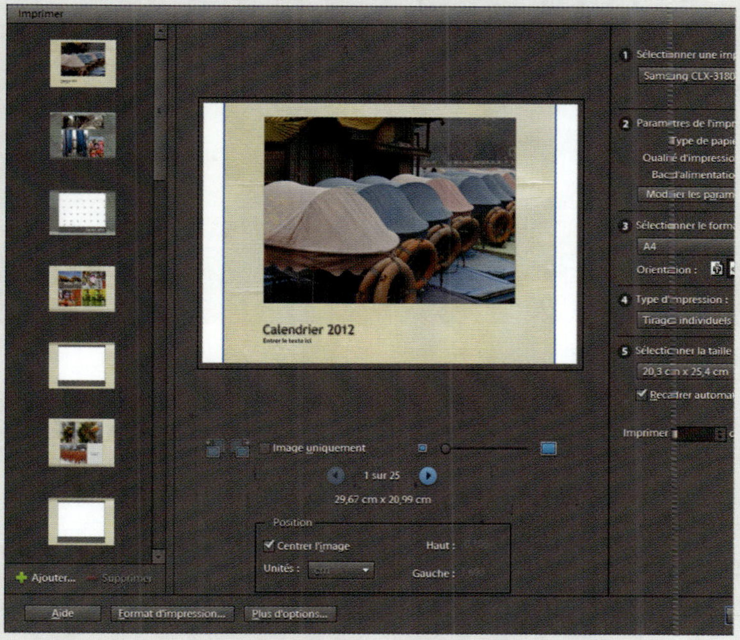

11 ENREGISTRER LE DOCUMENT

Une fois la mise en page du calendrier achevée, cliquez sur le bouton Terminer, en bas du panneau de réglage ; Photoshop Elements vous propose d'enregistrer le document. Cliquez sur le bouton Enregistrer pour ouvrir la boîte de dialogue d'enregistrement. Nommez le calendrier et validez. Par défaut, le document est enregistré dans le dossier contenant les clichés que vous avez utilisés et apparaîtra dans l'Organizer.

UN COLLAGE PHOTO

Pour créer un pêle-mêle de photos en quelques clics, vous disposez de la commande Collage photo.

Créer un pêle-mêle de photos à partir de tirages papier est à la portée de tous. Mais l'opération se complique dès lors qu'on manipule des photos numériques, puisqu'il faut utiliser les calques qui permettent de gérer des contenus superposés. Heureusement, comme vous allez le découvrir dans ce tutoriel, la commande Collage photo permet de créer ce type de composition sans connaissances techniques particulières.

SUR LE CD : Vous trouverez sur le CD les éléments nécessaires à la réalisation de ce tutoriel.

01 SÉLECTIONNER LES CLICHÉS

Après avoir démarré l'Organizer, sélectionnez les clichés que vous souhaitez utiliser pour votre calendrier. Pour ce faire, cliquez sur une première vignette, puis enfoncez la touche Ctrl/Cmd et sélectionnez les autres clichés. Une fois la sélection terminée, cliquez sur la commande Collage photo de l'onglet Créer.

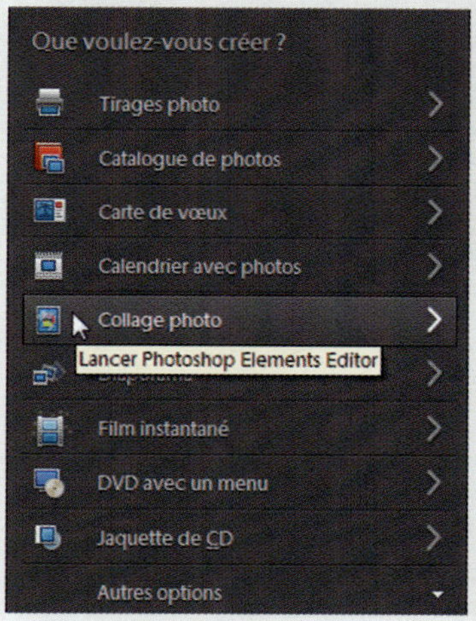

02 CHOISIR LES OPTIONS DU COLLAGE

Photoshop Elements démarre automatiquement, charge les clichés sélectionnés et affiche la boîte de dialogue Collage photo. Dans la rubrique Tailles, choisissez un format de collage, puis sélectionnez un thème : une prévisualisation du collage s'affiche dans la partie droite de la boîte de dialogue. Validez votre choix à l'aide du bouton OK.

« Choisissez un format de collage, puis sélectionnez un thème. [...] À partir de ce premier jet, vous allez pouvoir personnaliser la composition. »

03 AFFICHER LA COMPOSITION

Photoshop Elements mouline quelques instants, puis affiche le montage dans sa fenêtre de travail, et la vignette de la page dans le panneau Créer, dans la partie droite de l'écran. À partir de ce premier jet, vous allez pouvoir personnaliser la composition.

04 AJUSTER LES CADRAGES

Double-cliquez sur la photo que vous souhaitez modifier : une petite barre d'outils apparaît en haut à gauche de celle-ci. Pour modifier le cadrage, cliquez-glissez sur la photo à l'intérieur du bloc image. Vous pouvez aussi utiliser le curseur situé en haut à gauche de l'image. Une fois les ajustements d'image terminées, validez-les en cliquant sur la coche verte.

05 MODIFIER L'EMPILEMENT

Vous pouvez également modifier l'ordre d'empilement des clichés. Pour ce faire, cliquez droit sur l'un d'eux et, dans le menu contextuel qui apparaît, choisissez Premier plan ou Arrière-plan, Rapprocher ou Eloigner si vous souhaitez décaler l'image vers le premier plan ou vers l'arrière-plan.

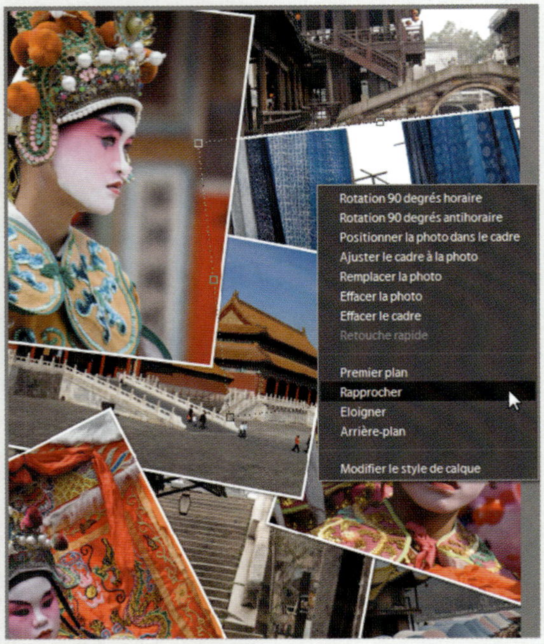

06 MODIFIER LA MISE EN PAGE

Cliquez sur une image quelconque pour afficher son cadre de transformation. Déplacez la photo en cliquant-glissant à l'intérieur du bloc. Si vous souhaitez redimensionner l'image, cliquez-glissez sur l'une de ses poignées d'angle. Pour la faire pivoter, cliquez-glissez sur la poignée saillante qui s'affiche en dessous du côté inférieur du bloc. Une fois ces modifications effectuées, validez-les en cliquant sur la coche verte.

07 TRAVAILLER EN MODE AVANCÉ

Si vous avez déjà travaillé avec l'interface complète de Photoshop Elements, vous pourrez l'utiliser pour finaliser le collage ; cliquez sur le bouton Basculer vers le mode avancé, situé à gauche, en dessous de la fenêtre de travail. L'application passe en mode Standard et affiche la barre d'outils complète et le panneau Calques.

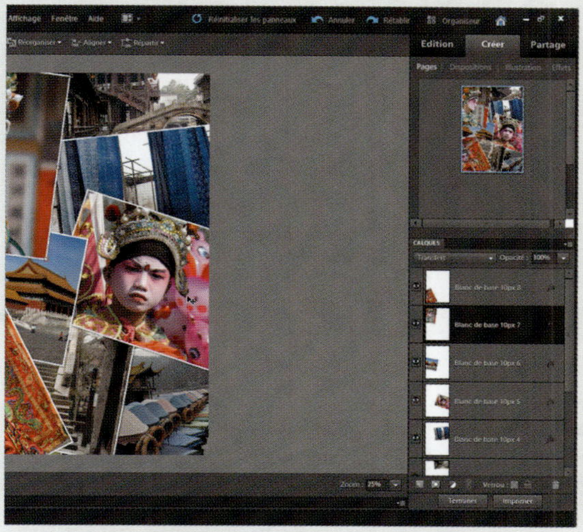

08 ENREGISTRER LE COLLAGE

Une fois le collage achevé, cliquez sur le bouton Terminer, en bas du panneau de réglage ; Photoshop Elements vous propose d'enregistrer le document. Cliquez sur le bouton Enregistrer pour ouvrir la boîte de dialogue d'enregistrement. Nommez le montage et validez. Par défaut, le document est enregistré dans le dossier contenant les clichés que vous avez utilisés et apparaîtra dans l'Organizer.

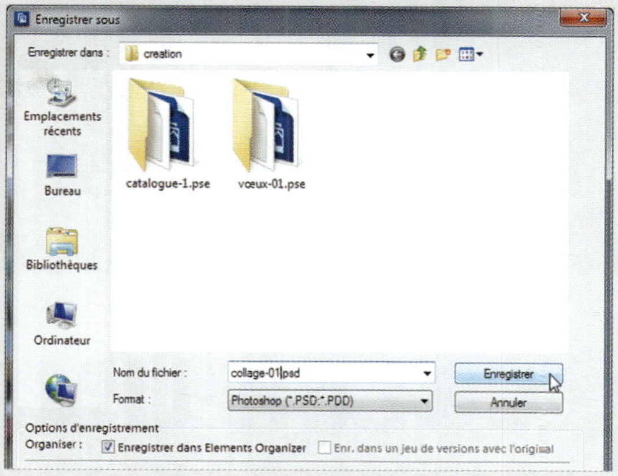

09 IMPRIMER LE MONTAGE

Pour imprimer le collage, cliquez sur le bouton Imprimer, situé en bas du panneau de réglage ; Photoshop Elements ouvre la boîte de dialogue d'impression. Si vous avez déjà enregistré et refermé le document revenez dans Organizer, cliquez droit sur la vignette du collage, et choisissez la commande Retoucher avec Photoshop Elements dans le menu contextuel ; une fois le calendrier rouvert dans la fenêtre de travail, cliquez sur le bouton Imprimer.

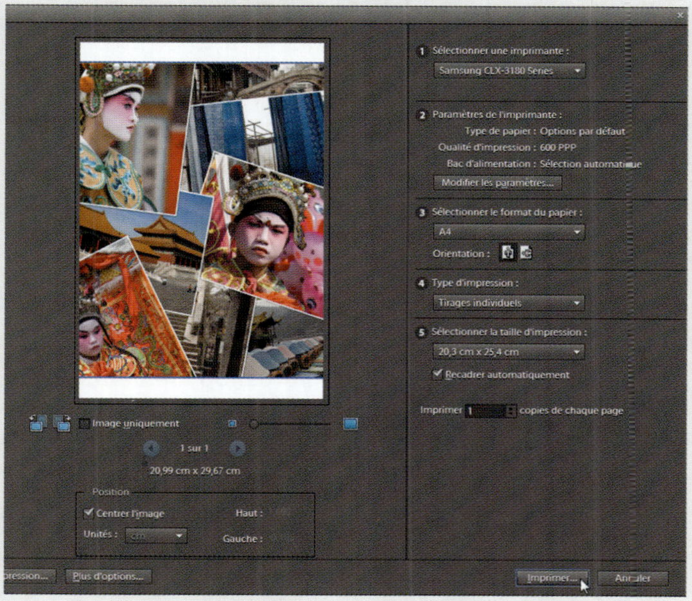

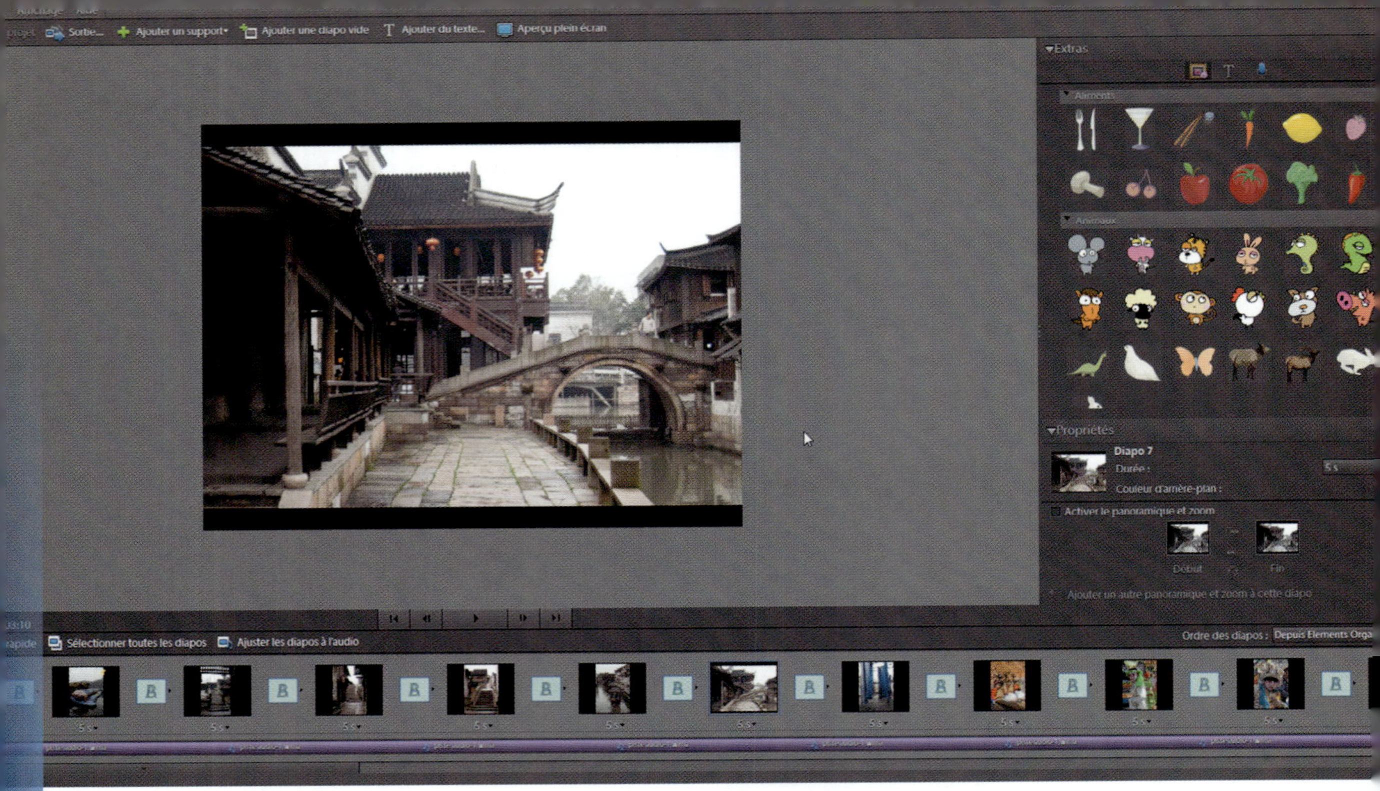

CRÉER UN DIAPORAMA

Pour présenter vos photos à l'écran, rien ne vaut un bon diaporama avec fond sonore et effets de transition.

S'il existe de nombreuses solutions capables de générer un diaporama, toutes ne permettent pas de l'exporter vers un CD ou de l'enregistrer au format PDF comme le fait Photoshop Elements. Dans ce tutoriel, vous allez donc découvrir comment construire un diaporama et l'enregistrer en exploitant la commande Diaporama de l'onglet Créer. Notez que cette commande n'est disponible qu'avec la version Windows de l'application.

SUR LE CD : Vous trouverez sur le CD les éléments nécessaires à la réalisation de ce tutoriel.

01 SÉLECTIONNER LES PHOTOS

Après avoir démarré l'Organizer, sélectionnez les clichés que vous souhaitez utiliser pour votre diaporama. Pour ce faire, effectuez un cliquer-glisser ou cliquez sur une première vignette, puis enfoncez la touche Ctrl/Cmd et sélectionnez les autres clichés. Une fois la sélection terminée, cliquez sur la commande Diaporama de l'onglet Créer.

02 PARAMÉTRER LE DIAPORAMA

Elements Organizer ouvre une première boîte de dialogue, dans laquelle vous allez définir les paramètres généraux du diaporama. Il s'agit de réglages par défaut que vous pourrez ensuite ajuster diapo par diapo dans la boîte de dialogue de l'éditeur de diaporama.

03 AFFICHAGE ET TRANSITIONS

Commencez par régler la durée d'affichage de chaque diapo via la rubrique Durée statique, choisissez ensuite un type de transition et une durée de transition. Réglez la couleur d'arrière-plan en cliquant sur la case échantillon homonyme. Une fois ces réglages effectués, cliquez sur le bouton OK.

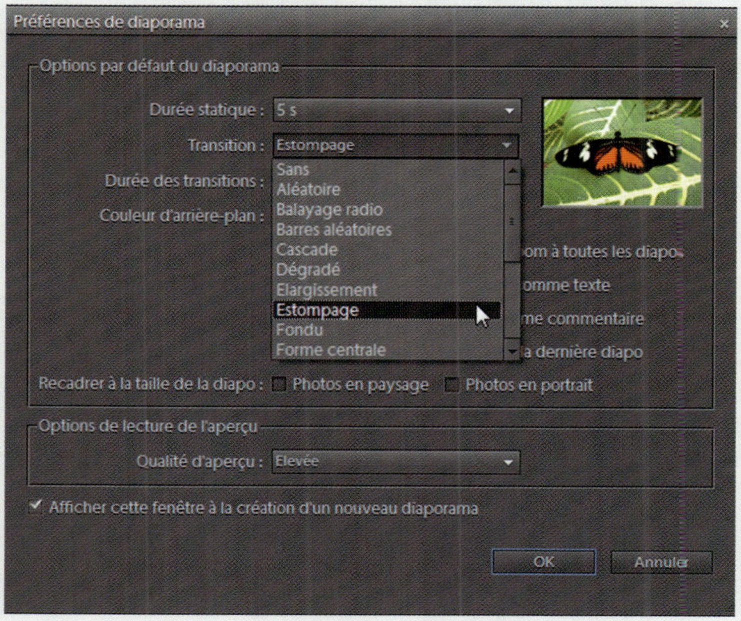

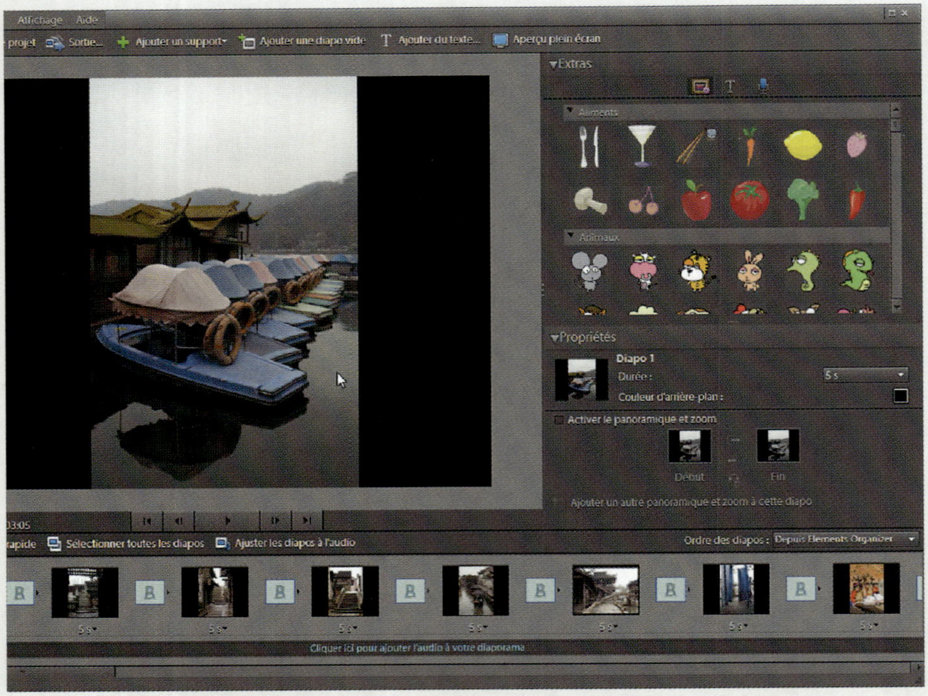

04 LA FENÊTRE D'ÉDITION

Elements Organizer ouvre l'interface de l'éditeur de diaporamas. Ce dernier affiche dans sa partie gauche une zone d'aperçu, accompagnée d'une barre de contrôle de lecture, qui permettra de prévisualiser le diaporama. La partie inférieure de l'interface affiche les vignettes des diapos dans leur ordre d'apparition.

05 AJOUTER UNE DIAPO VIDE

Dans la partie supérieure de l'éditeur, cliquez sur le bouton Ajouter une diapo vide ; une nouvelle diapo est insérée à la suite de la première diapo. Sa vignette apparaît dans la partie inférieure de l'interface. Cliquez sur cette vignette et faites-la glisser à gauche de la première diapo ; ce sera l'écran d'ouverture du diaporama.

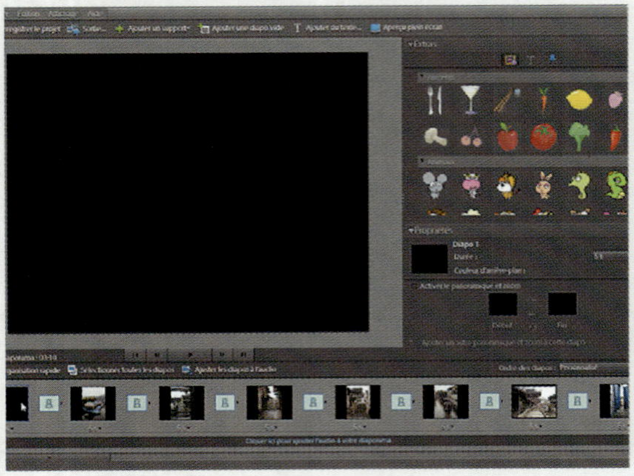

06 INSÉRER DU TEXTE

Revenez en haut de l'éditeur et cliquez sur le bouton Ajouter du texte... ; dans la boîte de dialogue de saisie qui s'affiche, tapez le titre du diaporama puis validez avec le bouton OK. Rendez-vous ensuite dans la partie droite de l'éditeur pour mettre en forme le texte ; choisissez une police, réglez le corps, la couleur et l'alignement puis repositionnez, si besoin, le bloc de texte dans la diapo à l'aide d'un cliquer-glisser.

07 AJOUTER UN ÉLÉMENT GRAPHIQUE

Le volet Extras situé dans la partie droite de la fenêtre de l'éditeur propose des éléments graphiques que vous pouvez utiliser pour personnaliser le diaporama. Sélectionnez une diapo dans la partie inférieure de l'interface, puis choisissez un visuel et faites-le glisser sur la diapo dans la zone d'aperçu. Repositionnez-le ensuite selon vos besoins et ajustez sa taille à l'aide de l'une des poignées de son cadre de sélection.

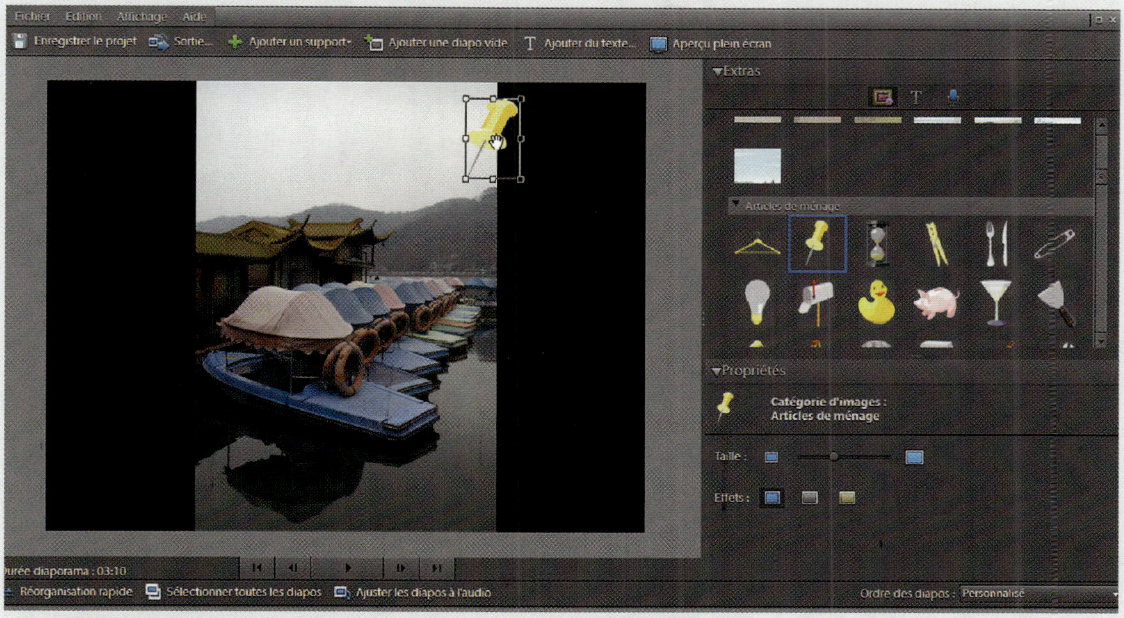

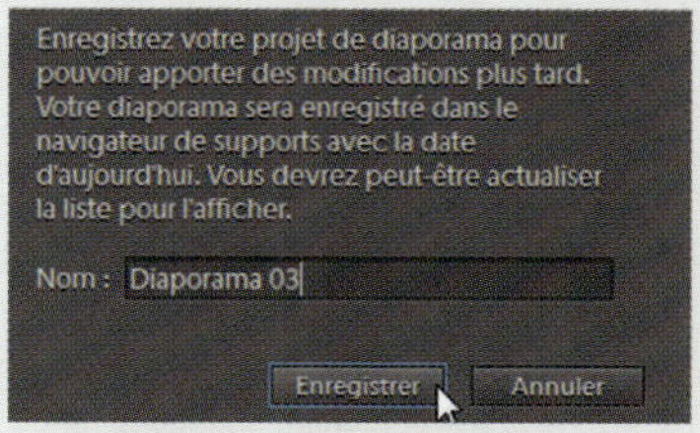

08 ENREGISTRER LE PROJET

Avant d'aller plus loin, pensez à enregistrer le projet. Cela vous permettra de le rééditer plus tard, sans avoir à reprendre le travail depuis le début. Pour ce faire, cliquez sur le bouton Enregistrer le projet, en haut de la fenêtre de l'éditeur. Saisissez le nom du projet et validez ; le diaporama est enregistré dans l'Organizer.

09 AJOUTER UNE PISTE AUDIO 1/2

Pour ajouter une piste audio, cliquez sur la barre grise située en dessous des vignettes du diaporama ; l'éditeur affiche une boîte de dialogue d'ouverture de fichiers. Sélectionnez le fichier piste-audio-1.wma, que vous trouverez sur le CD et validez ; la piste audio apparaît en violet.

10 AJOUTER UNE PISTE AUDIO 2/2

Suivant le nombre de diapos composant le diaporama et leur durée d'affichage, la bande-son risque d'être trop courte ou trop longue. Pour ajuster le diaporama à la durée de la piste audio, cliquez sur le bouton Ajuster les diapos à l'audio, situé au-dessus des vignettes du diaporama.

11 APERÇU PLEIN ÉCRAN

Avant d'exporter le diaporama dans un format portable, vous allez tester celui-ci en mode plein écran : cliquez sur le bouton Aperçu plein écran, en haut de la fenêtre de l'éditeur. Pour interrompre la lecture et revenir dans la fenêtre de l'éditeur, pressez la barre d'espacement.

12 RÉORGANISER LES DIAPOS

Suite à cet aperçu en plein écran, vous souhaiterez peut-être réorganiser l'ordre des diapositives. Cliquez sur le bouton Réorganisation rapide, situé à gauche en dessous de la zone d'aperçu. L'éditeur affiche un panneau rassemblant l'ensemble des vignettes du diaporama. Cliquez-glissez sur ces vignettes pour modifier l'ordre d'affichage, puis revenez dans l'interface principale de l'éditeur à l'aide de la flèche Précédent, en haut à gauche de la fenêtre.

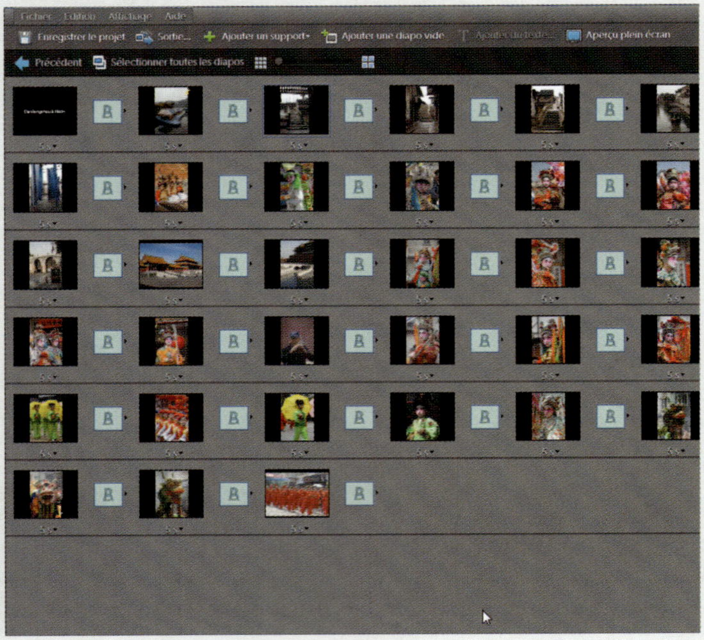

13 SORTIE

Pour partager votre diaporama, vous devrez d'abord l'enregistrer dans un format standard, lisible sur n'importe quel ordinateur. Cliquez sur le bouton Sortie..., en haut de la fenêtre de l'éditeur ; une boîte de dialogue apparaît vous proposant deux options : Enregistrer comme fichier ou Graver sur le disque.

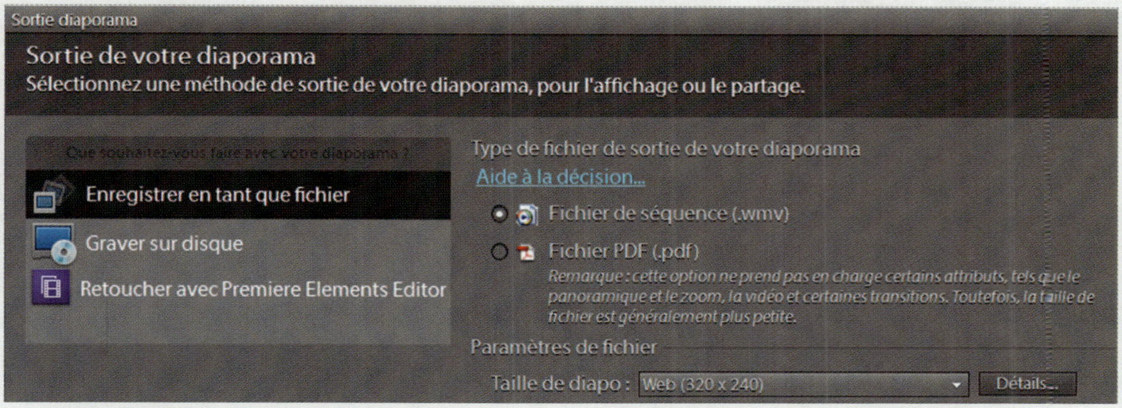

14 ENREGISTRER COMME FICHIER

Si vous souhaitez générer un fichier que vous pourrez ensuite envoyer à des amis copier sur un CD ou une clé USB, cliquez sur la commande Enregistrer en tant que fichier. Choisissez un format : WMV pour une séquence vidéo, ou PDF pour un fichier lisible avec Adobe Reader. Sélectionnez ensuite une taille de diapo dans la rubrique Paramètres de fichier et cliquez sur OK. Dans la boîte de dialogue d'enregistrement qui apparaît, nommez le fichier, choisissez un dossier de destination et validez.

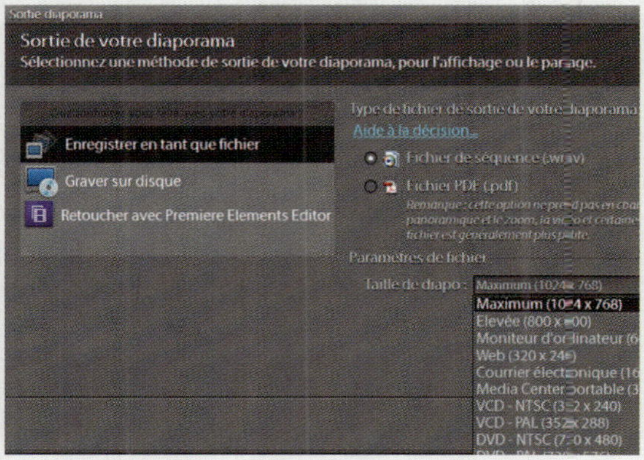

15 GRAVER SUR LE DISQUE

Si vous souhaitez créer directement un CD vidéo, cliquez sur la commande Graver sur le disque, puis cliquez sur OK. L'Organizer affiche alors la boîte de dialogue Graver. Insérez un CD vierge dans votre lecteur et cliquez sur le bouton OK pour lancer la gravure. Une jauge s'affiche en bas de la boîte de dialogue, vous indiquant la progression de la tâche.

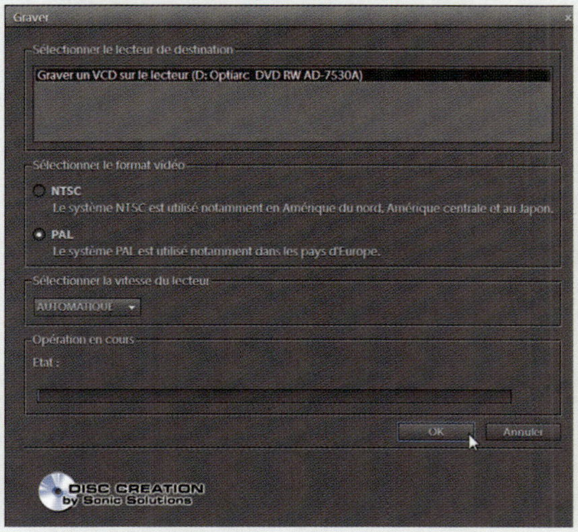

UNE JAQUETTE DE CD

Grâce à sa commande Jaquette CD, Photoshop Elements vous aide à concevoir une jaquette de CD en quelques minutes.

Avec un peu d'expérience, concevoir une jaquette de CD à l'aide de Photoshop Elements, n'est pas très compliqué, l'important étant de travailler sur un document au bon format. En utilisant la commande Jaquette CD de l'onglet Créer, vous n'aurez même pas à vous soucier de ce détail, il vous suffira de choisir les photos et l'application fera le travail à votre place.

SUR LE CD : Vous trouverez sur le CD les éléments nécessaires à la réalisation de ce tutoriel.

01 CHOISIR LES PHOTOS

Après avoir démarré l'Organizer, sélectionnez quelques clichés que vous souhaitez utiliser pour la jaquette. Pour ce faire, cliquez sur une première vignette, puis enfoncez la touche Ctrl/Cmd et sélectionnez les autres clichés. Une fois la sélection terminée, cliquez sur la commande Jaquette CD de l'onglet Créer.

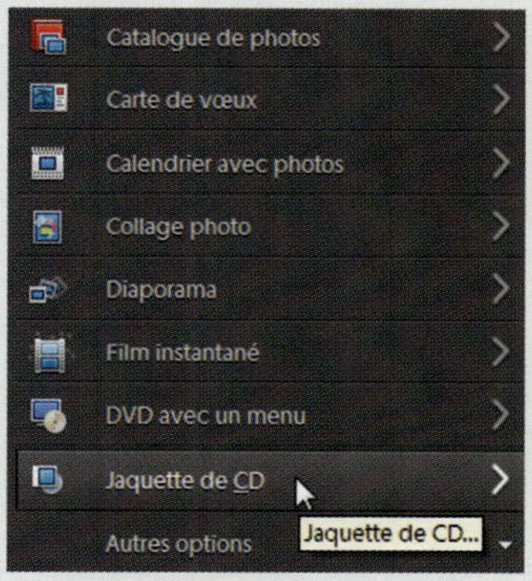

02 AFFICHER LE MONTAGE

Photoshop Elements démarre automatiquement, charge les clichés sélectionnés et affiche la boîte de dialogue Jaquette CD. Cliquez sur le bouton OK ; l'application mouline quelques instants, puis affiche la double page de la jaquette dans sa fenêtre de travail, et la vignette associée, dans le panneau de réglage.

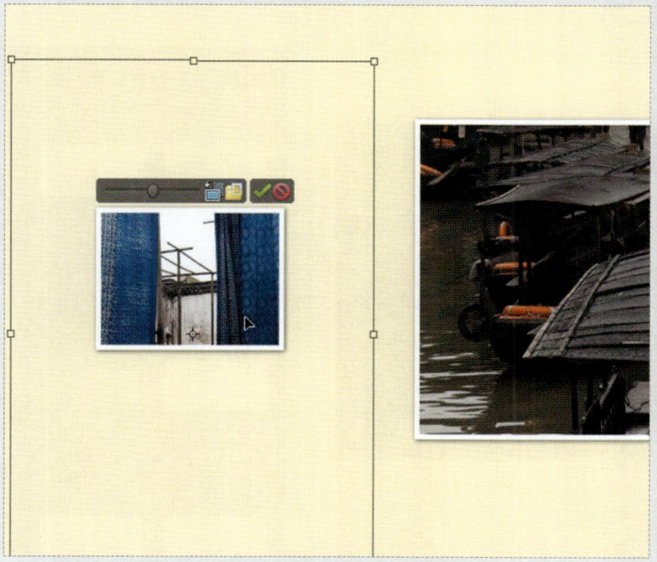

03 AJUSTER LES PHOTOS

Double-cliquez sur la photo que vous souhaitez modifier : une petite barre d'outils apparaît en haut à gauche de celle-ci. Pour modifier le cadrage, cliquez-glissez sur la photo à l'intérieur du bloc image. Si vous souhaitez remplacer l'image par un autre cliché, cliquez sur l'icône de dossier, l'application affiche une boîte de dialogue d'ouverture de fichiers. Sélectionnez un nouveau cliché et validez ; la photo est remplacée dans la mise en page. Une fois les modifications terminées, validez-les en cliquant sur la coche verte.

04 MODIFIER LA MISE EN PAGE

De même que pour les autres photomontages, vous pouvez modifier la mise en page en déplaçant et en redimensionnant les blocs images. Cliquez sur une image quelconque pour afficher son cadre de transformation. Déplacez ensuite la photo en cliquant-glissant à l'intérieur du bloc. Pour redimensionner l'image, cliquez-glissez sur l'une de ses poignées d'angle, puis validez la transformation en cliquant sur la coche verte.

05 CHANGER L'ARRIÈRE-PLAN

Revenez dans le panneau de réglage et cliquez sur le bouton Illustration ; celui-ci affiche une collection de fonds et de cadres. Pour changer l'arrière-plan de la page cliquez sur la vignette d'un fond de page et faites-la glisser dans la fenêtre de travail ; la modification est immédiate. Pour changer le cadre associé à une photo, cliquez sur un modèle de cadre et faites-le glisser sur le cliché.

06 CHANGER LA DISPOSITION

Si vous préférez utiliser un modèle prédéfini : cliquez sur le bouton Dispositions, en haut du panneau Créer. Le panneau affiche les différentes dispositions disponibles. Cliquez sur la vignette de votre choix et faites-la glisser sur la page en cours d'édition ; la nouvelle disposition s'applique automatiquement. Si le nombre de photos présentes sur la carte est inférieur à celui de la nouvelle disposition, Photoshop Elements affiche des blocs image gris. Cliquez sur ceux-ci pour importer des clichés supplémentaires.

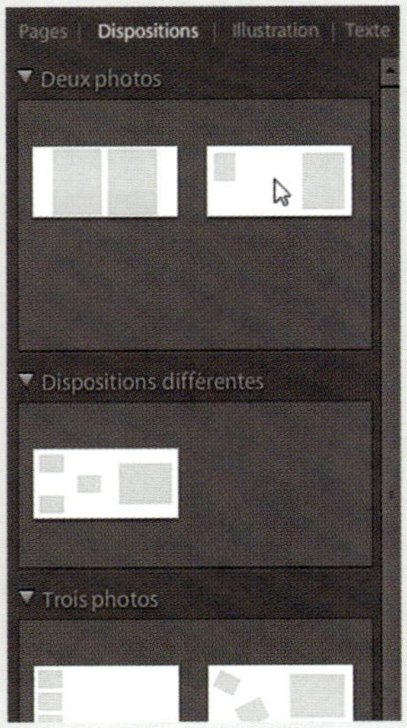

07 AJOUTER DU TEXTE

Comme vous le constaterez, aucun texte n'est prévu dans le modèle de jaquette par défaut. Pour ajouter un bloc de texte, comme le titre du CD, affichez le panneau Texte de l'onglet Créer, puis activez la commande Ajouter un bloc de texte. Un bloc de texte est inséré dans la composition. Éditez-le, saisissez votre texte et mettez-le en forme à l'aide des réglages du panneau Texte. Repositionnez-le ensuite dans la mise en page.

09 IMPRIMER LA JAQUETTE

Pour imprimer la jaquette, cliquez sur le bouton Imprimer situé en bas du panneau de réglage ; Photoshop Elements ouvre la boîte de dialogue d'impression. Si vous avez déjà enregistré et refermé le document. Revenez dans Organizer, cliquez droit sur la vignette du document et choisissez la commande Retoucher avec Photoshop Elements dans le menu contextuel ; une fois la jaquette rouverte dans la fenêtre de travail, cliquez sur le bouton Imprimer.

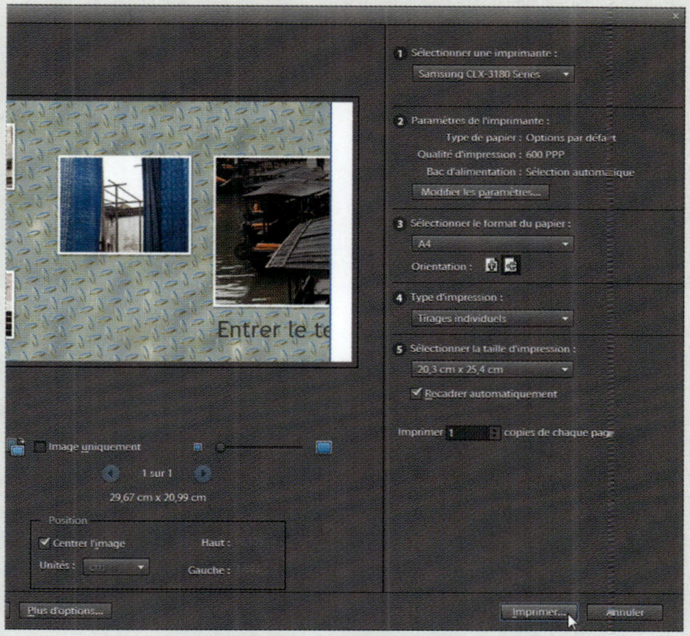

08 ENREGISTRER LE DOCUMENT

Une fois la mise en page de la jaquette achevée, cliquez sur le bouton Terminer, en bas du panneau de réglage ; Photoshop Elements vous propose d'enregistrer le document. Cliquez sur le bouton Enregistrer pour ouvrir la boîte de dialogue d'enregistrement. Nommez le document et validez. Par défaut, la jaquette est enregistrée dans le dossier contenant les clichés que vous avez utilisés et apparaîtra dans l'Organizer.

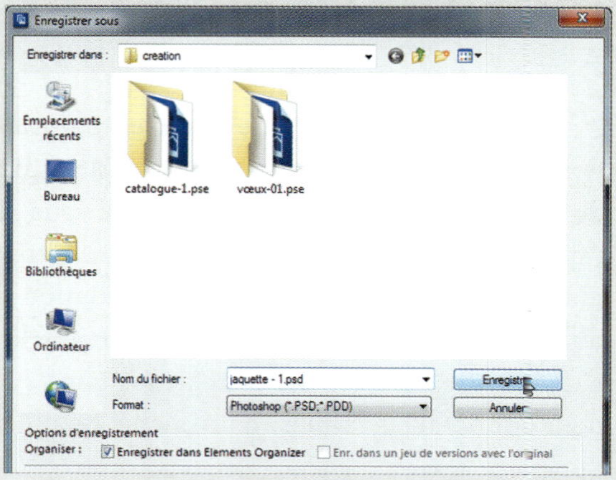

EXPLOITER LES FILTRES

Le menu Filtre de Photoshop Elements regroupe quelques dizaines de filtres qui permettent de transformer une photo.

Pour transformer une photo en peinture à l'huile ou en dessin au fusain il n'y a, a priori, qu'une seule solution : utiliser l'un des nombreux filtres de Photoshop Elements. Mais comme vous allez le découvrir dans ce tutoriel, l'application propose non seulement des filtres artistiques, mais aussi des filtres plus utilitaires, comme les filtres de renforcement qui permettent de corriger la netteté d'une image, ou les filtres de textures que vous utiliserez pour donner de la matière à un cliché.

SUR LE CD : Vous trouverez sur le CD les éléments nécessaires à la réalisation de ce tutoriel.

01 OUVRIR UN CLICHÉ

Après avoir lancé Organizer, sélectionnez un cliché dans le dossier Création. Rendez-vous ensuite dans la partie droite de l'écran, ouvrez le menu local de l'onglet Retoucher et choisissez le mode d'édition qui vous convient : Retouche photo standard..., Retouche photo rapide..., ou Retouche photo guidée... : Photoshop Elements démarre automatiquement et affiche le cliché dans sa fenêtre de travail.

02 CHOISIR UN FILTRE

Dans la barre de menus, ouvrez le menu Filtre, descendez jusqu'au sous-menu Esthétiques et choisissez le filtre Estampage... : Photoshop Elements affiche la boîte de dialogue du filtre et applique automatiquement l'effet d'estampage à l'ensemble de l'image.

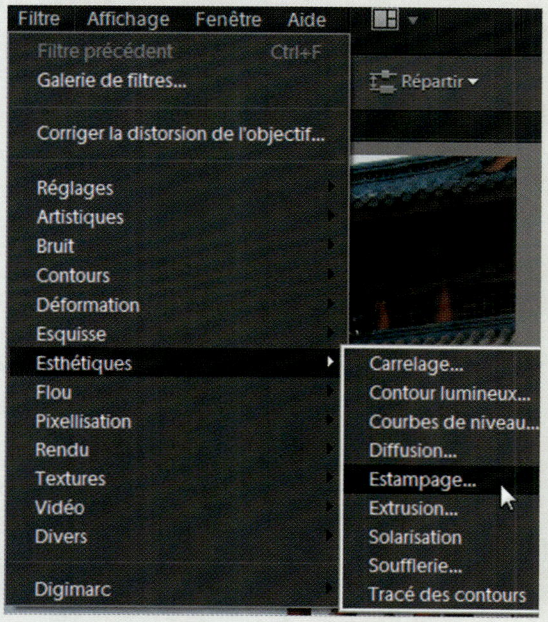

03 RÉGLER LE FILTRE

Comme la grande majorité des filtres, le filtre Estampage est paramétrable. Dans la boîte de dialogue, modifiez la valeur Angle et jouez avec les curseurs Hauteur et Facteur. Lorsque le résultat vous convient, refermez la boîte de dialogue à l'aide du bouton OK.

04 ANNULER LE FILTRE

Une fois le filtre appliqué, les modifications de l'image sont définitives. Vous ne pouvez pas changer les réglages du filtre. Si l'effet ne vous convient pas : annulez le filtre, via la commande Annuler du menu Edition, ou tapez Ctrl/Cmd+Z : Photoshop Elements recharge l'image originale.

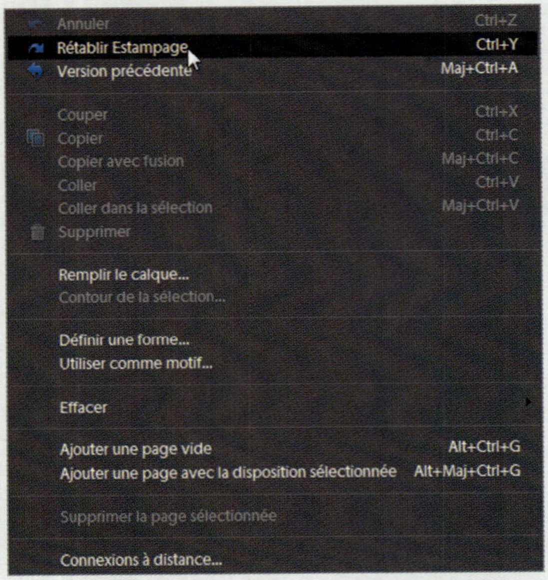

05 RÉPÉTER LE FILTRE

Certains filtres comme les filtres de renforcement, de flou ou de bruit peuvent être appliqués à plusieurs reprises sur une même image, ce qui permet d'augmenter progressivement l'intensité de leur effet. Annulez le filtre Estampage et choisissez le filtre Ajout de bruit, dans le sous-menu Bruit du menu Filtre. Appliquez-le une première fois avec ses réglages par défaut. Refermez la boîte de dialogue, puis tapez le raccourci Ctrl/Cmd+F ; le filtre est réappliqué sur l'image, avec les mêmes réglages.

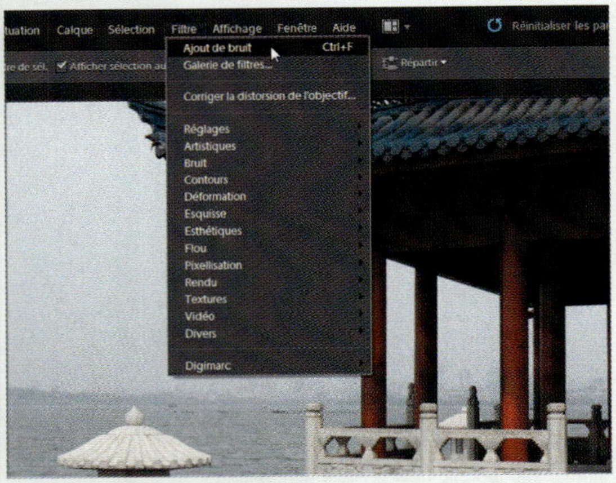

06 GALERIE DE FILTRES

Annulez le filtre précédent, puis revenez dans le menu Filtre et choisissez Galerie de filtres ; Photoshop Elements ouvre une nouvelle interface qui permet d'accéder à de très nombreux filtres du menu Filtre, de tester leur effet et de les combiner, avant de valider leur application sur l'image de travail.

07 CHOISIR UN FILTRE

Si la liste de filtres n'est pas visible, cliquez sur la flèche noire, située à droite de la zone de prévisualisation : un nouveau panneau apparaît, listant les catégories de filtres. Cliquez sur la catégorie Artistiques, puis sélectionnez le filtre Aquarelle. Dans la partie gauche de l'interface, s'affiche la prévisualisation de l'effet du filtre. Pour modifier les réglages du filtre, rendez-vous dans le panneau de réglage à droite de l'interface.

08 COMBINER LES FILTRES

Pour combiner des filtres, commencez par choisir un premier filtre, par exemple, le filtre Croisillons de la catégorie Contours. Le nom du filtre apparaît dans la liste située dans la partie inférieure du panneau de réglage. Cliquez sur le bouton Nouveau calque d'effet, situé en dessous de cette liste ; un nouvel élément est ajouté à la liste, cliquez sur celui-ci, puis sélectionnez le filtre Aquarelle dans la catégorie Artistiques : la zone d'aperçu affiche l'effet des deux filtres combinés.

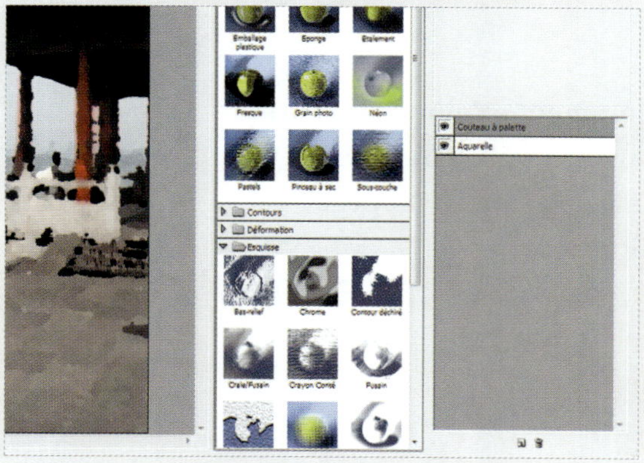

09 VALIDER LE FILTRE

Une fois la combinaison de filtres testée et mise au point, cliquez sur le bouton OK, situé en haut à droite de l'interface Galerie de filtres. Photoshop Elements referme l'interface et applique le filtre ou la combinaison de filtres à l'image de travail.

DES EFFETS DE CALQUES

En mode Standard, Photoshop Elements propose le panneau Effets qui regroupe différents types de commandes créatives.

Dans le tutoriel précédent, vous avez vu comment exploiter les filtres via le menu Filtre. Si vous travaillez en mode Standard, vous pourrez accéder à ces mêmes filtres à partir du panneau Effets. Mais ce panneau propose aussi d'autres commandes créatives, comme les Styles de calque et les Effets photos que vous allez découvrir dans ce tutoriel. Les premiers produisent un effet rééditable, alors que les seconds appliquent l'effet sur une copie de l'image.

SUR LE CD : Vous trouverez sur le CD les éléments nécessaires à la réalisation de ce tutoriel.

01 OUVRIR UN CLICHÉ DANS PHOTOSHOP ELEMENTS

Après avoir lancé Organizer, sélectionnez un cliché dans le dossier Création. Rendez-vous ensuite dans la partie droite de l'écran, ouvrez le menu local de l'onglet Retoucher et choisissez le mode d'édition Retouche photo standard… : Photoshop Elements démarre automatiquement et affiche le cliché dans sa fenêtre de travail.

02 LE PANNEAU EFFETS

En mode Retouche photo Standard, l'onglet Edition est activé par défaut et affiche dans la partie droite de l'écran, deux panneaux : le panneau Effets et le panneau Calques. Si vous ne voyez pas le panneau Effets, rendez-vous dans le menu Fenêtre et activez la commande Effets.

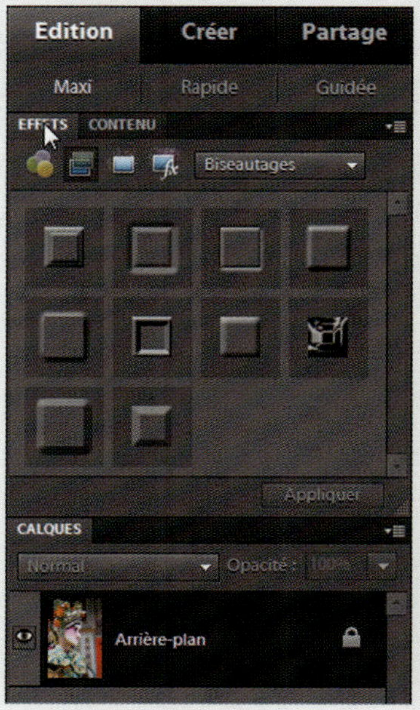

03 APPLIQUER UN FILTRE

Dans la partie supérieure du panneau Effets, cliquez sur la première icône située à gauche. Le panneau affiche les vignettes des filtres de la catégorie Artistiques. Cliquez sur le filtre de votre choix, puis cliquez sur le bouton Appliquer, en bas du panneau le filtre est appliqué à l'image affichée dans la fenêtre de travail avec ses réglages par défaut.

04 APPLIQUER UN AUTRE FILTRE

Annulez le filtre à l'aide du raccourci Ctrl/Cmd+Z. Revenez dans le panneau Effets, et ouvrez le menu local en cliquant sur la catégorie Artistiques. Le menu liste les différentes catégories de filtres. Choisissez la catégorie Esthétiques ; le panneau affiche un nouveau jeu de filtres. Double-cliquez sur le filtre Courbes de niveau pour l'appliquer à l'image (ou cliquez sur la vignette, puis sur le bouton Appliquer).

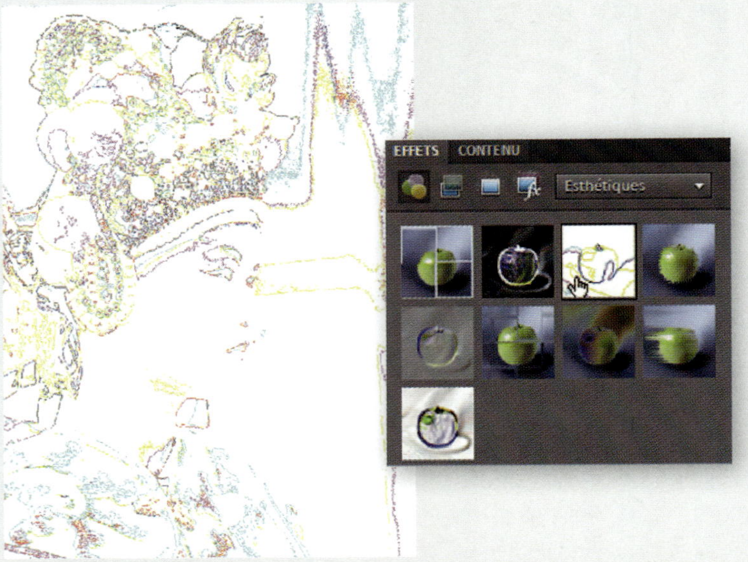

05 LES STYLES DE CALQUE

Annulez le filtre à l'aide du raccourci Ctrl/Cmd+Z et revenez dans le panneau Effets. Cliquez sur l'icône Styles de calques, située à droite de l'icône Filtres : le panneau affiche un premier jeu de styles. Comme l'indique la catégorie, en haut à droite du panneau, il s'agit des filtres de Biseautages. Cliquez sur cette catégorie pour afficher la liste des catégories disponibles.

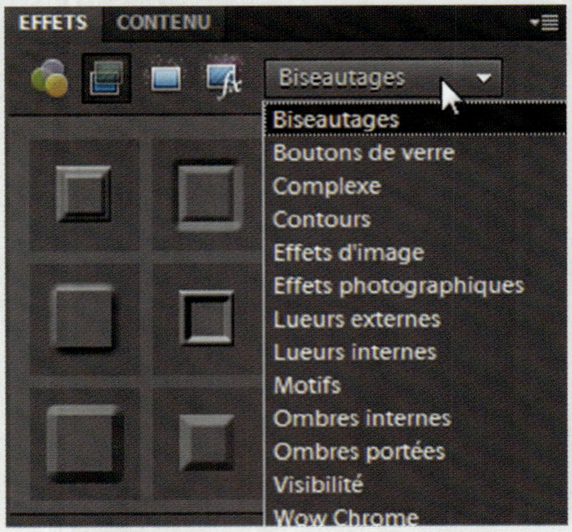

06 CHOISIR UN STYLE DE CALQUE

Revenez à la catégorie Biseautages et survolez les vignettes des différents styles ; le nom du style apparaît dans une info-bulle. Si vous préférez afficher les noms des styles en dessous de leur vignettes, cliquez sur l'icône située dans l'angle supérieur droit du panneau et choisissez Afficher les noms dans le menu local qui apparaît.

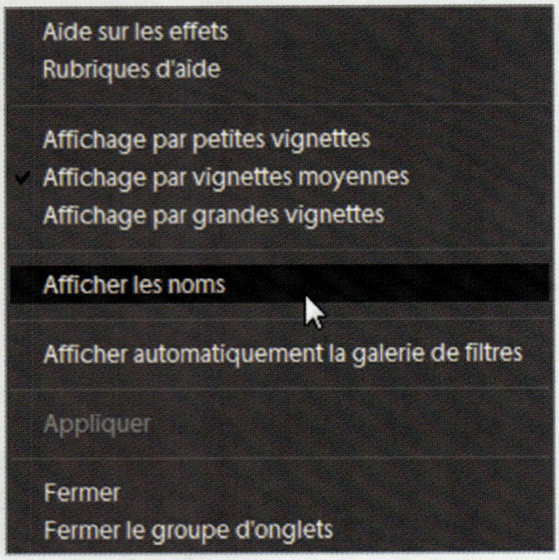

07 APPLIQUER UN STYLE DE CALQUE

Choisissez le style Simple interne et double-cliquez sur sa vignette ; une alerte s'affiche à l'écran vous proposant de transformer l'image en calque. Cliquez sur le bouton OK, puis cliquez sur le bouton OK de la boîte de dialogue Nouveau calque qui s'affiche ensuite. Le style de calque est appliqué à l'image ; ici, un effet de biseau arrondi qui apparaît en bordure du cliché.

08 LE PANNEAU CALQUES

Une fois le style appliqué, rendez-vous dans le panneau Calques, en dessous du panneau Effets. Vous y verrez un calque nommé Calque 0, montrant la vignette de l'image. Dans la partie droite de ce calque, est affiché le symbole « fx » ; il indique qu'un style de calque a été appliqué au contenu du calque.

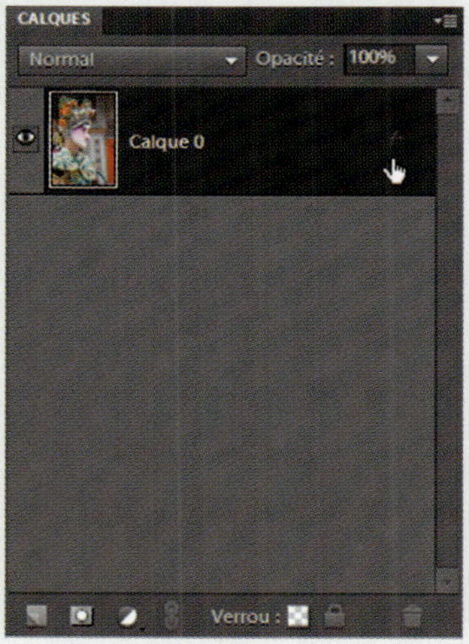

09 SUPPRIMER LE STYLE DE CALQUE

Contrairement aux filtres, les styles de calques modifient l'image de manière non destructive. Vous pouvez ainsi à tout moment, revenir à l'image originale, ou modifier les paramètres du style. Pour supprimer le style de calque, cliquez droit sur le symbole « fx » et choisissez Effacer le style de calque. Pour modifier le style de calque, double-cliquez sur le symbole : la boîte de dialogue Paramètres de style apparaît, offrant un accès direct aux différents paramètres.

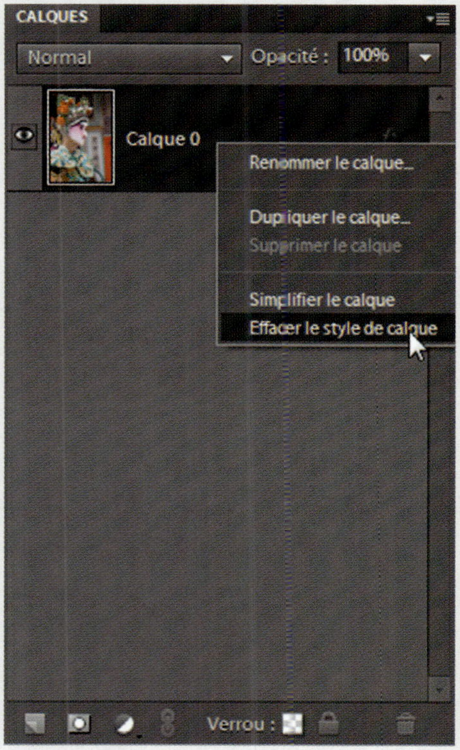

10 LES EFFETS DE LA PHOTO

Revenez dans l'Organizer, sélectionnez un nouveau cliché et ouvrez-le dans Photoshop Elements. Revenez dans le panneau Effets et cliquez sur l'icône Effets de la photo, située à droite de l'icône Styles de calque : le panneau affiche un premier jeu d'effets. Comme l'indique la catégorie, en haut à droite du panneau, il s'agit de la catégorie Cadre. Cliquez sur cette dernière pour afficher la liste des catégories disponibles.

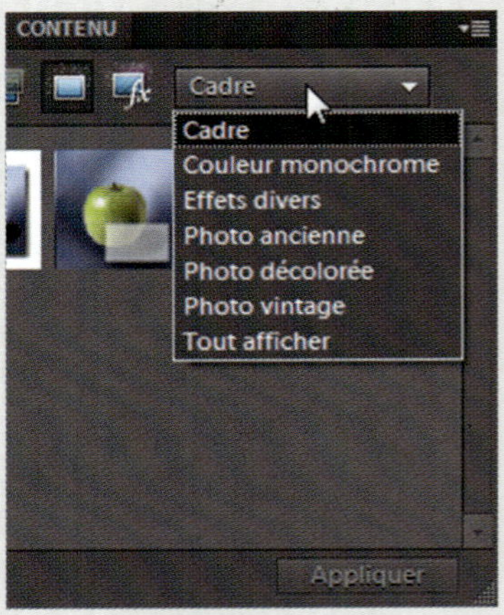

11 APPLIQUER UN EFFET

Choisissez la catégorie Effets divers et survolez les vignettes des différents effets ; leur nom apparaît dans une info-bulle. Choisissez l'effet Blizzard et double-cliquez sur sa vignette ; l'effet est appliqué à l'image ; ici, un effet de tempête de neige.

12 LA PANNEAU CALQUES

Une fois l'effet appliqué, rendez-vous dans le panneau Calques, en dessous du panneau Effets. Le panneau affiche deux calques : un calque Arrière-plan copie qui contient l'image modifiée, et un calque Arrière-plan qui contient l'image originale. Pour supprimer l'effet Blizzard, il vous suffit de supprimer le calque Arrière-plan copie. Cliquez droit sur celui-ci et activez la commande Supprimer le calque dans le menu contextuel qui apparaît.

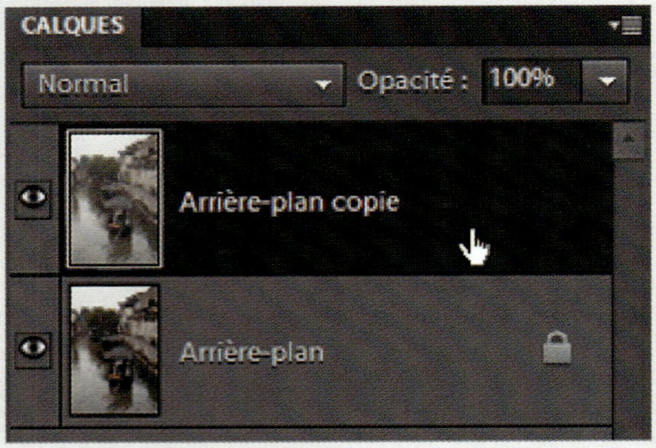

JOUER AVEC LE NOIR ET BLANC

À partir d'un unique cliché en couleur, Photoshop Elements permet de générer une multitude de versions en noir et blanc.

Comme vous l'avez vu précédemment, la création d'une image en noir et blanc peut se faire simplement à l'aide de la commande Teinte/Saturation. Mais si vous souhaitez exploiter tout le potentiel du cliché original, vous utiliserez la commande Convertir en noir et blanc du menu Accentuation.

SUR LE CD : Vous trouverez sur le CD les éléments nécessaires à la réalisation de ce tutoriel.

01 OUVRIR UN CLICHÉ

Après avoir lancé Organizer, sélectionnez un cliché dans le dossier Création. Rendez-vous ensuite dans la partie droite de l'écran, ouvrez le menu local de l'onglet Retoucher et choisissez le mode d'édition Retouche photo standard... : Photoshop Elements démarre automatiquement et affiche le cliché dans sa fenêtre de travail.

02 CONVERTIR EN NOIR ET BLANC 1/2

Dans le menu Accentuation activez la commande Convertir en noir et blanc... ; Photoshop Elements ouvre la boîte de dialogue de la commande qui affiche à gauche l'image originale et à droite, l'image convertie en noir et blanc avec le réglage par défaut.

03 CONVERTIR EN NOIR ET BLANC 2/2

Dans la liste située dans la partie gauche de la boîte de dialogue, sélectionnez un style prédéfini : une prévisualisation de l'effet s'affiche dans la fenêtre de travail, à l'arrière-plan. Testez les différents styles, ou créez votre propre réglage à l'aide des curseurs Rouge, Vert, Bleu... Lorsque le réglage vous convient, cliquez sur le bouton OK pour valider la transformation. Notez que la conversion en noir et blanc ne peut-être annulée qu'à l'aide de la commande Edition> Annuler.

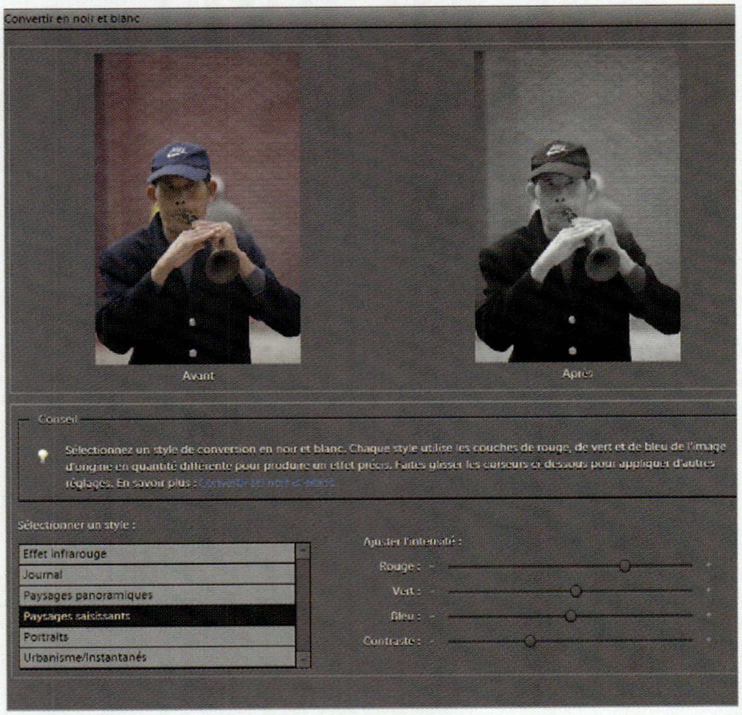

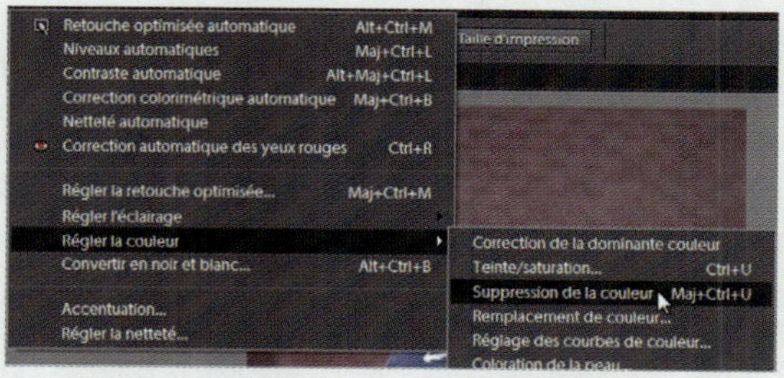

04 SUPPRESSION DE LA COULEUR

Si vous souhaitez simplement convertir un cliché en noir et blanc, vous pouvez aussi utiliser la commande Suppression de la couleur du sous-menu Accentuation> Régler la couleur. Contrairement à celle utilisée précédemment, cette commande n'est pas paramétrable.

05 COURBE DE TRANSFERT DE DÉGRADÉ 1/2

Revenez à l'image originale à l'aide de la commande Annuler. Rendez-vous dans le menu Calques et choisissez Nouveau calque de réglage> Courbe de transfert de dégradé... Validez la boîte de dialogue Nouveau calque avec les réglages par défaut ; Photoshop Elements génère un nouveau calque de réglage qui apparaît dans le panneau Calques. Dans la fenêtre de travail, l'image s'affiche en noir et blanc.

06 COURBE DE TRANSFERT DE DÉGRADÉ 2/2

Rendez-vous dans la partie droite de l'écran. En dessous du panneau Calques, le panneau Réglages affiche le dégradé qui remplace les couleurs de l'image. Cliquez sur la flèche blanche qui jouxte la case échantillon pour afficher les dégradés prédéfinis, et cliquez sur le dégradé de votre choix. Le nouveau dégradé est appliqué à l'image active. Étant donné qu'il s'agit d'un calque de réglage, il suffit de supprimer ce dernier pour retrouver le cliché de départ.

Réinitialiser les panneaux
Annuler
Rétablir
Organiseur
Edition
Créer
Partage
Maxi
Rapide
Guidée
EFFETS
CONTENU
Artistiques
Appliquer
CALQUES
Normal
Opacité :
100%
Calque 1
Niveaux 1
reflet
gros p...
Calqu...
Motif 1
Verrou :

PHOTOMONTAGE

Au-delà des commandes assistées de l'onglet Créer, Photoshop Elements dispose de tous les outils nécessaires à la création de photomontages.

Dans le domaine de la création, et en particulier dans celui du photomontage, Photoshop Elements n'a presque rien à envier à son « grand frère » Photoshop. En effet, à condition de travailler en mode Standard, l'application vous permet d'exploiter les calques, les sélections et les masques, trois fonctionnalités indispensables à la création de compositions mêlant plusieurs images.

Des calques

Avec ses calques, Photoshop Elements propose l'équivalent numérique de ces feuilles de papier-calque utilisées pour le dessin technique et les plans d'architecture. Il s'agit de supports transparents que vous pouvez superposer à un cliché ordinaire et dans lesquels vous pouvez placer le contenu de votre choix : un autre cliché, un élément graphique, du texte, etc.

Pour gérer ces calques, vous disposez du panneau Calques à partir duquel vous pourrez modifier leur ordre d'empilement, mais aussi contrôler leur visibilité et leur opacité. (Figure 01)

Mais ces calques ne sont pas uniquement des supports de contenus. Comme vous l'avez vu dans le chapitre Corrections et retouche (voir page 60), ils peuvent aussi être exploités comme calques de réglage, pour effectuer des corrections

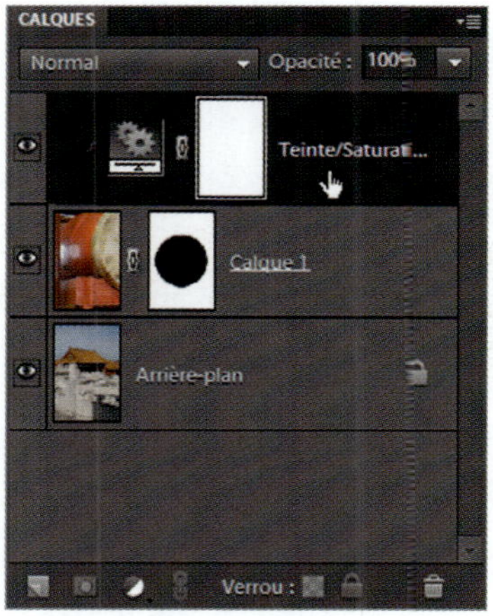

Figure 01 : le panneau Calques de Photoshop Elements permet de gérer les calques.

dynamiques sur un cliché. De même qu'ils pourront être utilisés pour créer des fonds rééditables ou des formes remplies. On parle alors de calques de remplissage. (Figure 02) Mais comme nous l'avons vu dans le chapitre Créer, ces mêmes calques permettent aussi d'exploiter les styles de calques grâce auxquels vous pouvez générer un effet de biseau, d'ombre portée, de lueur, etc. sans altérer leur contenu.

Des sélections

Si les calques vous ouvrent les portes du photomontage en autorisant l'empilement de plusieurs images dans un même document, sans les sélections, vous n'irez pas bien loin. En effet, qu'il s'agisse de corriger la couleur d'un ciel, de supprimer un fil électrique qui barre l'horizon, ou de placer un personnage dans un nouveau décor, dans la plupart des cas, vous devrez d'abord effectuer une sélection. C'est-à-dire, définir un ensemble de pixels, que vous pourrez ensuite supprimer, copier ou modifier à l'aide d'une commande de correction ou d'un filtre.
Comme vous le découvrirez dans les tutoriels (page 155 et suivantes), Photoshop Elements dispose de nombreux outils et commandes de sélections, comme la Baguette magique ou le Lasso, qui permettent avec un peu d'expérience de traiter tous les cas de figures : de la sélection d'un fond de ciel bleu, au découpage d'un personnage.
Afin de ne pas perdre le fruit de votre travail de sélection (qui peut parfois prendre quelques heures), Photoshop Elements dispose d'une commande qui permet de mémoriser la sélection dans le document actif. Vous pourrez

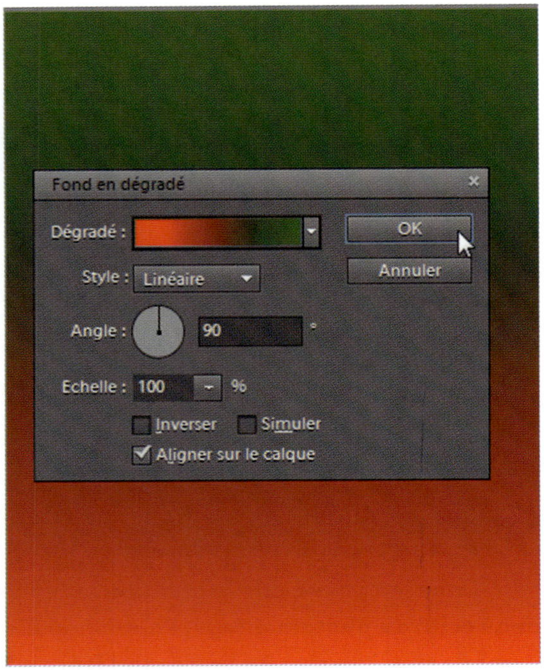

Figure 02 : un fond en dégradé, créé à l'aide d'un calque de remplissage.

ainsi reprendre plus tard votre travail, sans avoir à effectuer une nouvelle sélection.

Des masques

En maîtrisant les sélections, vous aurez presque tous les atouts en main pour travailler comme un professionnel. Presque, car sans les masques, vous ne ferez que du bricolage.
Avec les masques, Photoshop Elements vous propose une technique qui vient de la photogravure et du labo photo, et vous permet de réaliser un photomontage, tout en conservant vos clichés intacts. Ainsi, pour incruster un personnage dans un nouveau décor, vous pouvez le découper et le coller dans un autre cliché. Mais une fois le découpage effectué, vous ne pourrez revenir en arrière, sauf à reprendre le découpage depuis le début. Avec le masque, vous ne supprimerez pas le décor entourant le personnage, vous l'occulterez simplement. Avantage de cette technique : si le découpage autour du personnage ne vous convient pas, vous n'aurez qu'à modifier le masque. (Figure 03)
Pour ce type d'utilisation, vous exploiterez donc les masques de fusion. Mais vous découvrirez que ce type de masque ne permet pas de découper le contenu de plusieurs calques. Heureusement, Photoshop Elements dispose d'un second type de masque, le masque d'écrêtage. Grâce à ce dernier, vous pourrez découper une pile de calques pour créer par exemple des lettres remplies avec des images.

Figure 03 : un photomontage simple à l'aide d'un masque de fusion.

Des panoramas

Une fois que vous aurez mis en pratique les tutoriels de cette partie, vous devriez être capable de réaliser des montages simples. Mais de là à assembler les photos d'une vue panoramique, il y a un pas, que même des utilisateurs avertis ne franchiront pas. D'autant plus que Photoshop Elements propose un module spécialisé dans la création de panoramiques que nous aborderons page 193. (Figure 04)

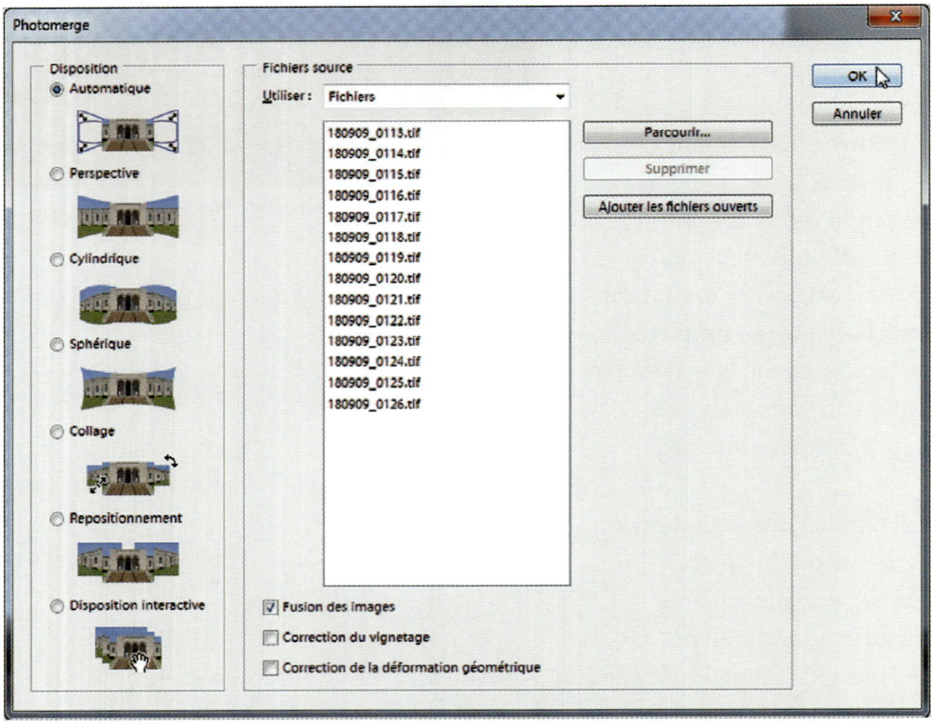

Figure 04 : la création d'un panoramique avec Photomerge.

JOUER AVEC LES CALQUES

Avec ses calques, Photoshop Elements permet d'assembler plusieurs images dans un même document.

Avant de vous lancer dans le photomontage, vous devez d'abord maîtriser les calques. En effet, grâce à eux, vous pourrez assembler plusieurs clichés dans un même document, puis les réorganiser comme bon vous semble. Dans ce tutoriel, vous allez donc apprendre à manipuler les calques en travaillant avec le panneau Calques.

SUR LE CD : Vous trouverez sur le CD les éléments nécessaires à la réalisation de ce tutoriel.

01 OUVRIR UN FICHIER DANS PHOTOSHOP ELEMENTS

Après avoir lancé l'Organizer, sélectionnez un cliché du dossier Photomontage et ouvrez-le dans Photoshop Elements via la commande Photo retouche Standard... du menu local de l'onglet Retouche. Photoshop Elements démarre automatiquement et affiche le cliché dans sa fenêtre de travail.

« À gauche de la vignette calque, une icône d'œil vous permettra de masquer ou d'afficher le calque. »

02 LE PANNEAU CALQUES

La partie droite de l'écran affiche deux panneaux : le panneau Effets et le panneau Calques. Si ce dernier n'est pas visible, ouvrez le menu Fenêtre et activez la commande Calques. Le panneau Calques affiche un calque unique, nommé Arrière-plan, orné de la vignette de l'image ouverte dans la fenêtre de travail. À gauche de cette vignette, une icône d'œil vous permettra de masquer ou d'afficher le calque.

03 AJOUT D'UN CALQUE

Ouvrez le menu Calque dans la barre de menus et choisissez Nouveau calque ; la boîte de dialogue Nouveau calque apparaît à l'écran. Cliquez sur le bouton OK : un nouveau calque, nommé Calque 1, apparaît dans le panneau Calques. Ce calque est vide et transparent. Il n'est donc pas visible dans la fenêtre de travail. Notez que vous pouvez également insérer un calque vide en cliquant sur l'icône Créer un calque, située en bas à gauche du panneau Calques.

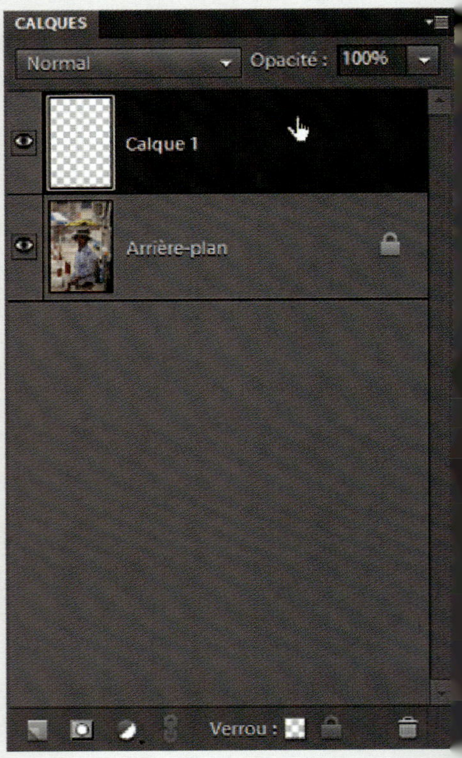

04 AJOUTER UNE PHOTO

Pour ajouter une photo dans la composition, il existe différentes techniques, dont la commande Importer du menu Fichier. Mais vous pouvez aussi effectuer un copier-coller depuis une page Web. Ouvrez une page Web quelconque dans votre navigateur, cliquez droit sur une photo et activez la commande Copier l'image. Revenez dans Photoshop Elements et activez la commande Edition> Coller ; l'image est collée dans le calque vide que vous avez créé et s'affiche en superposition de la photo ouverte précédemment.

« Pour ajouter un cliché dans un montage, un copier-coller suffit. »

05 SÉLECTION AUTOMATIQUE DU CALQUE

À présent, le document est composé de deux photos, placées chacune sur un calque. Pour travailler sur l'une de ces photos, vous devez au préalable activer son calque en cliquant sur ce dernier dans le panneau Calques. Si vous souhaitez sélectionner automatiquement un calque à partir du document dans la fenêtre de travail, cochez l'option Sélection auto. du calque, dans la barre d'options située au-dessus de la fenêtre de travail.

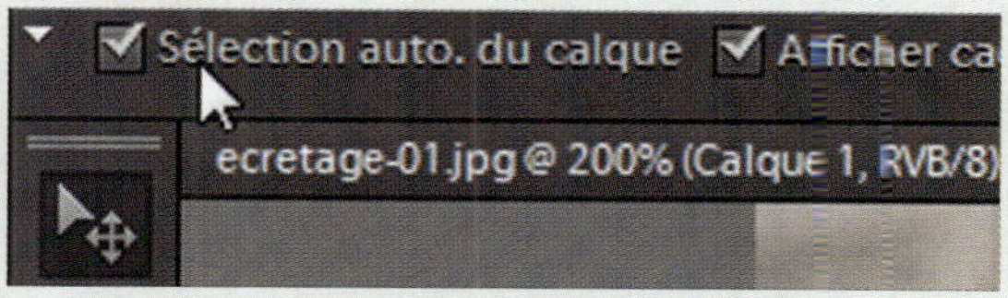

06 DÉPLACER LE CONTENU DU CALQUE

À l'exception du calque Arrière-plan, le contenu de chaque calque peut être librement déplacé à l'intérieur du calque. Dans le panneau Calques, activez le Calque 1, puis rendez-vous dans la barre d'outils, à gauche de l'écran et vérifiez que le premier outil (le pointeur de déplacement) est activé. Cliquez-glissez sur la photo du premier plan pour la repositionner dans son calque.

07 AFFICHER OU MASQUER LE CALQUE

Le calque 1 étant activé (il s'affiche en bleu clair dans le panneau Calques), cliquez sur l'icône d'œil située à gauche de sa vignette ; l'icône disparaît. Dans la fenêtre de travail, la photo de premier plan disparaît également. Pour la réafficher, cliquez de nouveau sur l'icône d'œil.

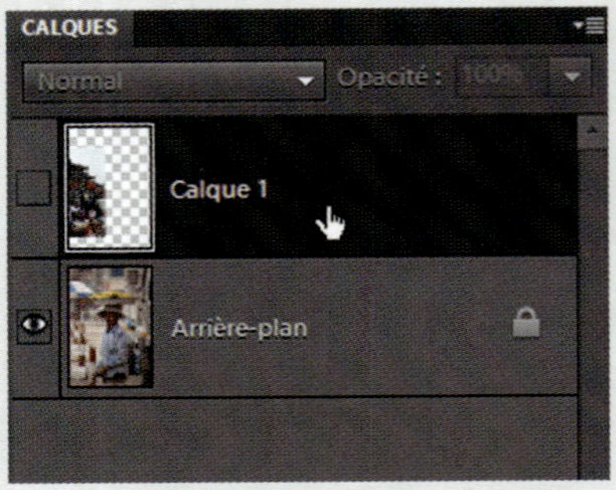

08 LE CALQUE D'ARRIÈRE-PLAN

Si vous essayez de masquer le calque Arrière-plan, vous constaterez que c'est impossible. En effet, ce calque est verrouillé. Il ne peut être ni déplacé, ni masqué. Pour manipuler ce calque comme un calque ordinaire, vous devez d'abord le déverrouiller : dans le panneau Calques, double-cliquez sur le nom du calque ; la boîte de dialogue Nouveau calque apparaît à l'écran. Cliquez sur le bouton OK pour la refermer ; le calque Arrière-plan est déverrouillé.

09 RÉORGANISER LES CALQUES

À présent que les deux calques sont déverrouillés, vous pouvez modifier leur ordre d'empilement. Par exemple, faire passer la photo de l'arrière-plan au premier plan : dans le panneau Calques, cliquez sur le calque Arrière-plan, puis faites-le glisser vers le haut du panneau. Relâchez le bouton de la souris, le calque Arrière-plan s'affiche au-dessus du calque 1. Dans la fenêtre de travail, l'image d'arrière-plan est passée au premier plan.

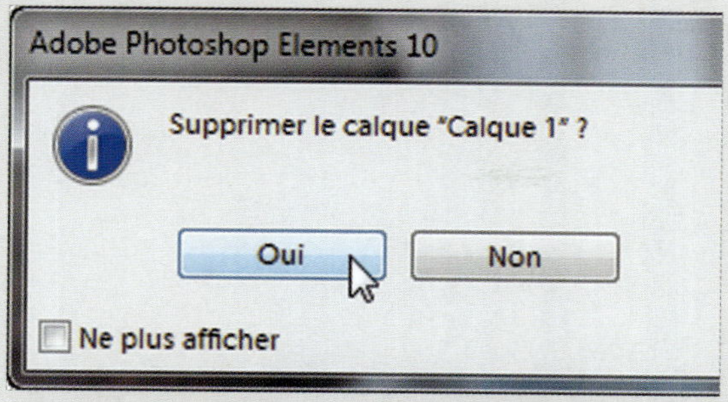

10 SUPPRIMER UN CALQUE

Dans le panneau Calques, activez le calque 1, puis cliquez sur l'icône de corbeille située en bas à droite du panneau. Photoshop Elements affiche une boîte de dialogue de confirmation. Cliquez sur le bouton Oui pour confirmer la suppression. Vous pouvez également supprimer le calque en le faisant glisser sur l'icône de la corbeille.

11 RÉGLER L'OPACITÉ DU CALQUE

Si vous souhaitez mixer deux photos superposées, vous pouvez régler l'opacité du calque supérieur : en haut à droite du panneau Calques, cliquez sur la flèche blanche qui jouxte Opacité 100 %. Un curseur de réglage apparaît ; faites-le glisser vers la gauche pour réduire l'opacité du calque. Notez que ce réglage n'est pas définitif ; vous pouvez à tout moment rétablir l'opacité du calque à 100 %.

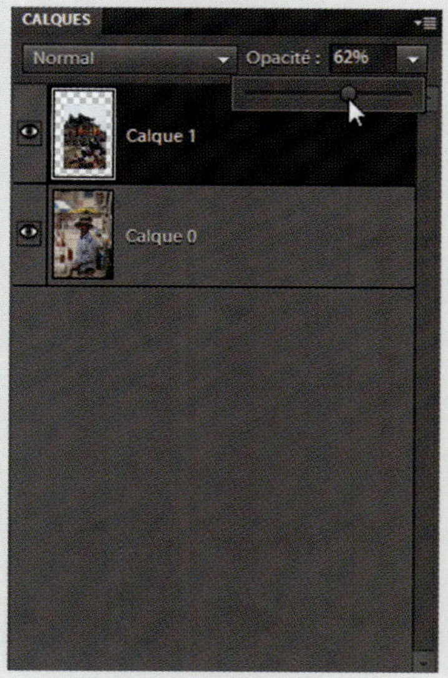

12 ENREGISTRER UN DOCUMENT MULTICALQUES

Votre premier montage multicalques étant terminé, vous allez enregistrer le document. Ouvrez le menu Fichier et activez la commande Enregistrer sous... : Photoshop Elements ouvre sa boîte de dialogue d'enregistrement qui propose par défaut le format Photoshop. C'est en effet le seul format qui vous permet d'enregistrer l'image avec ses calques.

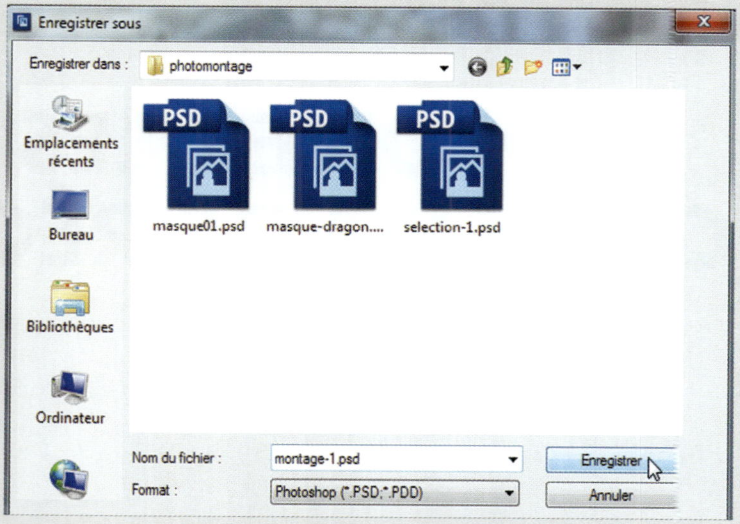

« Le format Photoshop est un format qui vous permet d'enregistrer l'image avec ses calques. »

EXPLOITER LES CALQUES DE RÉGLAGE

Les calques de réglage n'ont pas de contenu propre mais se manipulent comme des calques ordinaires.

Dans la section Corrections et retouches, vous avez découvert comment corriger vos photos à l'aide des calques de réglage (voir page 60). Dans ce tutoriel, nous allons revenir sur ces calques un peu particuliers qui permettent d'effectuer des corrections rééditables.

SUR LE CD : Vous trouverez sur le CD les éléments nécessaires à la réalisation de ce tutoriel.

01 OUVRIR UN CLICHÉ

Après avoir lancé Organizer, sélectionnez un cliché dans le dossier Photomontage, puis ouvrez-le dans Photoshop Elements en mode Retouche photo Standard, via le menu local de l'onglet Retoucher. Photoshop Elements démarre et affiche la photo dans sa fenêtre de travail.

02 OUVRIR UNE SECONDE PHOTO

Revenez dans l'Organizer, sélectionnez un second cliché et ouvrez-le de la même manière dans Photoshop Elements. Sélectionnez l'ensemble du cliché à l'aide de la commande Tout sélectionner du menu Edition puis activez la commande Copier du même menu et refermez le second cliché en tapant le raccourci Ctrl/Cmd+W.

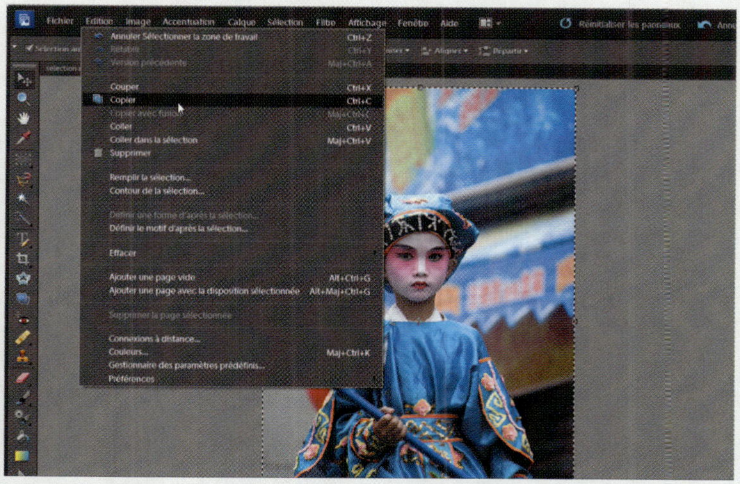

03 COLLER LA PHOTO

Après fermeture du second cliché, la photo de départ réapparaît dans la fenêtre de travail. Activez la commande Coller du menu Edition ; le cliché que vous avez copié est collé dans le document sur un nouveau calque qui s'affiche dans le panneau Calques

04 AJOUTER UN CALQUE DE RÉGLAGE

Dans le panneau Calques, activez le calque 1 contenant la photo que vous avez collée. Rendez-vous ensuite dans le menu Calques et choisissez Nouveau calque de réglage> Teinte/Saturation... Photoshop Elements affiche la boîte de dialogue Nouveau calque. Validez-la à l'aide du bouton OK. Le panneau Réglages s'affiche à droite de l'écran. Cliquez sur l'option Redéfinir, en bas du panneau : les deux photos virent au gris sépia.

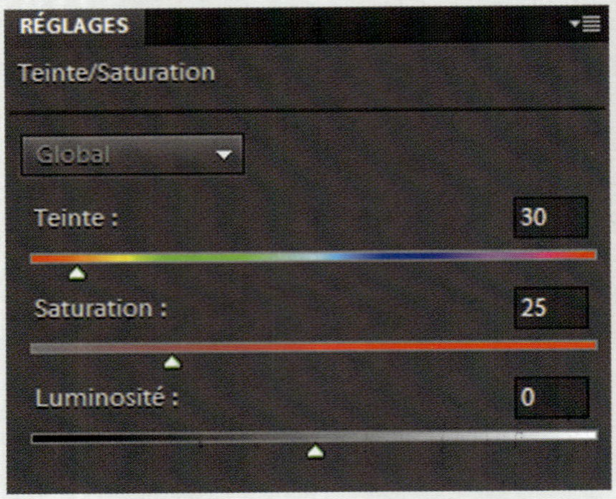

06 DISSOCIER LES CALQUES

Pour dissocier le calque de réglage du calque 1, utilisez la commande Edition> Annuler, immédiatement après avoir créé le masque d'écrêtage. Si vous souhaitez annuler ce masque plus tard, sélectionnez à nouveau le calque 1 dans le panneau Calques, revenez ensuite dans le menu Calque et activez la commande Annuler le masque d'écrêtage ; l'effet du calque de réglage s'applique à nouveau aux deux images.

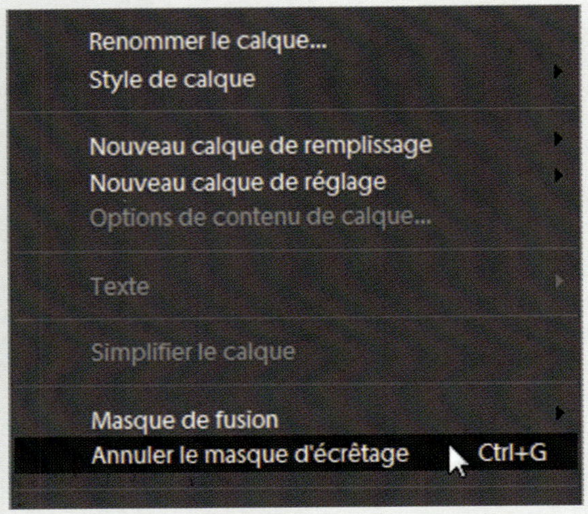

05 ASSOCIER LE CALQUE DE RÉGLAGE

Comme vous le constatez, le calque de réglage ajouté à partir du calque 1 s'applique à tous les calques situés en dessous de celui-ci. Pour limiter l'effet du calque de réglage au contenu du calque 1, cliquez sur celui-ci dans le panneau Calques, puis ouvrez le menu Calque et activez la commande Créer un masque d'écrêtage ; la photo d'arrière-plan retrouve son aspect original.

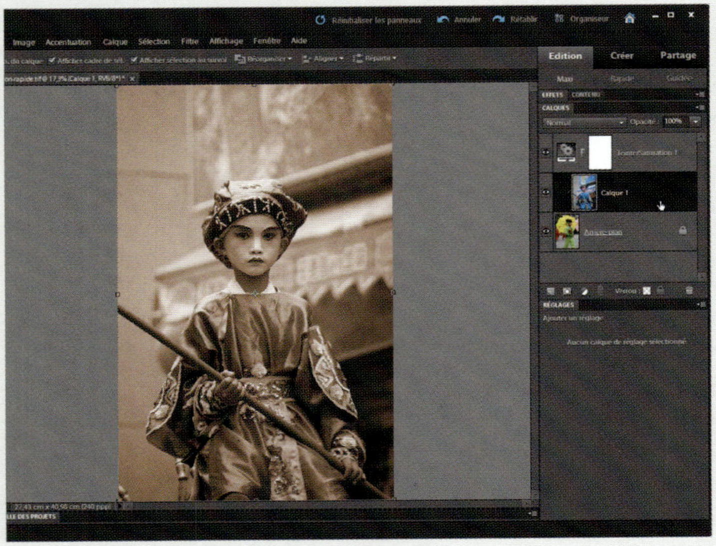

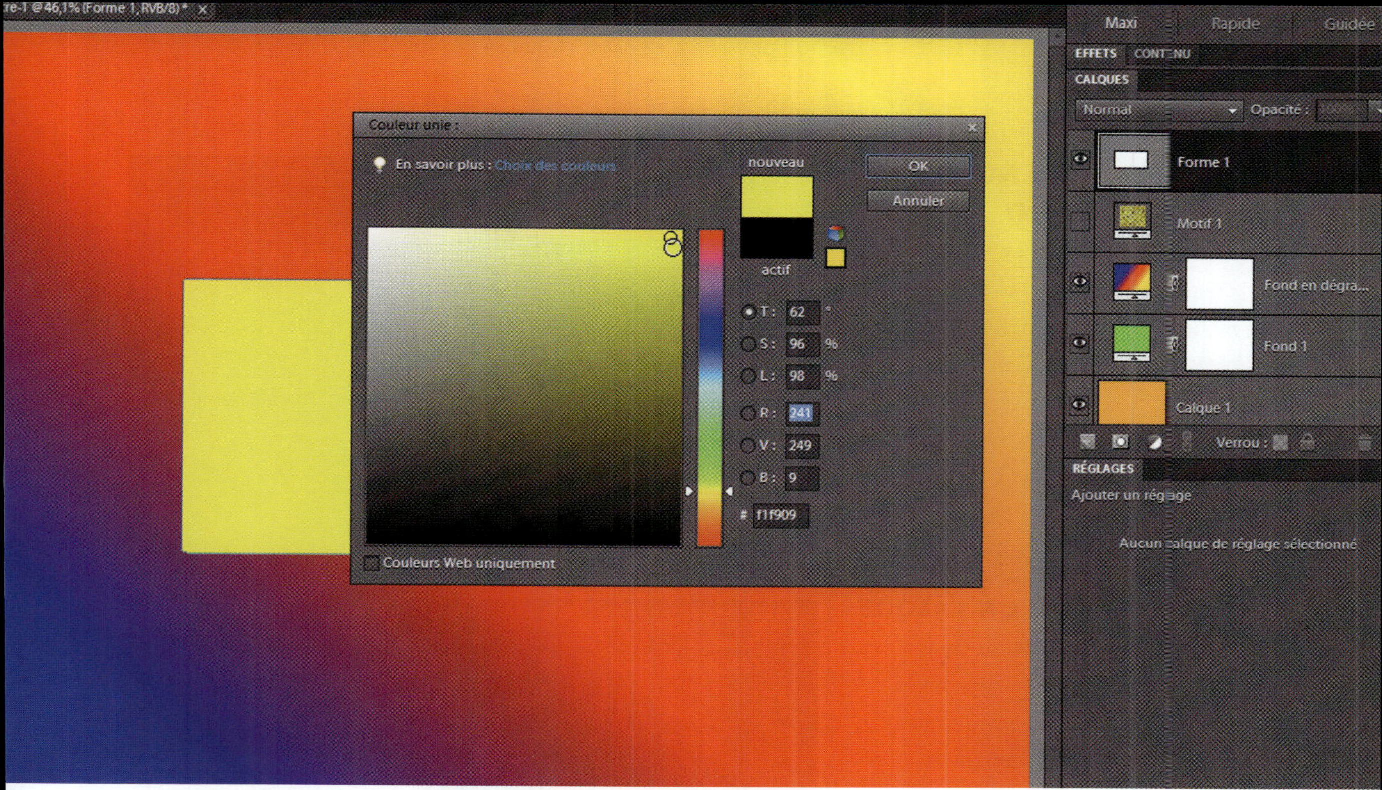

UTILISER LES CALQUES DE REMPLISSAGE

Avec les calques de remplissage créez des fonds de couleur, des fonds dégradés et des fonds de motifs rééditables.

Pour créer un arrière-plan de couleur, un fond en dégradé ou en motifs, vous disposez de la commande Remplir du menu Edition. Mais si vous souhaitez créer un fond qui soit facilement modifiable, vous utiliserez les calques de remplissage qui vous permettront également de créer des formes remplies.

SUR LE CD : Vous trouverez sur le CD les éléments nécessaires à la réalisation de ce tutoriel.

01 CRÉER UN NOUVEAU DOCUMENT

Après avoir lancé Photoshop Elements, activez la commande Fichier> Nouveau> Fichier vide... Dans la boîte de dialogue qui s'affiche, choisissez Format Photoshop Elements par défaut dans la rubrique Paramètre prédéfini puis cliquez sur le bouton OK ; l'application ouvre un document vierge doté d'un fond blanc dans la fenêtre de travail.

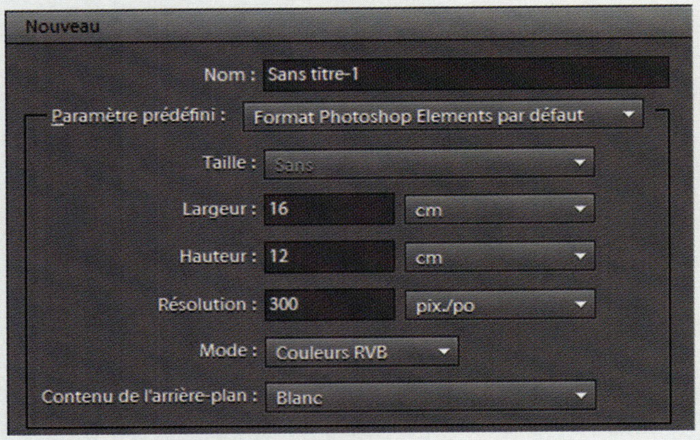

02 AJOUTER UN CALQUE

Dans la barre de menus, ouvrez le menu Calque et activez la commande Nouveau> Calque... Photoshop Elements affiche la boîte de dialogue Nouveau calque ; refermez-la en cliquant sur OK. Le nouveau calque, nommé Calque 1, apparaît dans le panneau Calques.

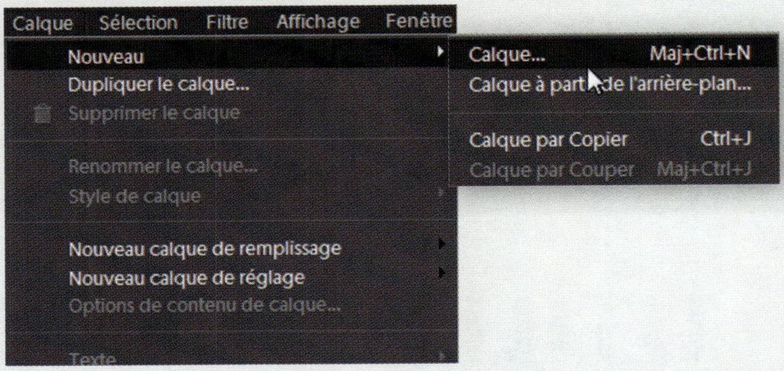

03 REMPLIR LE CALQUE

Vous allez remplir ce nouveau calque avec un fond de couleur. Dans le menu Edition, activez la commande Remplir le calque... L'application affiche la boîte de dialogue de la commande. Ouvrez le menu local de la rubrique Remplir Avec, et choisissez l'option Couleur... Dans la boîte de dialogue qui apparaît, cliquez dans le ruban coloré qui affiche la gamme de couleurs, puis sélectionnez une teinte dans la partie gauche de la boîte de dialogue. Validez avec le bouton OK, puis refermez de la même façon, la boîte de dialogue Remplir le calque. Le calque est rempli avec la couleur choisie.

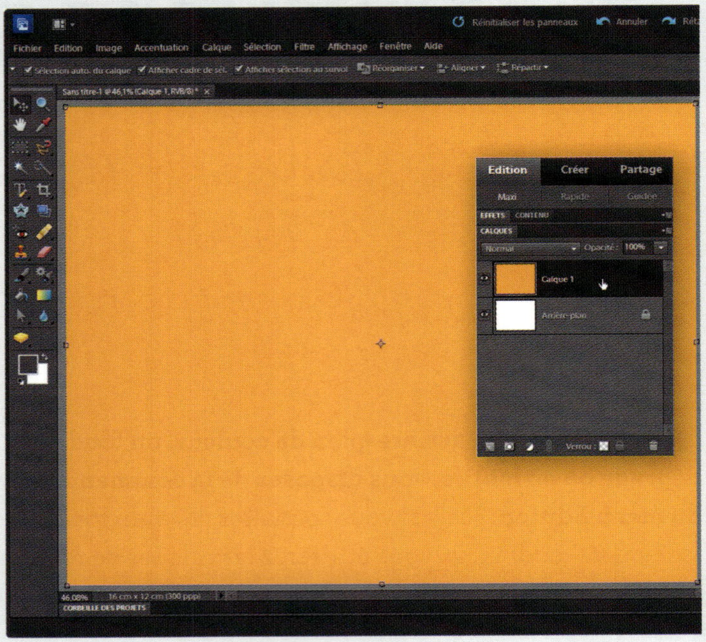

04 CRÉER UN CALQUE DE REMPLISSAGE COULEUR 1/2

Dans le menu Calques, activez la commande Nouveau calque de remplissage> Couleur unie... ; Photoshop Elements affiche la boîte de dialogue Nouveau calque. Validez-la avec les réglages par défaut. Dans la boîte de dialogue Couleur unie qui apparaît, sélectionnez une couleur, comme vous l'avez fait à l'étape 03 : la fenêtre de travail affiche le fond de couleur. Validez votre choix avec le bouton OK.

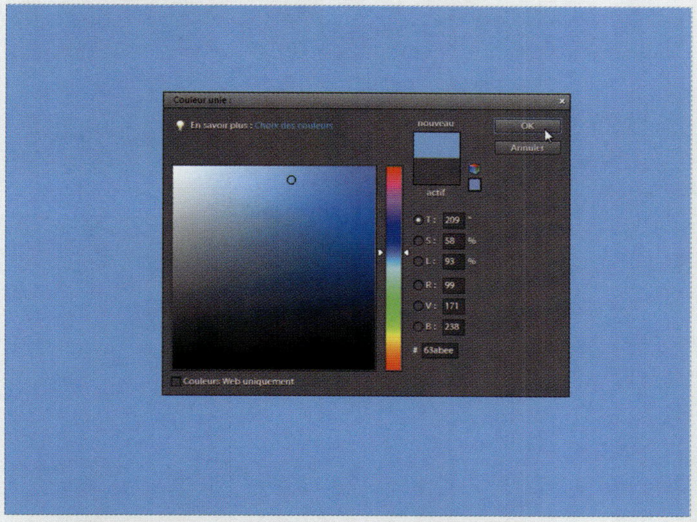

05 CRÉER UN CALQUE DE REMPLISSAGE COULEUR 2/2

Le panneau Calques affiche le calque de remplissage au sommet de la pile de calques. Il est composé de deux vignettes : à droite une vignette de couleur qui affiche la couleur du fond, à gauche la vignette du masque associé au fond (voir page 151).

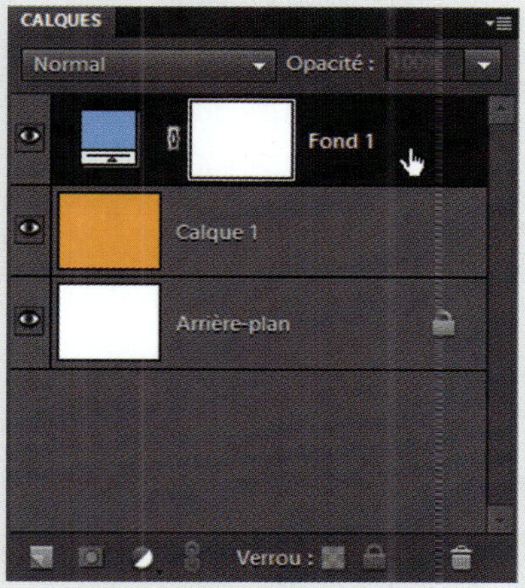

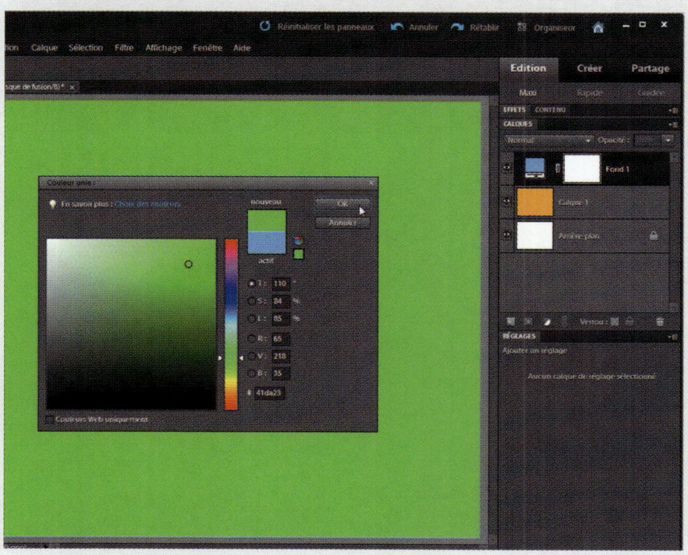

06 MODIFIER LE REMPLISSAGE

Contrairement au fond de couleur que vous avez créé à l'étape 02 le fond créé à l'aide du calque de remplissage est modifiable : double-cliquez sur la vignette de couleur qui s'affiche à gauche du calque, Photoshop Elements rouvre la boîte de dialogue Couleur unie. Choisissez une nouvelle couleur et validez. La modification s'applique automatiquement sur le document.

« La double flèche blanche qui jouxte le panneau de dégradés prédéfinis permet de charger des dégradés supplémentaires. »

07 CRÉER UN CALQUE DE REMPLISSAGE DÉGRADÉ 1/2

Dans le menu Calques, activez la commande Nouveau calque de remplissage> Dégradé... ; Photoshop Elements affiche la boîte de dialogue Nouveau calque. Validez-la avec les réglages par défaut. Dans la boîte de dialogue Fond en dégradé qui apparaît, cliquez sur la flèche blanche qui jouxte la case échantillon pour afficher les dégradés prédéfinis.

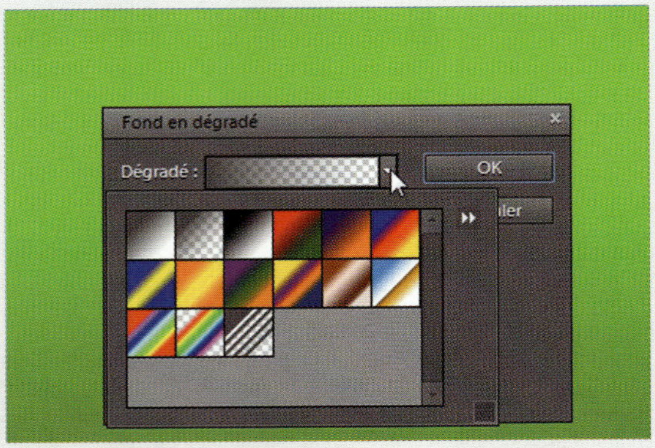

08 CRÉER UN CALQUE DE REMPLISSAGE DÉGRADÉ 2/2

Sélectionnez le dégradé de votre choix en double-cliquant sur sa vignette. De retour dans le panneau Fond en dégradé, choisissez un style dans le menu local Style, puis l'angle du dégradé ; la fenêtre de travail affiche la prévisualisation du dégradé. Validez vos réglages à l'aide du bouton OK ; le panneau Calques affiche le nouveau calque de remplissage, identifiable par sa vignette dégradée.

09 CRÉER UN CALQUE DE REMPLISSAGE MOTIF

Dans le menu Calques, activez la commande Nouveau calque de remplissage et choisissez Motifs... ; Photoshop Elements affiche la boîte de dialogue Nouveau calque. Validez-la avec les réglages par défaut. Dans la boîte de dialogue Motifs qui apparaît ensuite, cliquez sur la case échantillon pour afficher les motifs prédéfinis. Double-cliquez sur le motif de votre choix, puis validez la boîte de dialogue. Le fond en motif s'affiche dans la fenêtre de travail et le panneau Calques affiche le nouveau calque de remplissage.

10 CRÉER UN CALQUE DE FORME

Dans la barre d'outils, faites un clic prolongé sur l'outil Sélection de forme (la flèche blanche) ; Photoshop Elements affiche la déclinaison de l'outil. Sélectionnez une forme prédéfinie, Rectangle, Ellipse, etc. puis cliquez-glissez sur le document pour tracer la forme. La forme s'affiche dans la fenêtre de travail, remplie avec la couleur par défaut.

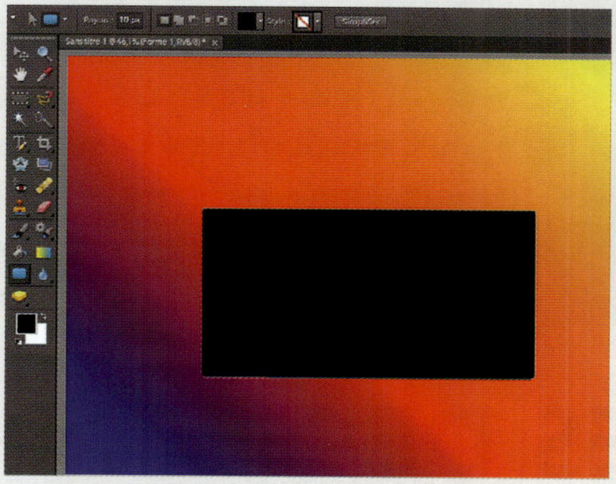

11 LE PANNEAU CALQUES

Le panneau Calques affiche un nouveau calque, doté d'une simple vignette de masque. Il s'agit d'un calque de forme. Pour modifier le remplissage de la forme, double-cliquez sur la vignette du calque, puis sélectionnez une nouvelle couleur dans la boîte de dialogue Couleur unie qui apparaît.

12 MODIFIER LE CALQUE DE FORME

Lorsque le calque de forme est sélectionné dans le panneau Calques, une barre d'options s'affiche au-dessus de la fenêtre de travail. À partir de cette barre, vous pouvez modifier la couleur de la forme, en cliquant sur la case échantillon de couleur. Vous pouvez également appliquer un style de calque (voir page 128) : cliquez sur la vignette de la rubrique Style et sélectionnez le style que vous souhaitez appliquer à la forme. Notez que d'autres styles sont disponibles en cliquant sur la double flèche située à droite de la palette Style.

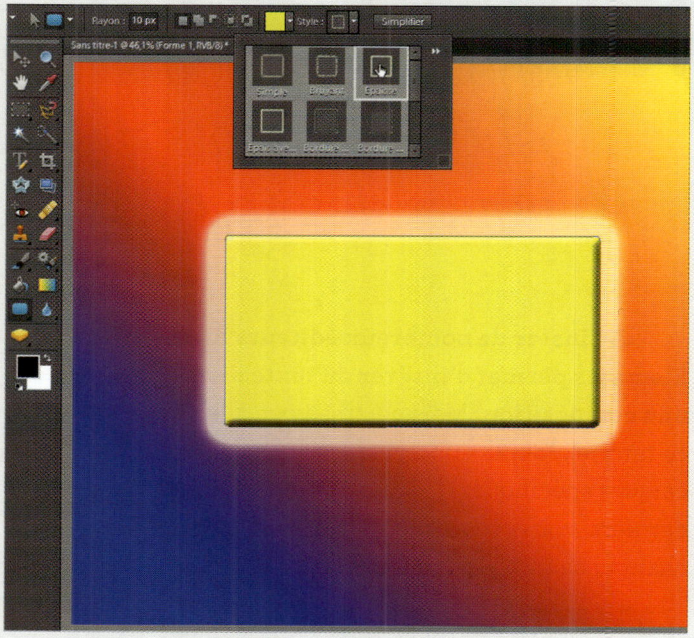

LES CALQUES DE TEXTE

Pour gérer les ajouts de texte, Photoshop Elements dispose de calques spécifiques : les calques de texte.

À l'instar de nombreux éditeurs bitmap, Photoshop Elements permet d'insérer du texte dans une image ou une composition. Mais comme vous allez le découvrir dans ce tutoriel, l'application gère les ajouts de texte avec des calques spécifiques : les calques de texte. Grâce à ces derniers, vous pourrez modifier le texte à tout moment : changer sa mise en forme ou corriger son contenu.

SUR LE CD : Vous trouverez sur le CD les éléments nécessaires à la réalisation de ce tutoriel.

01 CRÉER UN NOUVEAU DOCUMENT

Après avoir lancé Photoshop Elements, activez la commande Fichier> Nouveau> Fichier vide... Dans la boîte de dialogue qui s'affiche, choisissez Format Photoshop Elements par défaut dans la rubrique Paramètre prédéfini puis cliquez sur le bouton OK ; dans la fenêtre de travail s'ouvre un nouveau document vierge, doté d'un fond blanc.

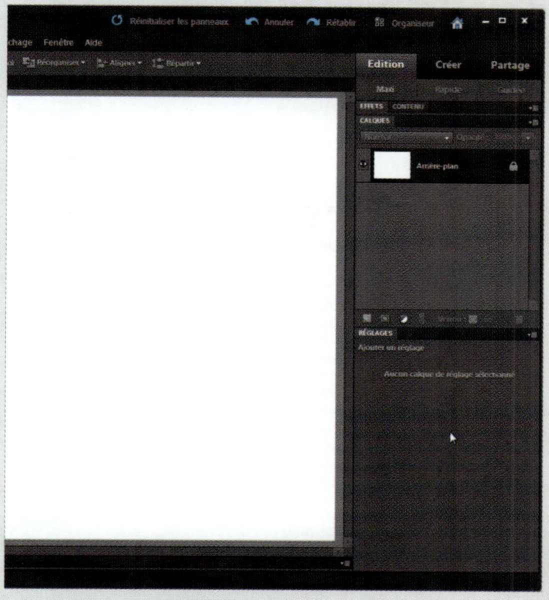

02 L'OUTIL TEXTE

Activez l'outil Texte dans la barre d'outils ; le pointeur se transforme en curseur d'insertion de texte. Rendez-vous dans la barre d'options située au-dessus de la fenêtre de travail pour régler les attributs du texte.

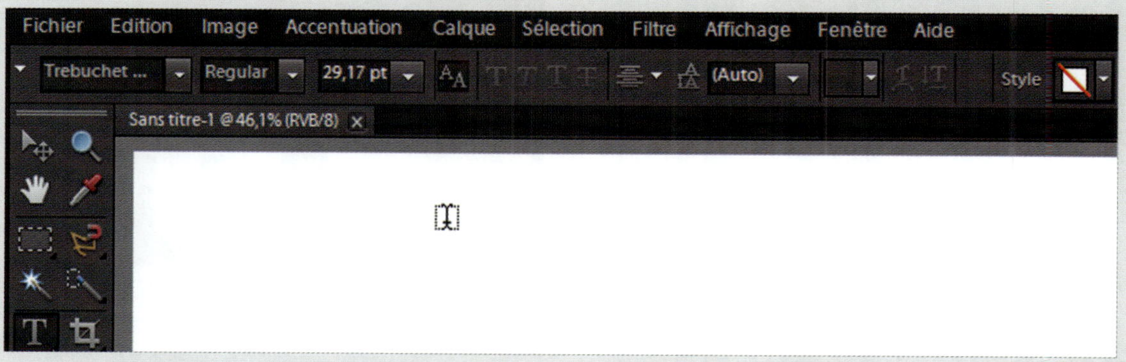

03 MISE EN FORME DU TEXTE

Dans le menu local situé à l'extrême gauche de la barre d'options, sélectionnez une police et choisissez un style (Bold, Plain, etc.). Réglez ensuite la taille des caractères, puis cliquez sur la case échantillon de couleur située à droite de la barre et sélectionnez une couleur dans la boîte de dialogue qui s'affiche. Une fois ces réglages effectués, cliquez sur le document et saisissez votre texte.

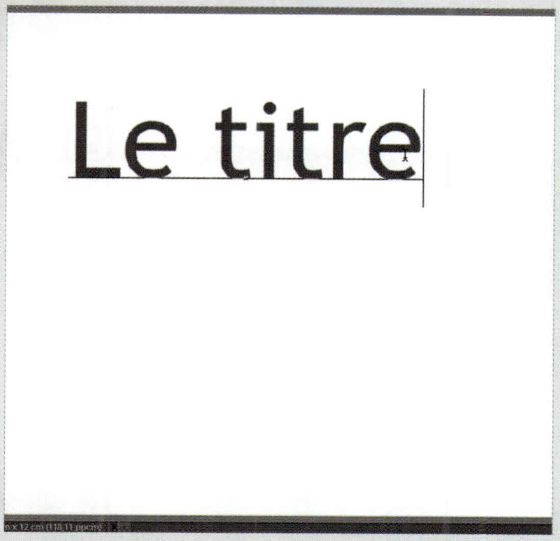

04 LE CALQUE DE TEXTE

Le texte s'affiche sur le document avec les réglages que vous avez définis. Dans le panneau Calques, un nouveau calque apparaît, orné d'une vignette T. Il s'agit d'un calque de texte. Comme tous les autres calques (calques ordinaires, calques de réglage ou de remplissage), le calque de texte peut être masqué, déplacé dans la pile de calques, ou supprimé en le faisant glisser vers la corbeille.

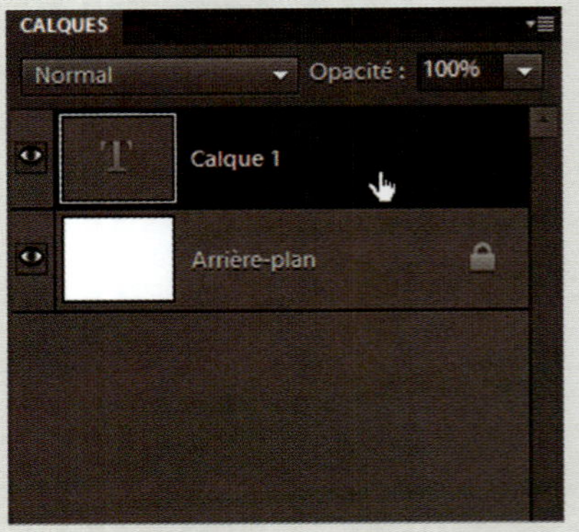

06 CRÉER UN PARAGRAPHE

Reprenez l'outil Texte dans la barre d'outils, puis cliquez-glissez sur le document : un rectangle pointillé s'affiche qui matérialise une colonne de texte. Saisissez votre texte à l'intérieur du bloc ou faites un copier-coller depuis votre traitement de texte. Le texte s'affiche dans les limites de la colonne et génère un nouveau calque de texte dans le panneau Calques.

05 RÉÉDITER LE TEXTE

Une fois la création du texte terminée, revenez dans la barre d'outils et reprenez le pointeur de déplacement, le premier outil de la barre d'outils. Cliquez-glissez sur le bloc de texte pour le déplacer dans le document. Si vous souhaitez modifier la mise en forme du texte, revenez dans le panneau Calques et double-cliquez sur la vignette du calque : le texte s'affiche en sélection comme dans votre traitement de texte. Corrigez la saisie ou modifiez ses attributs à l'aide des réglages de la barre d'options. Validez les modifications via la coche verte située à droite de la barre d'options

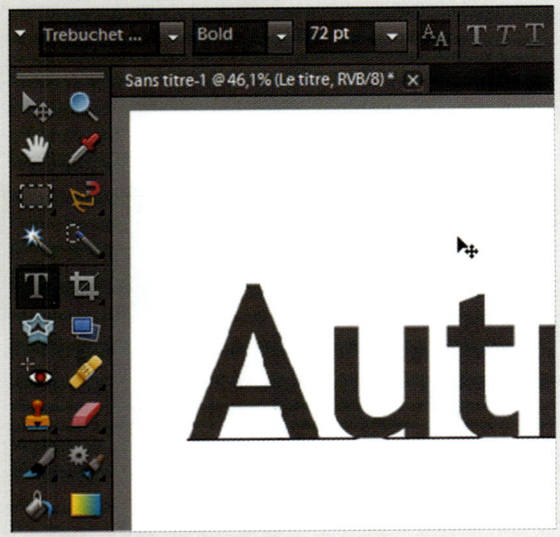

07 MISE EN FORME DU BLOC DE TEXTE

Le texte placé dans un bloc de texte bénéficie des mêmes réglages de mise en forme qu'un texte ordinaire. Mais vous pouvez en plus ajuster les dimensions du bloc. Placez le pointeur de la souris sur l'une des poignées situées au milieu des côtés du bloc ; le pointeur se transforme en double flèche. Cliquez-glissez pour agrandir ou rétrécir le bloc horizontalement ou verticalement. Une fois les modifications effectuées, n'oubliez pas de reprendre le pointeur de déplacement.

08 PLACER UN TEXTE SUR UNE SÉLECTION 1/2

Dans la barre d'outils, faites un clic prolongé sur l'outil Rectangle de sélection, situé en dessous de la Pipette et activez l'outil Ellipse. Revenez dans la fenêtre du document et cliquez-glissez pour tracer une ellipse : la sélection s'affiche en pointillés clignotants.

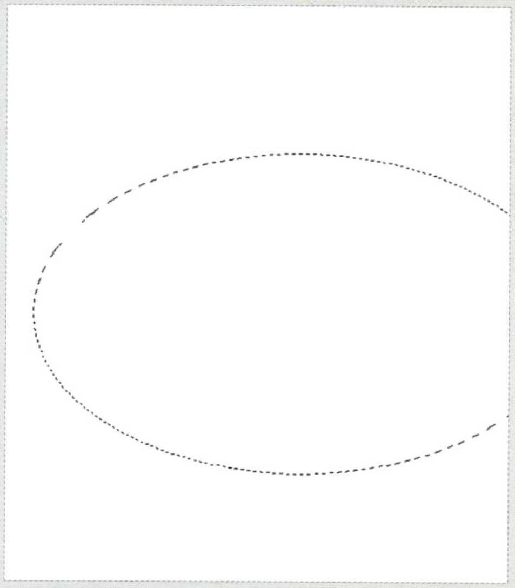

09 PLACER UN TEXTE SUR UNE SÉLECTION 2/2

De retour dans la barre d'outils, faites un clic prolongé sur l'outil Texte pour afficher sa déclinaison et activez l'outil Texte sur la sélection. Cliquez ensuite à l'intérieur de la sélection en forme d'ellipse, puis cliquez sur la coche verte qui s'affiche en bas à droite de celle-ci. Positionnez le pointeur sur le tracé de l'ellipse et cliquez sur celui-ci ; un point d'insertion de texte apparaît. Saisissez votre texte qui suit la courbe du tracé.

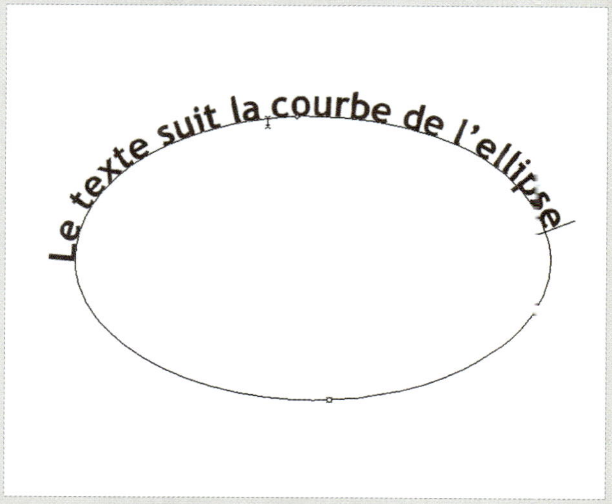

10 PLACER UN TEXTE SUR UNE FORME 1/2

Si la mise en œuvre de l'outil Texte sur la sélection vous semble compliquée, utilisez l'outil Texte sur la forme que vous trouverez à la suite du premier dans la déclinaison de l'outil Texte. Après avoir activé l'outil, rendez-vous dans la barre d'options et ouvrez le menu local Formes situé à gauche de celle-ci. Sélectionnez une forme, puis revenez dans la fenêtre du document et cliquez-glissez pour tracer la forme.

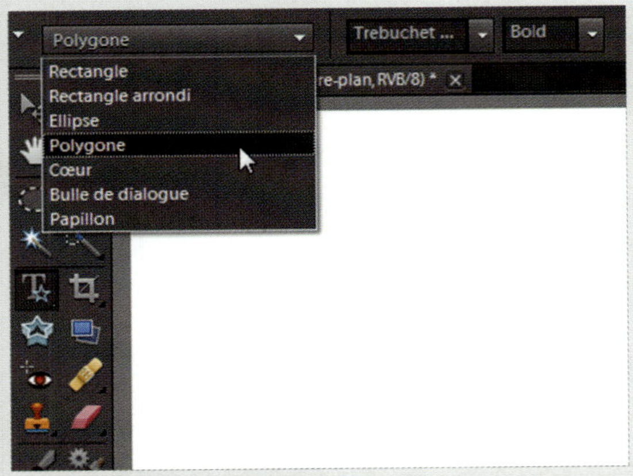

11 PLACER UN TEXTE SUR UNE FORME 2/2

Le contour de la forme s'affiche. Cliquez sur ce dernier pour afficher le point d'insertion de texte et saisissez le texte qui suit automatiquement le contour de la forme. Dans le panneau Calques apparaît un nouveau calque de texte.

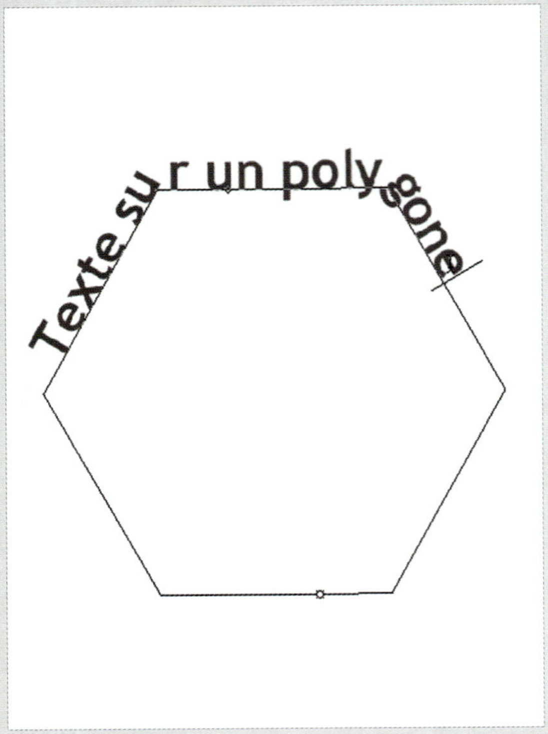

12 MODIFIER LE TEXTE PLACÉ SUR UN CONTOUR.

Les outils Texte sur la sélection et Texte sur la forme génèrent tous deux des calques de texte ordinaires. Une fois le texte créé, reprenez le pointeur de déplacement dans la barre d'outils puis déplacez l'objet texte à l'intérieur de son calque. Si vous souhaitez rééditer le texte ou modifier sa mise en forme, double-cliquez sur la vignette de son calque ; le texte s'affiche alors en sélection.

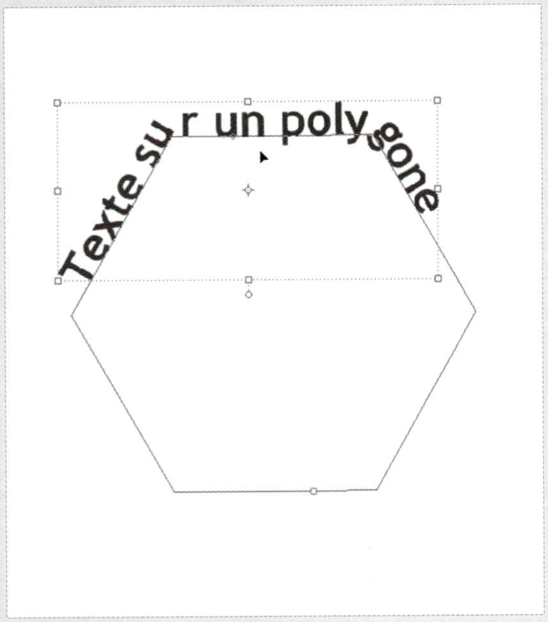

SÉLECTIONNER UN ENSEMBLE DE PIXELS

Photoshop Elements propose différents outils qui permettent d'effectuer une sélection sur un ensemble de pixels.

Dès lors que vous souhaitez travailler sur une portion d'image ou isoler un élément particulier pour l'exploiter dans un photomontage, vous devrez effectuer une sélection. Comme vous allez le découvrir dans ce tutoriel, Photoshop Elements dispose de différents outils, adaptés chacun à un type de sélection particulier.

SUR LE CD : Vous trouverez sur le CD les éléments nécessaires à la réalisation de ce tutoriel.

01 OUVRIR L'IMAGE DANS PHOTOSHOP ELEMENTS

Après avoir lancé Organizer, sélectionnez le cliché selection-1 dans le dossier Photomontage, puis ouvrez-le dans Photoshop Elements en mode Retouche photo Standard, via le menu local de l'onglet Retoucher. Photoshop Elements démarre et affiche la photo dans sa fenêtre de travail.

02 UTILISER LE RECTANGLE DE SÉLECTION

Dans la barre d'outils, activez l'outil Rectangle de sélection, situé en dessous de la Pipette ; le pointeur se transforme en croix. Cliquez-glissez sur le document pour tracer une sélection rectangulaire. Lorsque vous relâchez le bouton de la souris, la sélection s'affiche sous la forme d'un contour pointillé clignotant.

03 UTILISER L'ELLIPSE DE SÉLECTION

Revenez dans la barre d'outils, faites un clic prolongé sur l'outil Rectangle de sélection de manière à afficher la déclinaison de l'outil et sélectionnez l'outil Ellipse de sélection. Tapez sur la touche Escape pour effacer le rectangle de sélection et tracez une nouvelle sélection avec l'outil Ellipse. La sélection s'affiche de la même manière sous forme de pointillés clignotants.

04 DÉPLACER LA SÉLECTION

La sélection étant active sur le document, vous pouvez la déplacer ; pour ce faire, effectuez un cliquer-glisser à l'intérieur de la zone sélectionnée. Le contour de sélection est déplacé sans affecter son contenu. Pour effacer le contour de sélection, tapez sur la touche Escape, ou le raccourci Ctrl/Cmd+Z.

05 SÉLECTION À LA BAGUETTE MAGIQUE 1/2

Pour sélectionner une zone de couleur unie, ou composée d'un ensemble de couleurs proches comme un ciel, vous utiliserez la Baguette magique que vous trouverez en dessous du Lasso dans la barre d'outils. Revenez dans l'Organizer et ouvrez le fichier sélection-baguette. Activez l'outil Baguette, puis rendez-vous dans la barre d'options au-dessus de la fenêtre de travail pour régler la tolérance de l'outil.

06 SÉLECTION À LA BAGUETTE 2/2

Plus la tolérance est élevée, plus la plage de couleurs capturée par l'outil est étendue. Pour commencer, réglez la tolérance à 10, puis cliquez au milieu du ciel dans la partie supérieure de la photo ; une première sélection en pointillés s'affiche sur le document. Comme vous le constaterez cette sélection est incomplète, elle présente des trous.

07 ÉTENDRE LA SÉLECTION

Pour compléter la sélection sur le ciel, vous devez y ajouter les zones non sélectionnées lors de la première application de la Baguette magique : enfoncez la touche Majuscule et cliquez sur une zone non sélectionnée, l'outil effectue une nouvelle sélection qui vient se rajouter à la sélection existante. Répétez l'opération autant de fois que nécessaire.

08 RÉDUIRE LA SÉLECTION

Si vous utilisez un réglage de tolérance trop élevé, la sélection risque de déborder de la zone à sélectionner. Dans ce cas, presser la touche Alt/Option et cliquez sur la zone de pixels à supprimer de la sélection. L'outil Baguette magique retranche les pixels et affiche la nouvelle sélection.

09 SÉLECTION RAPIDE 1/2

Si la zone à sélectionner est composée de différentes couleurs ou d'une gamme de teintes étendues, comme ici la robe orange du bonze, vous utiliserez l'outil Sélection rapide. Activez l'outil situé juste en dessous de la Baguette magique, puis rendez-vous dans la barre d'options, au-dessus de la fenêtre de travail.

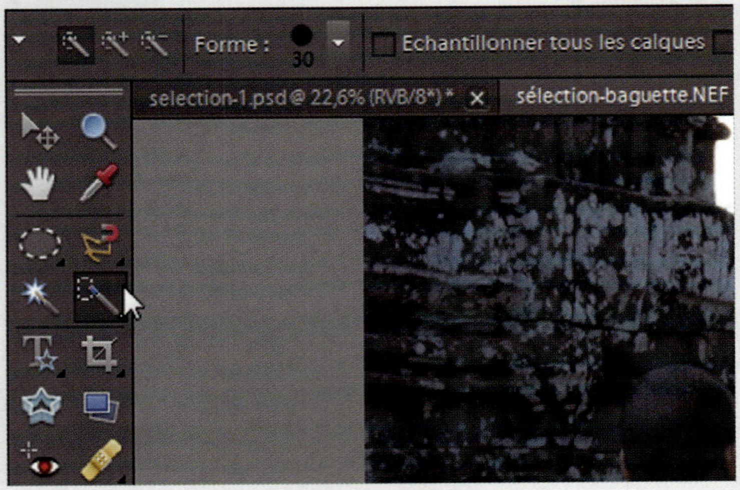

10 SÉLECTION RAPIDE 2/2

Cliquez sur l'icône Forme située à gauche de la barre pour afficher le panneau de réglage et réglez le diamètre de la forme (ici à 180 pixels). Revenez dans la fenêtre du document et faites un premier cliquer-glisser sur la zone à sélectionner. Un premier contour de sélection apparaît. Pour étendre la sélection, appliquez de nouveau l'outil sur des pixels qui ne sont pas encore sélectionnés puis répétez l'opération jusqu'à compléter la sélection.

11 UTILISER L'OUTIL LASSO MAGNÉTIQUE 1/2

Si la zone à sélectionner est dotée d'un contour bien défini et présente un contraste important avec le reste de l'image, vous pourrez également utiliser l'outil Lasso magnétique. Faites un clic prolongé sur l'outil Lasso et sélectionnez le Lasso magnétique dans la déclinaison de l'outil. Revenez dans la fenêtre de travail et cliquez sur un point quelconque du contour de la zone à sélectionner.

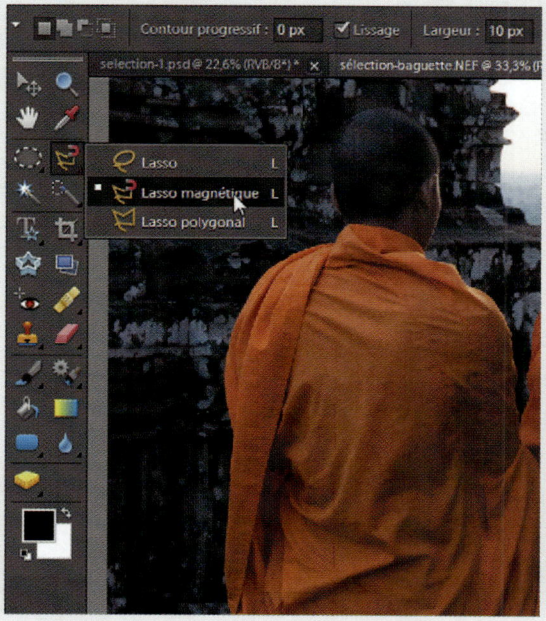

12 UTILISER L'OUTIL LASSO MAGNÉTIQUE 2/2

Relâchez le bouton de la souris et déplacez lentement le pointeur en suivant le contour de la zone à sélectionner. Au fur à mesure de la progression le Lasso magnétique insère des points d'ancrage. Suivez le contour jusqu'à revenir à votre point de départ, puis cliquez sur le point d'origine du tracé ; Photoshop Elements affiche un contour de sélection en pointillés clignotants.

MANIPULER LES SÉLECTIONS

Une fois la sélection dégrossie, il faut encore l'affiner et penser à l'enregistrer.

Réaliser une sélection sur une portion d'image, un ciel, un personnage, etc. se fait rarement en quelques clics. Le plus souvent, il vous faudra utiliser différents outils, et ensuite exploiter les commandes du menu Sélection afin de peaufiner les détails. Et pour ne pas perdre le fruit de votre travail, il faudra aussi penser à mémoriser la sélection, pour être en mesure de l'exploiter plus tard.

SUR LE CD : Vous trouverez sur le CD les éléments nécessaires à la réalisation de ce tutoriel.

01 OUVRIR LE FICHIER DANS PHOTOSHOP ELEMENTS

Si vous avez refermé le fichier utilisé dans le tutoriel précédent, rouvrez-le dans Photoshop Elements via la commande Ouvrir un fichier récemment modifié du menu Fichier, puis sélectionnez grossièrement le bonze situé à gauche de la photo à l'aide de l'outil Sélection rapide ou Lasso magnétique. La sélection n'est pas parfaite ; elle présente des trous et certaines zones situées à la périphérie du sujet ne sont pas sélectionnées.

03 RETOUCHER LA SÉLECTION 1/2

Le masque recouvre toutes les zones de l'image situées en dehors de la sélection et révèle le contenu de la sélection. Dans la partie gauche de la barre d'options cliquez sur la case échantillon pour afficher la palette des formes prédéfinies et choisissez la forme Arrondi flou 45 pixels. Revenez ensuite dans la fenêtre de travail.

02 TRAVAILLER EN MODE MASQUE

Pour corriger la sélection, vous pouvez poursuivre le travail avec les outils de sélection, ou travailler en mode Masque : dans la barre d'outils, activez l'outil Forme de sélection, que vous trouverez dans la déclinaison de l'outil Sélection rapide puis rendez-vous dans la barre d'options et choisissez l'option Masque dans la rubrique Mode. Un masque rouge, semi-opaque s'affiche sur l'image.

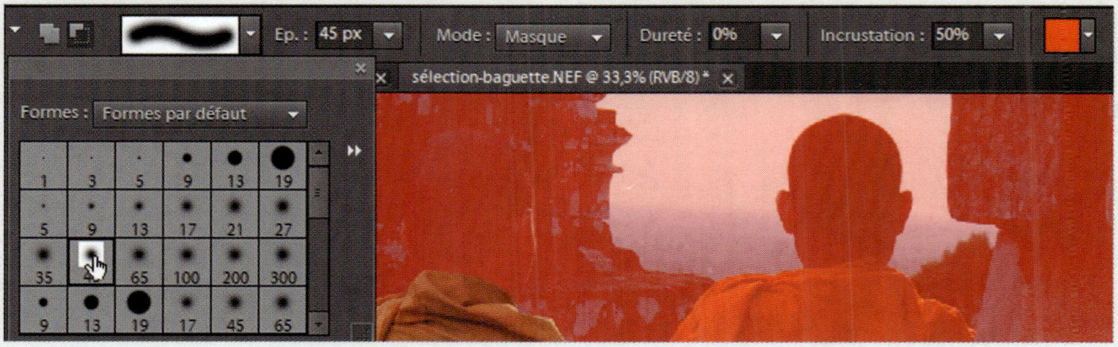

04 RETOUCHER LA SÉLECTION 2/2

Appliquez l'outil par petites touches sur une zone de l'image que vous souhaitez masquer ; la zone est recouverte par le masque rouge, elle ne sera pas visible dans la sélection finale. Si le masque rouge recouvre certains pixels du sujet, appliquez l'outil en pressant la touche Alt/Option ; le voile rouge est supprimé et la zone sera intégrée à la sélection finale. Une fois le travail de retouche terminé, activez le pointeur de déplacement dans la barre d'outils, la sélection corrigée s'affiche sur le document.

05 MODIFIER LA SÉLECTION 1/2

Après avoir affiné la sélection, vous pouvez encore exploiter les commandes du menu Sélection pour modifier celle-ci. La sélection étant active, ouvrez le sous-menu Modifier du menu Sélection ; Photoshop Elements affiche quatre nouvelles commandes.

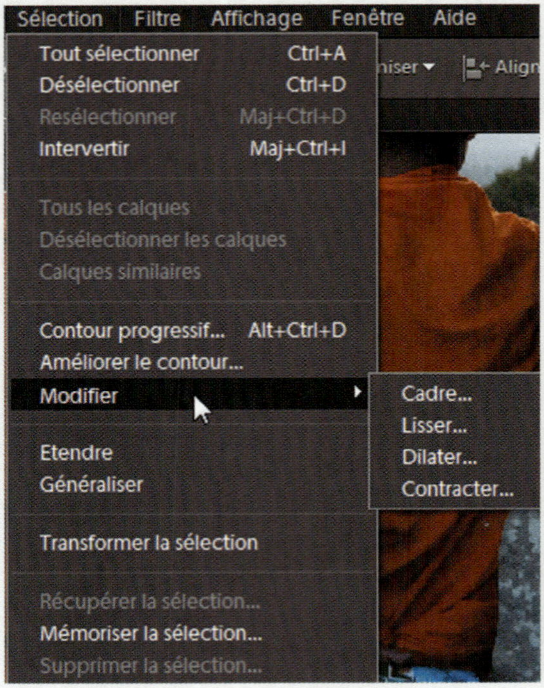

06 MODIFIER LA SÉLECTION 2/2

Avec les commandes Dilater et Contracter, vous pourrez étendre ou rétrécir la sélection de quelques pixels, de manière à ajuster au plus près la sélection du sujet sans avoir à la refaire. Activez la commande Dilater et saisissez une valeur de 6 pixels dans la boîte de dialogue qui s'affiche. Après validation, le contour de sélection est légèrement décalé vers l'extérieur du sujet.

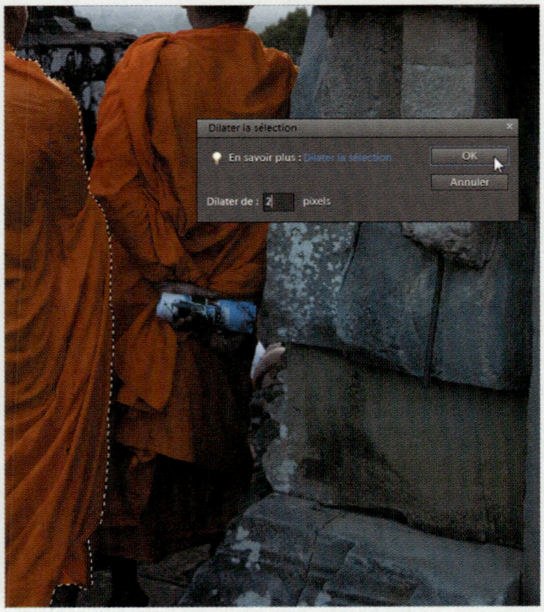

07 AJOUTER UN CONTOUR PROGRESSIF 1/2

Annulez les commandes Dilater ou Contracter, puis activez la commande Contour progressif... du menu Sélection. Cette commande produit un effet de contour estompé autour de la sélection. Dans la boîte de dialogue de la commande, entrez une valeur de 20 pixels et validez. Dans la fenêtre de travail, le contour de sélection est légèrement modifié.

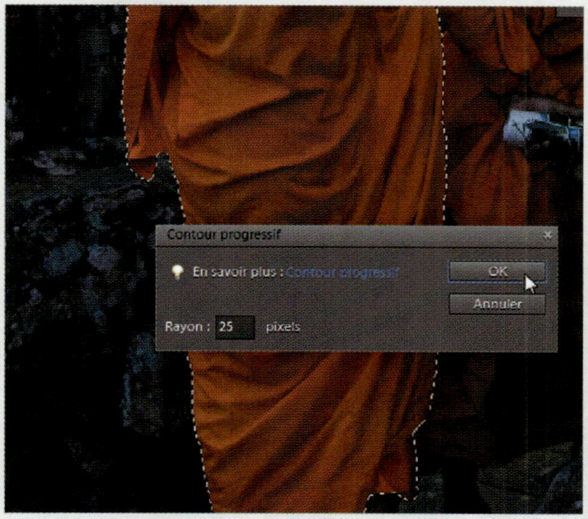

08 AJOUTER UN CONTOUR PROGRESSIF 2/2

Copiez le contenu de la sélection, via la commande Edition> Copier. Activez la commande Nouveau> Fichier vide..., du menu Fichier et, dans la boîte de dialogue de la commande choisissez l'option Presse-papiers. Puis collez le contenu de la sélection, via la commande Edition> Coller ; la sélection s'affiche dans le nouveau document avec un contour estompé.

09 TRANSFORMER LA SÉLECTION

Réaffichez l'image de départ, en cliquant sur son onglet au-dessus de la fenêtre de travail ; la sélection est toujours active. Dans le menu Sélection, activez la commande Transformer la sélection ; un cadre de transformation apparaît autour de la sélection. Cliquez-glissez sur l'une de ses poignées pour déformer le contour de sélection puis tapez sur la touche Retour pour valider les transformations.

10 MÉMORISER LA SÉLECTION

Afin de pouvoir exploiter une sélection lors d'une session de travail ultérieure, vous devez l'enregistrer dans le document : activez la commande Mémoriser la sélection... du menu Sélection. Dans la boîte de dialogue de la commande, nommez la sélection et validez à l'aide de la touche OK.

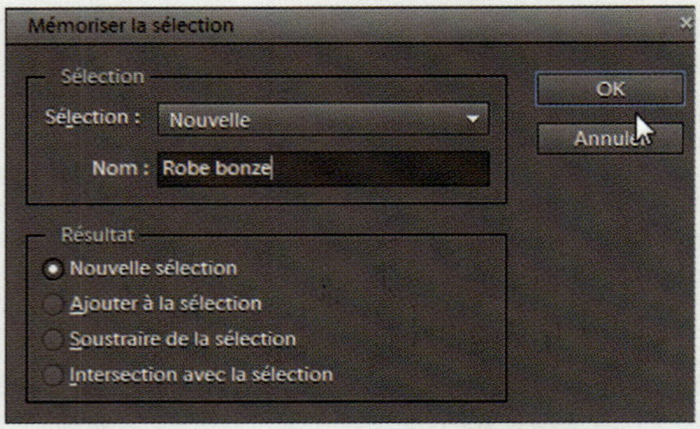

11 RÉCUPÉRER LA SÉLECTION

À présent que la sélection est enregistrée, vous pouvez l'effacer sans risque, via la touche Escape ou le raccourci clavier Ctrl/Cmd+D. Pour recharger la sélection sur le document, revenez dans le menu Sélection et choisissez la commande Récupérer la sélection... Dans la boîte de dialogue de la commande, ouvrez le menu local Sélection, retrouvez la sélection que vous avez enregistrée et cliquez sur le bouton OK ; le contour de sélection s'affiche en pointillés clignotants dans la fenêtre de travail.

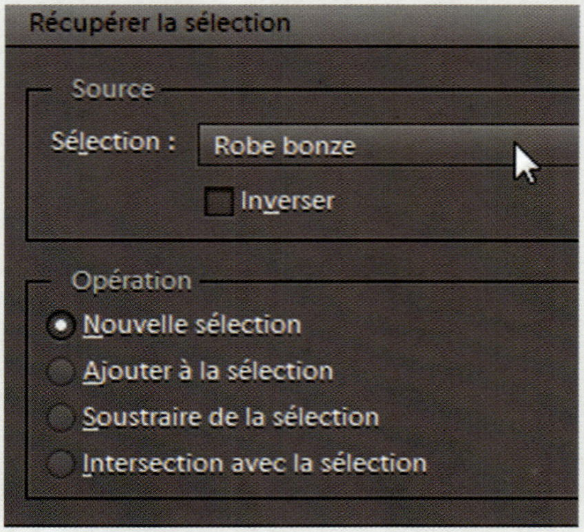

12 ENREGISTRER LE DOCUMENT DE TRAVAIL

Pour préserver la sélection que vous avez mémorisée avec l'image, vous devrez enregistrer le document dans un nouveau format. Activez la commande Fichier> Enregistrer sous... ; Photoshop Elements ouvre la boîte de dialogue de la commande et vous propose d'enregistrer le document au format Photoshop. Cliquez simplement sur le bouton Enregistrer.

CRÉER UN MASQUE DE FUSION

Avec la technique du masque de fusion, Photoshop Elements vous ouvre les portes du photomontage professionnel.

Pour réaliser un photomontage simple, vous avez deux solutions ; copier-coller une sélection d'une image vers une autre, ou assembler deux clichés avec un masque de fusion. Comme vous allez le découvrir dans ce tutoriel, le masque de fusion permet de mixer deux images dans un assemblage que vous pourrez rééditer ou même annuler à tout moment.

SUR LE CD : Vous trouverez sur le CD les éléments nécessaires à la réalisation de ce tutoriel.

01 OUVRIR LE CLICHÉ DANS PHOTOSHOP ELEMENTS

Après avoir lancé Organizer, sélectionnez le cliché masque-02 dans le dossier Photomontage, puis ouvrez-le dans Photoshop Elements en mode Retouche photo Standard, via le menu local de l'onglet Retoucher. Photoshop Elements démarre et affiche la photo dans sa fenêtre de travail.

02 CONVERTIR EN CALQUE

Pour exploiter les masques de fusion, vous devez d'abord convertir l'image en calque. Rendez-vous dans le panneau Calques, dans la partie droite de l'écran et double-cliquez sur le calque Arrière-plan ; Photoshop Elements ouvre la boîte de dialogue Nouveau calque. Faites OK.

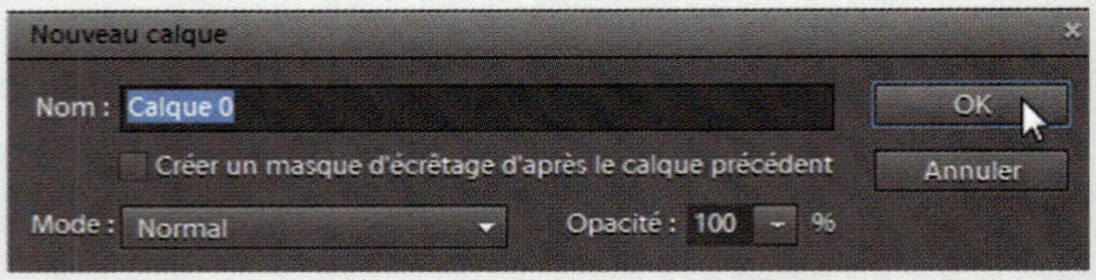

> *« Pour exploiter les masques de fusion, vous devez convertir l'image en calque. »*

03 SÉLECTIONNER LE CIEL

Activez l'outil Baguette magique dans la barre d'outils, puis cliquez sur un point quelconque du ciel pour le sélectionner. Une première sélection incomplète s'affiche dans la fenêtre de travail. Enfoncez la touche Majuscule et complétez la sélection en cliquant sur les zones non sélectionnées.

04 CRÉER LE MASQUE DE FUSION

Une fois la sélection complétée, rendez-vous dans le menu Calque et activez la commande Masque de fusion> Masquer la sélection. Dans la fenêtre de travail, le ciel disparaît, remplacé par un fond en damier gris et blanc indiquant une zone transparente. Dans le panneau Calques, le calque contenant la photo affiche une nouvelle vignette en noir et blanc ; il s'agit du masque de fusion.

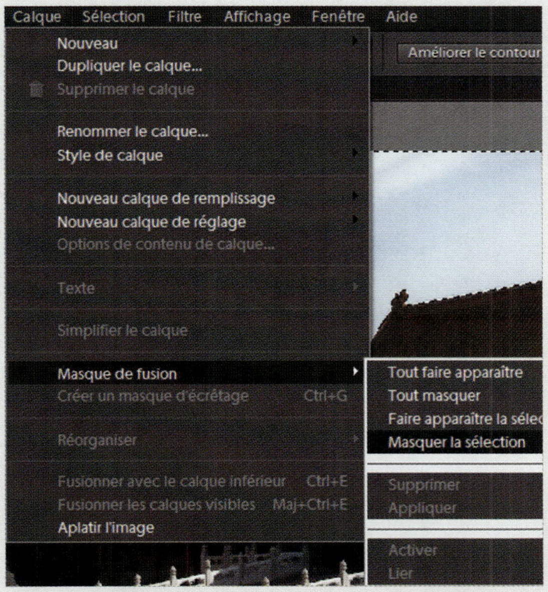

05 AJOUTER UN CALQUE DE REMPLISSAGE

Revenez dans le menu Calque et activez la commande Nouveau calque de remplissage> Dégradé... L'application ouvre d'abord la boîte de dialogue Nouveau calque (refermez-la avec le bouton OK), puis affiche la boîte de dialogue Fond dégradé. Cliquez sur la flèche qui jouxte la vignette échantillon pour afficher les dégradés prédéfinis et choisissez le dégradé Orange jaune-orange. Validez votre choix avec le bouton OK ; le fond dégradé s'affiche dans la fenêtre de travail.

06 RÉORGANISER LES CALQUES

Revenez dans le panneau Calques ; le calque de remplissage dégradé s'affiche au-dessus du calque contenant la photo et le masque de fusion. Cliquez sur le calque de remplissage et faites-le glisser en dessous du calque contenant la photo ; le fond dégradé apparaît dans la découpe du ciel.

07 DÉSACTIVER LE MASQUE DE FUSION

Pour revenir à l'image de départ, il suffit de désactiver le masque de fusion : revenez dans le panneau Calques, enfoncez la touche Majuscule et cliquez sur la vignette du masque. Une croix rouge s'affiche sur cette dernière, tandis que le ciel réapparaît dans la fenêtre de travail. Pour réactiver le masque, cliquez à nouveau sur sa vignette, avec la touche Majuscule enfoncée.

08 SUPPRIMER LE MASQUE DE FUSION

Si l'effet produit par le masque de fusion ne vous satisfait pas, vous pouvez supprimer le masque : dans le panneau Calques, cliquez droit sur la vignette du masque et choisissez Supprimer le masque de fusion dans le menu contextuel qui s'affiche. Le masque est supprimé et la fenêtre de travail réaffiche l'image originale.

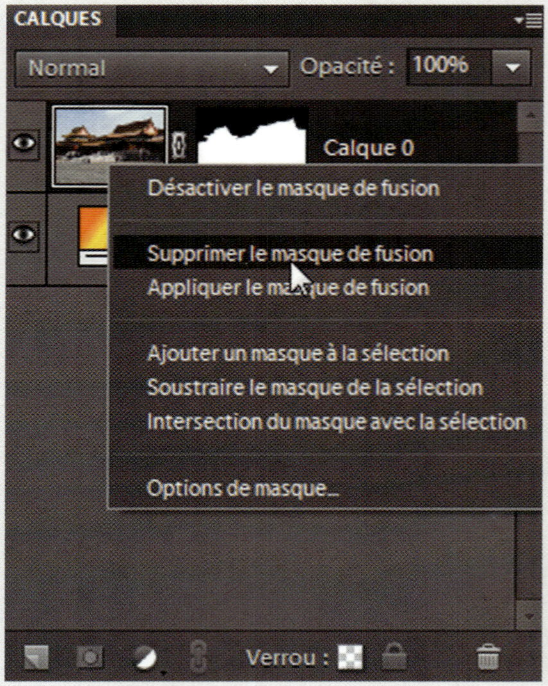

09 OUVRIR UNE SECONDE IMAGE

À présent, vous allez ouvrir un second cliché pour l'ajouter au photomontage : revenez dans l'Organizer, sélectionnez le cliché montage-03 et ouvrez-le dans Photoshop Elements (voir étape 01). L'image s'affiche dans la fenêtre de travail, masquant votre premier document.

10 SÉLECTION ET COPIE DANS LE MONTAGE

Sélectionnez l'image entière à l'aide du raccourci Ctrl/Cmd+A, puis activez la commande Copier du menu Edition. Refermez l'image en cliquant sur la case de fermeture de son onglet, au-dessus de la fenêtre de travail, puis activez la commande Coller du menu Edition ; l'image est collée dans un nouveau calque qui masque le photomontage.

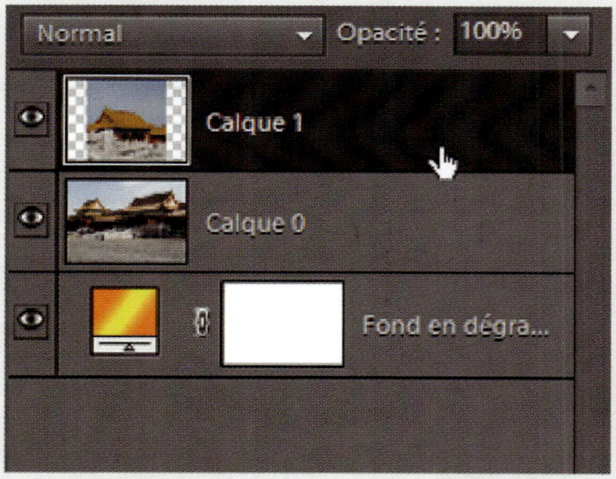

11 PRÉPARER LE NOUVEAU MASQUE 1/2

Si la nouvelle image ne s'affiche pas au premier plan, revenez dans le panneau Calques et faites glisser son calque vers le haut de la pile. Dans la barre d'outils, activez l'outil Ellipse de sélection et tracez une sélection sur le document.

12 PRÉPARER LE NOUVEAU MASQUE 2/2

Rendez-vous ensuite dans le menu Calque et activez la commande Masque de fusion> Faire apparaître la sélection : Photoshop Elements génère le masque de fusion qui découpe l'image suivant le contour de sélection. Dans le panneau Calques, la vignette du masque de fusion apparaît à droite de celle de la nouvelle image.

13 DÉPLACER L'IMAGE ET LE MASQUE

Une fois le masque de fusion créé, vous pouvez déplacer l'image et sa découpe à l'intérieur du document. Activez le pointeur de déplacement dans la barre d'outils, puis revenez dans la fenêtre de travail et cliquez-glissez sur la découpe de l'image pour la repositionner dans le montage.

14 DÉPLACER L'IMAGE DANS LA DÉCOUPE

Si vous souhaitez modifier le cadrage à l'intérieur du masque, revenez dans le panneau Calques et cliquez sur le maillon de chaîne situé entre la vignette de l'image et celle du masque; le maillon disparaît. Cliquez ensuite sur la vignette de l'image, puis revenez dans la fenêtre de travail et cliquez-glissez à l'intérieur de la découpe: l'image se déplace à l'intérieur du masque. Une fois ces modifications terminées, pensez à réactiver le lien entre le masque et l'image en cliquant entre les deux vignettes.

« Cliquez sur le maillon de chaîne situé entre la vignette de l'image et celle du masque [...]: l'image se déplace à l'intérieur du masque. »

15 ENREGISTRER LE DOCUMENT

Si vous souhaitez préserver les calques et les masques afin de pouvoir les modifier plus tard, vous devrez enregistrer le photomontage au format Photoshop: cliquez sur l'icône de disquette située en haut de l'écran pour afficher la boîte de dialogue Enregistrer sous. Dans la rubrique Format, sélectionnez le format Photoshop, puis cliquez sur le bouton Enregistrer; le montage est enregistré dans le dossier Photomontage et apparaîtra dans l'Organizer.

UTILISER LES MASQUES D'ÉCRÊTAGE

En plus des masques de fusion vous disposez de masques d'écrêtage qui permettent de découper plusieurs images.

Pour isoler un sujet ou masquer un arrière-plan, le masque de fusion est parfait. En revanche vous ne pourrez l'exploiter sur un groupe de calques. Dans ce cas, vous devrez utiliser un masque d'écrêtage dont nous allons voir la mise en œuvre dans le présent tutoriel.

SUR LE CD : Vous trouverez sur le CD les éléments nécessaires à la réalisation de ce tutoriel.

01 CRÉER UN DOCUMENT VIERGE

Après avoir lancé Photoshop Elements, activez la commande Fichier> Nouveau> Fichier vide… Dans la boîte de dialogue qui s'affiche, choisissez Format Photoshop Elements par défaut, dans la rubrique Paramètre prédéfini puis cliquez sur le bouton OK ; un nouveau document vierge, doté d'un fond blanc, s'affiche dans la fenêtre de travail.

02 AJOUTER UN CALQUE DE TEXTE

Activez l'outil Texte horizontal dans la barre d'outils, puis rendez-vous dans la barre d'options, choisissez de préférence une police grasse et réglez le corps du texte à 128 pt. Cliquez sur le document et saisissez le mot « titre ». Le texte s'affiche dans la fenêtre de travail, tandis qu'un nouveau calque de texte apparaît dans le panneau Calques. Vous allez utiliser ce texte comme découpe.

« Vous allez utiliser un calque de texte comme découpe. »

03 AJOUTER UN PREMIER CLICHÉ

Revenez dans l'Organizer, sélectionnez le cliché ecretage-01 et ouvrez-le dans Photoshop Elements. L'image s'affiche dans la fenêtre de travail, masquant votre document. Sélectionnez-la à l'aide du raccourci Ctrl/Cmd+A. Puis copiez-la et refermez l'onglet contenant l'image. Activez ensuite la commande Edition> Coller ; le cliché est collé dans votre document et apparaît dans le panneau Calques sous la forme d'un nouveau calque.

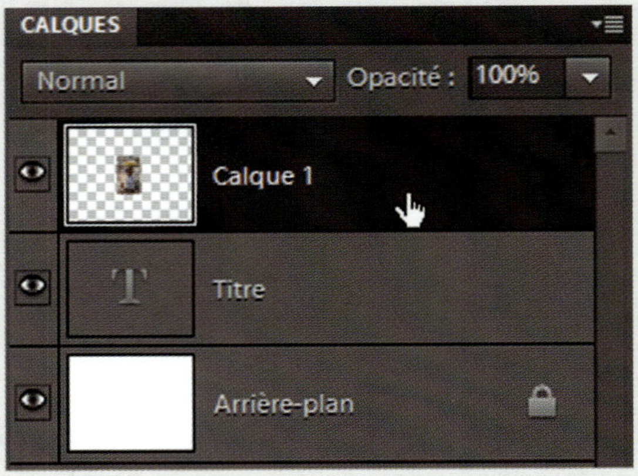

04 AJOUTER LES AUTRES CLICHÉS

Revenez dans l'Organizer, sélectionnez les clichés ecretage02 à ecretage08, avec la touche Majuscule enfoncée, et ouvrez-les dans Photoshop Elements. Revenez dans l'application et cliquez sur l'onglet Corbeille des projets en bas de l'écran. Un panneau apparaît affichant les vignettes de tous les documents ouverts dans l'application. Double-cliquez sur la vignette du montage pour l'afficher dans la fenêtre de travail puis revenez dans la Corbeille des projets et faites glisser les photos, une par une, pour les ajouter au montage.

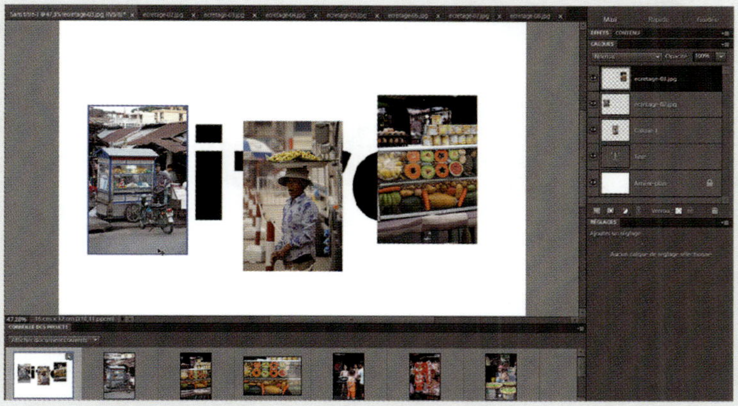

06 ACTIVER LE MASQUE D'ÉCRÊTAGE

Pressez la touche Majuscule et sélectionnez un par un les calques contenant les photos ; ceux-ci s'affichent en bleu. Rendez-vous ensuite dans le menu Calque et activez la commande Créer un masque d'écrêtage : le calque de texte est transformé en masque qui découpe les clichés situés dans les calques supérieurs.

05 ORGANISER LES CALQUES

Une fois l'opération terminée, rendez-vous dans le panneau Calques, ce dernier affiche les huit calques générés par l'ajout des photos. Vérifiez que le calque de texte (identifiable par sa vignette T) se trouve bien en dessous des calques contenant les photos. Si ce n'est pas le cas, faites-le glisser en bas de la pile, juste au-dessus du calque Arrière-plan.

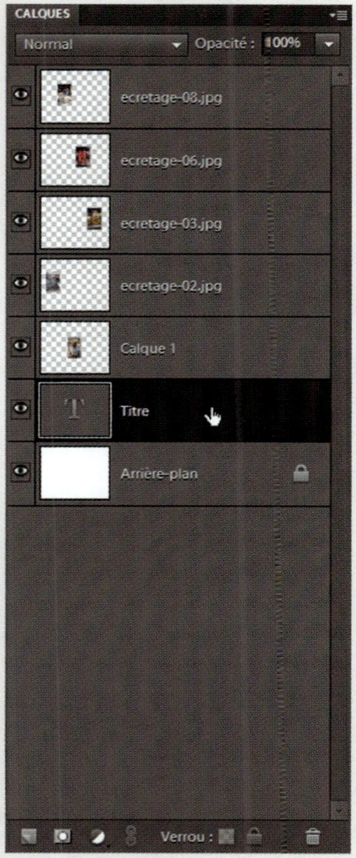

07 MODIFIER LE MASQUE D'ÉCRÊTAGE

Une fois le masque d'écrêtage créé, vous pouvez le modifier de différentes façons. Assurez-vous d'abord que l'option Sélection auto. du calque au-dessus de la fenêtre de travail est activée puis cliquez sur l'un des clichés qui apparaît dans la découpe et déplacez-le à l'aide d'un cliquer-glisser. Pour agrandir le masque, double-cliquez sur la vignette du calque de texte, puis rendez-vous dans la barre d'options et modifiez le corps du texte en saisissant une nouvelle valeur. Validez ensuite le réglage, à l'aide la coche verte, à droite de la barre d'options.

08 ANNULER LE MASQUE D'ÉCRÊTAGE

Si vous souhaitez annuler l'effet du masque d'écrêtage, revenez dans le panneau Calques. Sélectionnez à nouveau les calques contenant les clichés, puis activez la commande Annuler le masque d'écrêtage dans le menu Calque. Les calques sont dissociés et le calque de texte perd son rôle de découpe.

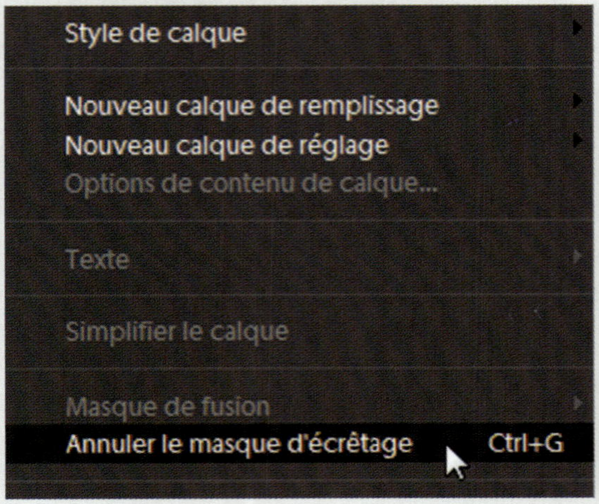

09 ENREGISTRER LA COMPOSITION

Si vous souhaitez préserver la structure de votre montage afin de pouvoir le modifier plus tard, vous devrez l'enregistrer au format Photoshop : cliquez sur l'icône de disquette située en haut de l'écran pour afficher la boîte de dialogue Enregistrer sous. Dans la rubrique Format, sélectionnez le format Photoshop, puis cliquez sur le bouton Enregistrer ; le montage est enregistré dans le dossier Photomontage et apparaîtra dans l'Organizer.

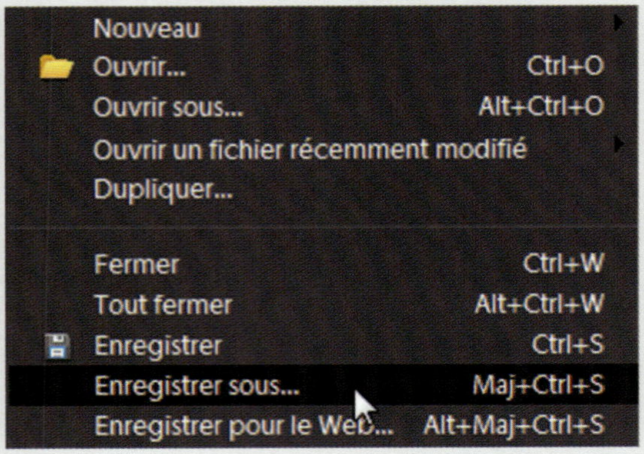

CRÉER UN PANORAMA AVEC PHOTOMERGE

Grâce à son module Photomerge, Photoshop Elements simplifie la création de panoramas.

Assembler une dizaine de photos pour créer un panorama n'est pas une tâche facile, en particulier si vous êtes novice dans le photomontage. Dans ce cas, vous exploiterez la commande Photomerge qui permet de générer automatiquement un panorama à partir d'une sélection de clichés réalisée dans l'Organizer.

SUR LE CD : Vous trouverez sur le CD les éléments nécessaires à la réalisation de ce tutoriel.

01 SÉLECTIONNER LES CLICHÉS

Après avoir lancé l'Organizer, ouvrez le dossier Panoramique. Sélectionnez tous les clichés du dossier, puis rendez-vous dans le menu Fichier et choisissez Nouveau> Panorama Photomerge... Photoshop Elements démarre et affiche la boîte de dialogue de la commande.

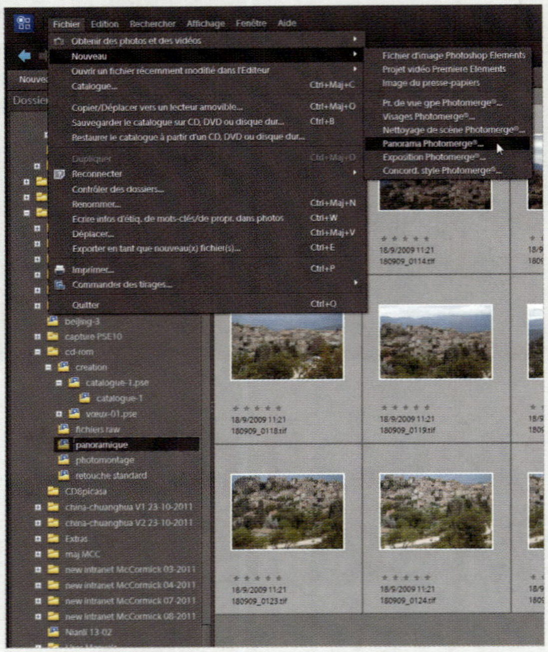

02 LA COMMANDE PHOTOMERGE

Dans la partie droite de la boîte de dialogue, cliquez sur le bouton Ajouter les fichiers ouverts ; la liste des fichiers sélectionnés dans l'Organizer s'affiche dans la rubrique Fichiers source. Dans la rubrique Disposition, à gauche de la boîte de dialogue, cochez l'option Automatique, puis lancez la commande en cliquant sur le bouton OK.

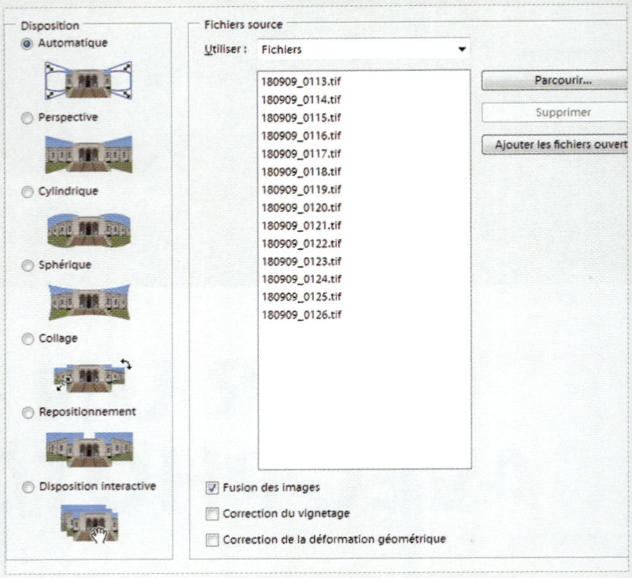

03 AFFICHER LE PANORAMA

Après quelques minutes d'attente, Photoshop Elements affiche le résultat dans un nouveau document et ouvre la boîte de dialogue Nettoyer les contours. Cliquez sur Oui. L'application comble les trous situés à la périphérie du montage pour produire au final une image rectangulaire.

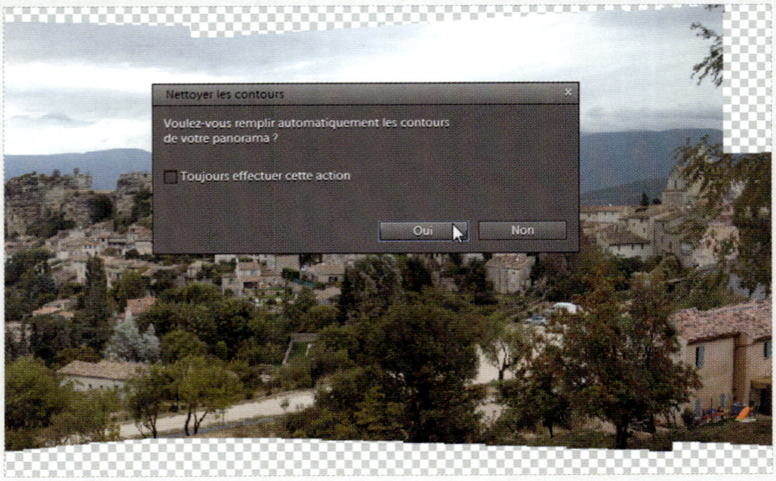

04 ENREGISTRER LE PANORAMA

Si vous souhaitez préserver la structure de calques du panorama afin de pouvoir le modifier plus tard, vous devrez l'enregistrer au format Photoshop : cliquez sur l'icône de disquette située en haut de l'écran pour afficher la boîte de dialogue Enregistrer sous. Dans la rubrique Format, sélectionnez le format Photoshop, puis cliquez sur le bouton Enregistrer ; le montage est enregistré dans le dossier Photomontage et apparaîtra dans l'Organizer.

06 ENREGISTRER L'IMAGE

Cliquez sur l'icône de disquette située en haut de l'écran pour afficher la boîte de dialogue Enregistrer sous. Dans la rubrique Format, sélectionnez le format JPEG, puis cliquez sur le bouton Enregistrer ; le montage est enregistré dans le dossier Photomontage et apparaîtra dans l'Organizer.

05 APLATIR L'IMAGE

Si vous souhaitez enregistrer le panorama comme simple image, sans intention de le rééditer, vous allez supprimer ses calques : rendez-vous dans le panneau Calques et cliquez droit sur le calque situé en haut de la pile. Dans le menu contextuel qui apparaît, choisissez Aplatir l'image. L'image est réduite à un calque unique ; vous pouvez à présent l'enregistrer dans un format standard.

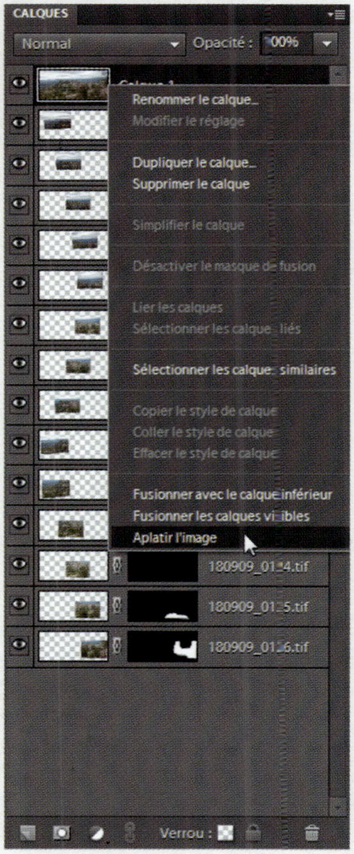

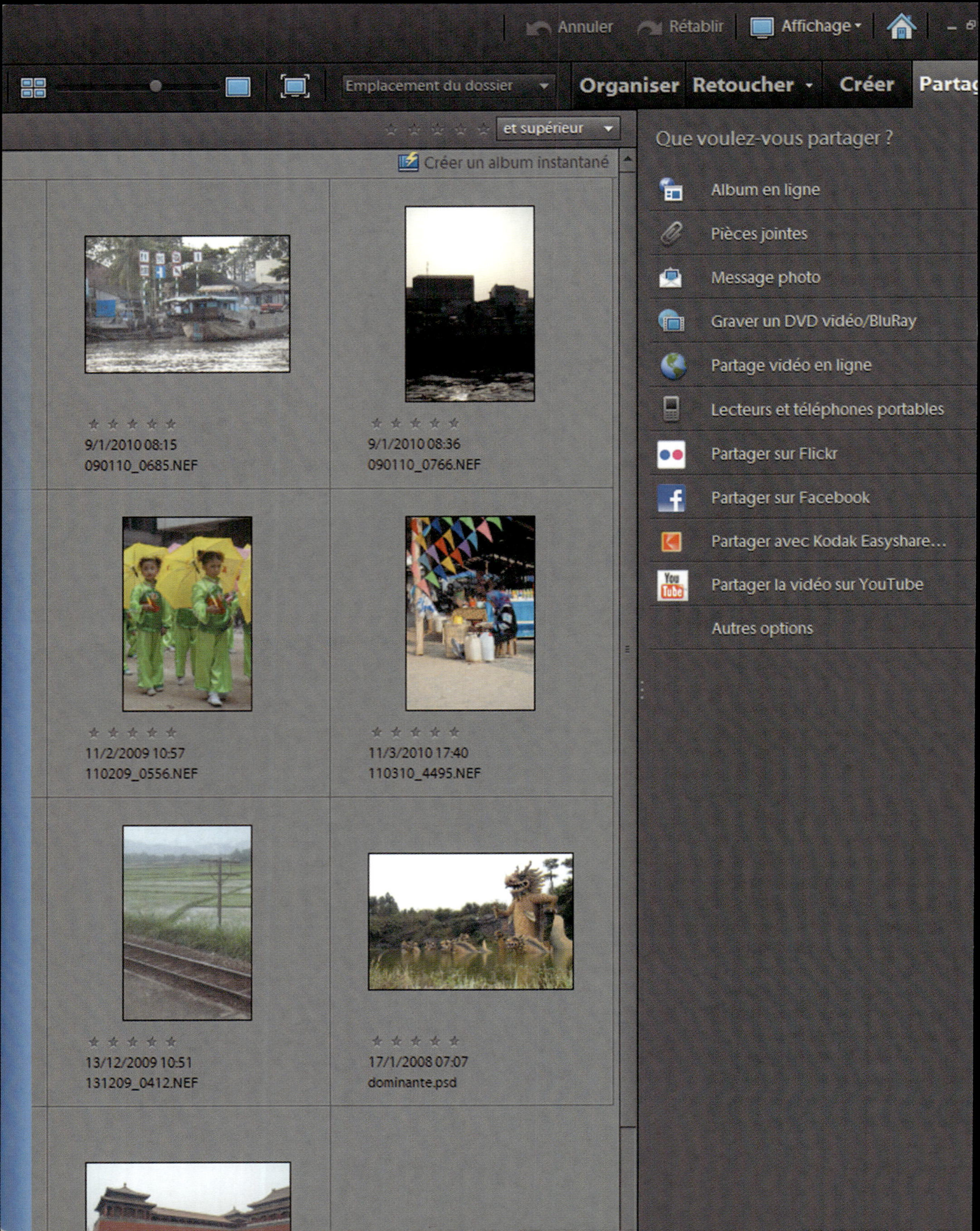

Annuler
Rétablir
Affichage
Emplacement du dossier
Organiser
Retoucher
Créer
Partag
et supérieur
Créer un album instantané
9/1/2010 08:15
090110_0685.NEF
9/1/2010 08:36
090110_0766.NEF
11/2/2009 10:57
110209_0556.NEF
11/3/2010 17:40
110310_4495.NEF
13/12/2009 10:51
131209_0412.NEF
17/1/2008 07:07
dominante.psd
Que voulez-vous partager ?
Album en ligne
Pièces jointes
Message photo
Graver un DVD vidéo/BluRay
Partage vidéo en ligne
Lecteurs et téléphones portables
Partager sur Flickr
Partager sur Facebook
Partager avec Kodak Easyshare…
Partager la vidéo sur YouTube
Autres options

PARTAGER

De la publication en ligne à l'envoi par e-mail, en passant par les réseaux sociaux, il existe une multitude de façons de partager ses photos.

Au-delà de la création et de l'impression de catalogues photos, de calendriers, de collages ou de cartes de vœux, il existe d'autres manières de partager ses photos en utilisant les ressources d'Internet auquel vous êtes sans doute connecté.

Pour vous simplifier la tâche, Photoshop Elements et Organizer disposent d'un onglet Partager qui regroupe les principales commandes de partage à l'aide desquelles vous pourrez publier des clichés en ligne, les envoyer par e-mail, ou les partager sur vos réseaux favoris.

Mais pour ne pas être totalement dépendant de ces commandes assistées, vous devrez également savoir comment enregistrer une photo ou un photomontage et comment préparer des clichés pour une publication sur le Web.

Enregistrer une photo

Dans les précédentes sections de ce livre, vous avez vu comment enregistrer un montage, un collage ou une composition quelconque. Mais comme vous l'avez peut-être noté, la boîte de dialogue de la commande Enregistrer sous… (Figure 01) propose une liste de formats de fichiers qui varie en fonction du type du document à enregistrer. Dans le tutoriel Enregistrer une photo, nous reviendrons sur cette

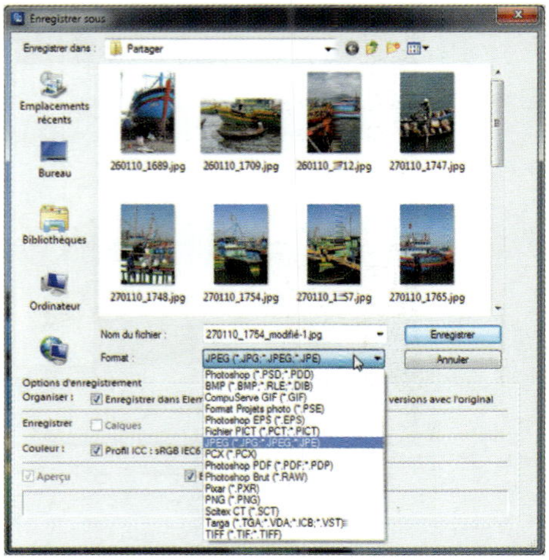

Figure 01 : la boîte de dialogue Enregistrer sous… permet de choisir un format de fichier.

commande et nous verrons quels sont les principaux formats et quand les utiliser.

Publier pour le Web

Pour publier des photos sur le Web, il existe de nombreuses solutions comme les galeries en ligne dont nous parlerons dans cette dernière section. Mais si vous avez construit votre propre site Web, ou envisagez de le faire, vous devez savoir que la publication d'images en ligne nécessite le respect de quelques règles comme le choix du format d'enregistrement et des dimensions de l'image. Pour préparer vos clichés, vous devrez alors exploiter la commande Enregistrer pour le Web dont nous reparlerons dans le tutoriel Publier pour le Web. (Figure 02)

Figure 02 : l'interface Enregistrer pour le Web permet de préparer les clichés à la publication en ligne.

Albums en ligne

Si vous êtes totalement ignorant en matière de création de sites Web, vous exploiterez la fonction Albums en ligne accessible à partir de l'onglet Partager de l'Organizer. Comme vous le découvrirez dans le tutoriel Albums en ligne, cette commande assistée vous permet de publier une sélection de clichés sur Photoshop Showcase, un service gratuit proposé par Adobe, l'éditeur de Photoshop Elements. (Figure 03) Une fois votre galerie de photos créée, vos amis pourront y accéder via leur navigateur Web.

Figure 03 : une collection de photos publiées sur Photoshop Showcase.

Pièce Jointe

Grâce au courrier électronique, vous avez la possibilité d'envoyer des documents en pièces jointes. C'est le moyen le plus simple de partager quelques photos avec des amis. Mais encore faut-il savoir comment procéder. Si vous n'êtes pas un expert dans le maniement de votre logiciel de courrier, vous utiliserez les commandes Pièce jointe ou Message Photo, accessibles à partir de l'onglet Partager de l'Organizer et de Photoshop Elements. Comme vous le découvrirez dans le tutoriel Pièce jointe, la première commande permet d'envoyer les clichés sélectionnés en pièces jointes, alors que la seconde vous permet de soigner la présentation de votre message en exploitant un thème d'arrière-plan. (Figure 04)

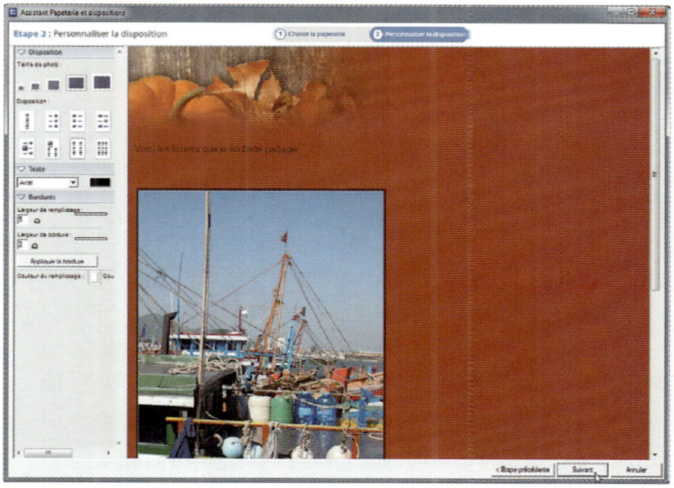

Figure 04 : la boîte de dialogue de la commande Message photo permet de choisir un thème.

Partage Flickr/Facebook

Si vous faites partie de la communauté Facebook vous avez sans doute déjà publié des photos sur votre page. Désormais vous pourrez effectuer cette opération depuis Photoshop Elements ou depuis l'Organizer, grâce à la commande Partager sur Facebook de l'onglet Partager. De même, si vous disposez d'un compte Flickr, vous pourrez publier vos nouveaux clichés grâce à la commande Partager sur Flickr du même onglet. Nous en reparlerons dans le tutoriel Partager avec Flickr ou Facebook.

Partage Kodak Easyshare

Pour ceux qui n'ont choisi ni Facebook, ni Flickr, l'onglet Partager de l'Organizer propose également la commande Partage Kodak Easyshare. Grâce à cette commande, vous pourrez accéder directement au service de partage en ligne de Kodak. Comme vous le découvrirez dans le tutoriel Partager avec Kodak Easyshare, il s'agit d'un service en ligne gratuit qui vous permet de publier des albums de photos et de les partager avec les personnes de votre choix, via un simple navigateur Web. (Figure 05)

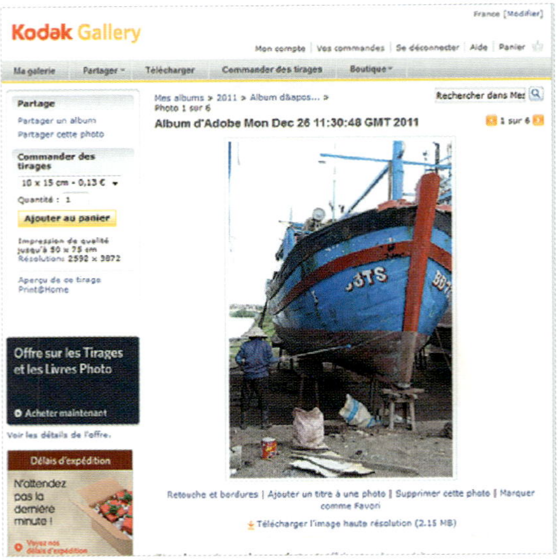

Figure 05 : l'interface de partage de Kodak Easyshare.

Diaporama PDF

Enfin, si aucune de ces solutions de partage en ligne ne vous attire, vous pourrez toujours créer un diaporama au format PDF, via la commande Diaporama PDF de l'onglet Partager. Comme vous le découvrirez dans le tutoriel Créer un diaporama PDF, cette commande assistée reprend en partie les fonctionnalités de la commande Diaporama que nous avons détaillée dans la section précédente. (Figure 06)

Figure 06 : l'interface de la commande Diaporama PDF.

ENREGISTRER UNE PHOTO

Avec sa commande Enregistrer sous… Photoshop Elements propose une multitude de formats de fichiers.

Dans le domaine de l'image numérique, vous connaissez sans doute le format JPEG qui est exploité par votre appareil photo numérique. Mais quid du TIFF, du PNG ou du format Photoshop ? Parmi la grande variété de formats de fichiers pris en charge par Photoshop Elements, il y en a une poignée dont vous devez connaître l'utilité.

SUR LE CD : Vous trouverez sur le CD les éléments nécessaires à la réalisation de ce tutoriel.

01 OUVRIR UN CLICHÉ DANS PHOTOSHOP ELEMENTS

Après avoir lancé Organizer, chargez le contenu du dossier Partager dans la photothèque, puis sélectionnez un cliché et ouvrez-le dans Photoshop Elements, en mode Retouche photo Standard, via le menu local de l'onglet Retoucher. Photoshop Elements démarre et affiche la photo dans sa fenêtre de travail.

02 ENREGISTRER SOUS...

Rendez-vous dans le menu Fichier et activez la commande Enregistrer sous... : Photoshop Elements affiche la boîte de dialogue de la commande que vous avez déjà utilisée dans différents tutoriels. Cliquez sur le menu local de la rubrique Format, l'application affiche la liste des formats disponibles pour enregistrer l'image.

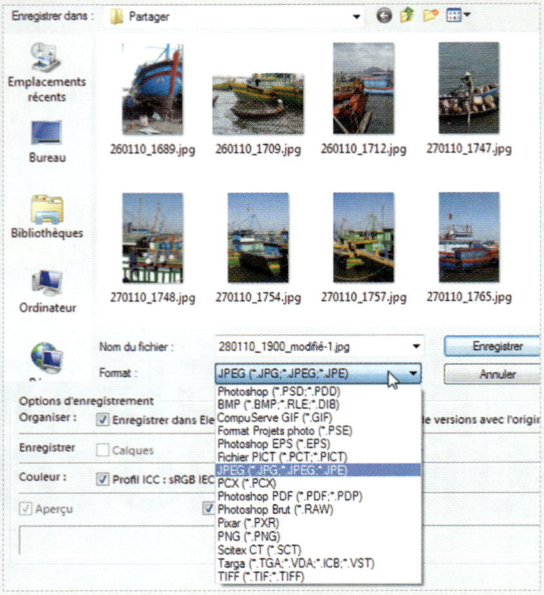

03 ENREGISTRER AU FORMAT JPEG

Sélectionnez le format JPEG, puis rendez-vous dans le champ Nom et modifiez le nom du fichier. Cliquez ensuite sur le bouton Enregistrer, l'application affiche la boîte de dialogue Options JPEG qui permet de contrôler la qualité et le poids de l'image. Dans la rubrique Qualité, choisissez Maximale, puis cliquez sur OK pour enregistrer le fichier.

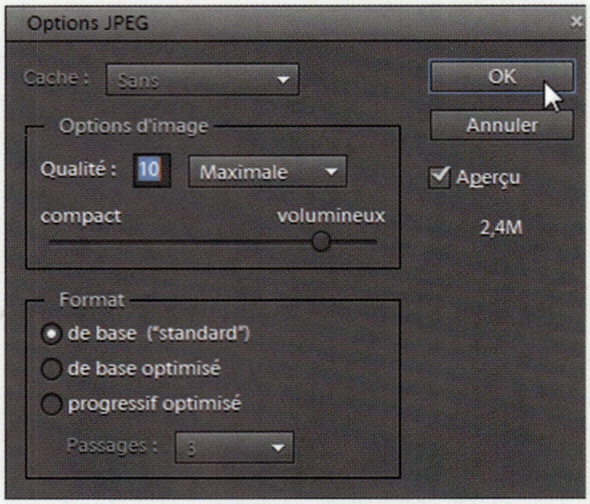

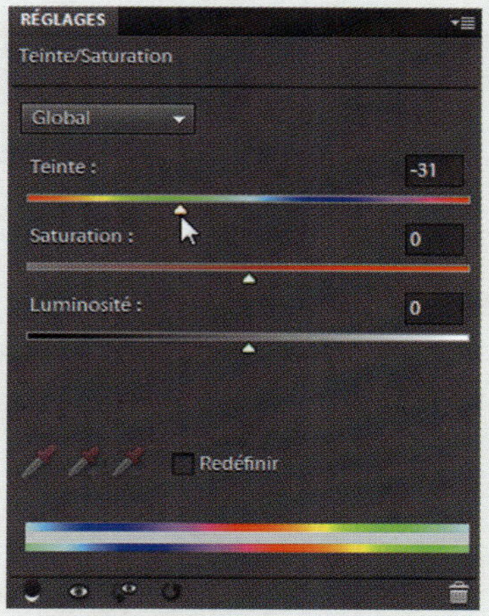

04 AJOUTER UN CALQUE

Dans le menu Calque, activez la commande Nouveau calque de réglage> Teinte/Saturation. Photoshop Elements affiche la boîte de dialogue Nouveau calque ; validez-la avec ses réglages par défaut, puis rendez-vous dans le panneau Réglages et modifiez les couleurs de l'image à l'aide du curseur Teinte.

« Le format TIFF permet de réduire le poids du fichier sans détériorer l'image »

05 ENREGISTRER AU FORMAT PHOTOSHOP

Relancez la commande Enregistrer sous… du menu Fichier. À présent, Photoshop Elements vous propose par défaut le format Photoshop comme format d'enregistrement car ce dernier permet de préserver les calques. Renommez votre cliché et validez ; le fichier est enregistré.

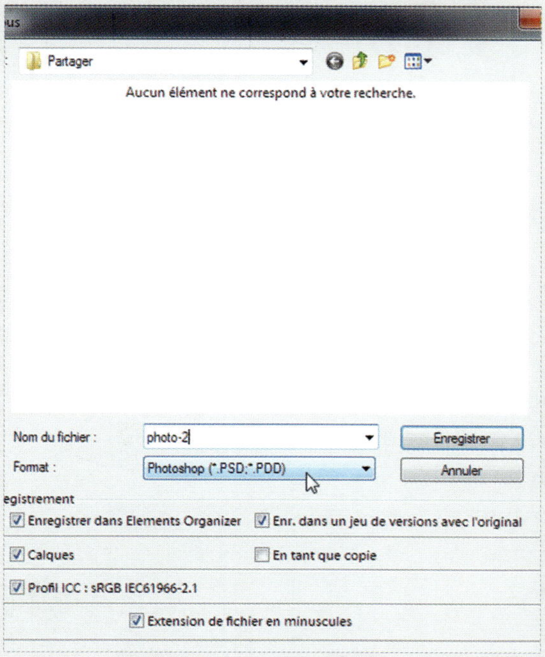

06 ENREGISTRER AU FORMAT TIFF

Pour enregistrer un document comprenant plusieurs calques, vous pourrez aussi utiliser le format TIFF, qui permet de réduire le poids du fichier sans détériorer l'image. Dans le menu local Format, choisissez le format TIFF et validez ; l'application affiche la boîte de dialogue Options TIFF. Dans la rubrique Compression, cochez l'option LZW et validez à l'aide du bouton OK.

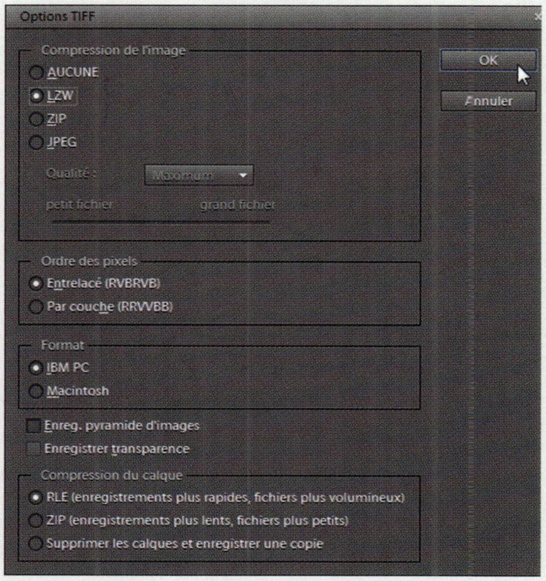

PUBLIER POUR LE WEB

La commande Enregistrer pour le Web permet de préparer les clichés destinés à une publication en ligne.

Si vous pouvez imprimer à peu près correctement n'importe quelle image, quelles que soient ses caractéristiques, la publication sur le Web impose des règles plus strictes dans le choix du format de fichier et des dimensions de l'image. Dans ce tutoriel, vous allez découvrir comment exploiter la commande Enregistrer pour le Web pour optimiser vos clichés.

SUR LE CD : Vous trouverez sur le CD les éléments nécessaires à la réalisation de ce tutoriel.

01 OUVRIR UN CLICHÉ DANS PHOTOSHOP ELEMENTS

Après avoir lancé Organizer, affichez le contenu du dossier Partager dans la photothèque, puis sélectionnez le cliché 280110_1884.jpg et ouvrez-le dans Photoshop Elements, en mode Retouche photo Standard, via le menu local de l'onglet Retoucher. Photoshop Elements démarre et affiche la photo dans sa fenêtre de travail.

02 ENREGISTRER POUR LE WEB

Rendez-vous dans le menu Fichier et activez la commande Enregistrer pour le Web… Photoshop Elements ouvre l'interface Enregistrer pour le Web et affiche deux aperçus du cliché : à gauche l'image originale, à droite l'image optimisée. En bas à gauche de chaque aperçu est indiqué le poids du fichier.

03 RÉGLER LES DIMENSIONS DE L'IMAGE 1/2

La première tâche à effectuer est de régler les dimensions de l'image. Ici, l'image originale a une largeur proche des 4 000 pixels, ce qui est beaucoup trop important pour un affichage écran ou l'insertion dans une page Web. Rendez-vous donc dans la rubrique Nouvelle taille, dans la partie droite de l'interface, sélectionnez la valeur affichée dans le champ Largeur et supprimez-la.

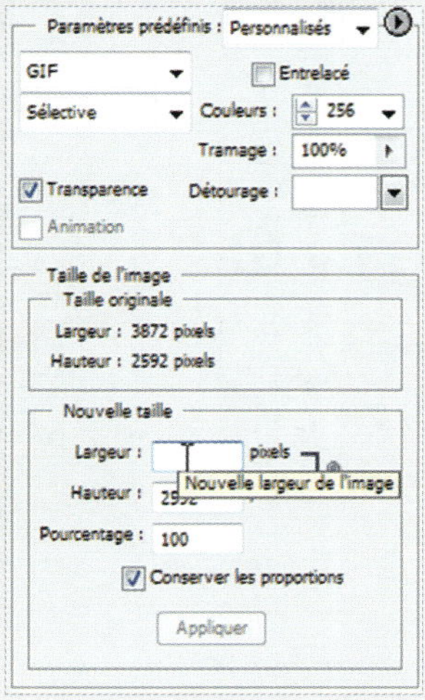

« L'interface Enregistrer pour le Web affiche deux aperçus du cliché : à gauche l'image originale, à droite l'image optimisée. »

04 RÉGLER LES DIMENSIONS DE L'IMAGE 2/2

Saisissez la nouvelle largeur, ici 600 pixels, puis cliquez sur le bouton Appliquer ; Photoshop Elements calcule la nouvelle hauteur de l'image et affiche la prévisualisation de l'image réduite dans la partie droite de la fenêtre. En dessous de la zone d'aperçu s'affiche le nouveau poids du fichier.

05 CHOISIR LE FORMAT D'ENREGISTREMENT

Une fois l'image redimensionnée, rendez-vous en haut du panneau de réglage pour choisir un format d'enregistrement. En pratique vous choisirez le format JPEG pour les images de type photos, comme ici, et le format GIF ou PNG pour les illustrations, les logos, les organigrammes présentant un nombre de couleurs réduit.

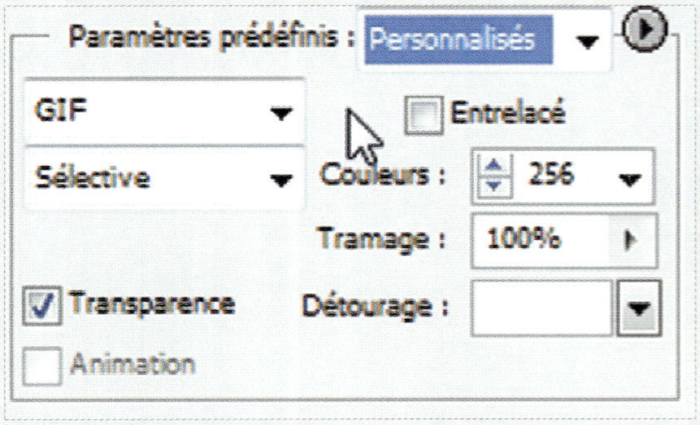

06 ENREGISTRER AU FORMAT JPEG

Ouvrez le menu local Paramètres prédéfinis et choisissez le réglage JPEG élevé ; Photoshop Elements recalcule le rendu de l'image et l'affiche dans sa zone d'aperçu, accompagné de son nouveau poids (ici 79 Ko).

07 TESTER UN AUTRE RÉGLAGE

Si vous devez publier plusieurs photos sur une même page Web, il faut penser à optimiser le poids de chaque cliché, de manière à ce que la page ne soit pas trop longue à charger. Vous allez donc tester un autre réglage ; dans le menu local Paramètres prédéfinis, choisissez le réglage JPEG Moyenne. Photoshop Elements recalcule l'image et affiche son nouveau poids 39 Ko. Vous avez gagné 30 Ko, sans perdre en qualité !

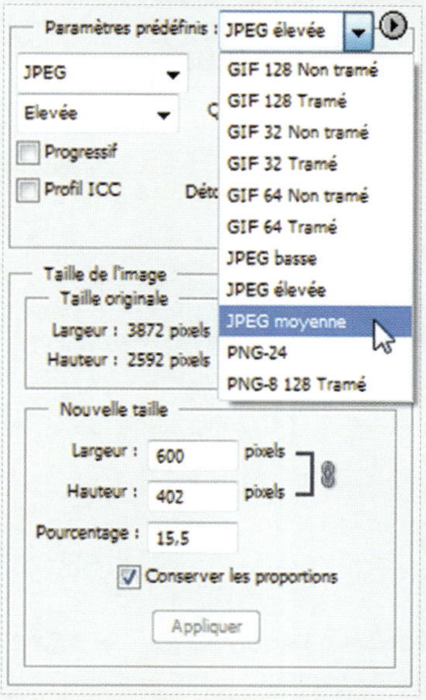

08 EXPORTER L'IMAGE OPTIMISÉE

Si le nouveau réglage vous convient, vous allez enregistrer l'image optimisée ; cliquez sur le bouton OK, en haut à droite de l'interface. Photoshop Elements affiche sa boîte de dialogue d'enregistrement. Choisissez un dossier de destination et validez à l'aide du bouton Enregistrer.

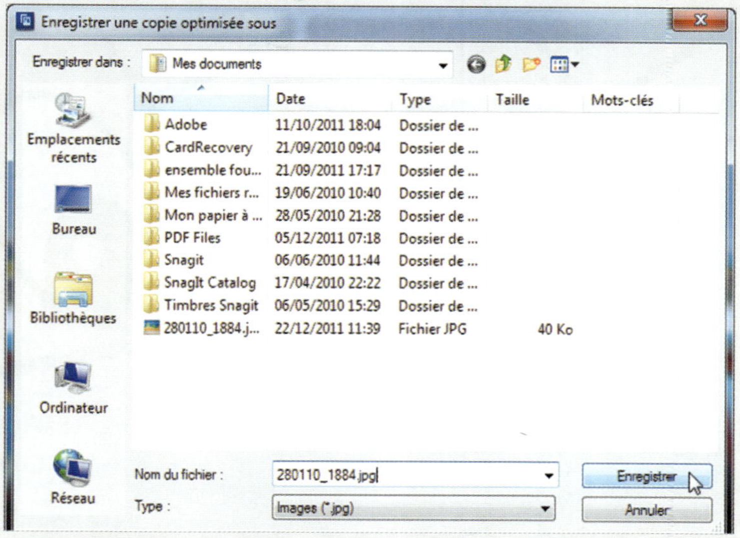

09 REFERMER LE CLICHÉ ORIGINAL

De retour dans la fenêtre de travail standard de Photoshop Elements, vous retrouvez le cliché original. Refermez-le en cliquant sur la case de fermeture de son onglet, au dessus de la fenêtre de travail. L'application vous demande si vous souhaitez enregistrer les modifications ; cliquez sur Non.

10 OUVRIR UNE ILLUSTRATION

Revenez dans l'Organizer, sélectionnez l'image souris-rose.jpg et ouvrez-la en mode Retouche standard dans Photoshop Elements. Activez ensuite la commande Enregistrer pour le Web… : l'application charge l'interface de la commande et affiche les deux aperçus de l'image.

11 RÉGLAGE DU FORMAT PNG

Cette nouvelle image est composée de contours nets et d'aplats de couleurs ; vous choisirez donc le format PNG qui est plus approprié au traitement de ce type de contenu. Commencez par réduire la largeur de l'image à 600 pixels (voir étapes 03 et 04). En haut du panneau de réglage, choisissez le PNG-8 dans le menu local format, puis entrez 0 % dans la rubrique Tramage et examinez l'aperçu qui s'affiche dans la partie droite de la fenêtre.

12 RÉDUCTION DU NOMBRE DE COULEURS

Étant donné que l'image est composée d'un petit nombre de couleurs, vous pouvez optimiser le poids du fichier en réduisant le nombre de couleurs utilisées pour le rendu de l'image. Dans la rubrique Couleurs (qui affiche 256) entrez 128 et retournez dans la zone d'aperçu pour voir le résultat. Testez une valeur inférieure : 64 ou 32 et observez le changement de poids de l'image. Si le résultat vous convient, enregistrez l'image optimisée en cliquant sur le bouton OK (voir étapes 08 et 09).

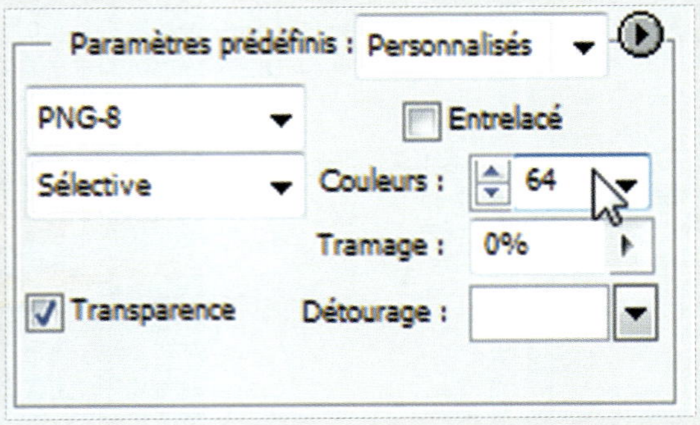

CRÉER UN ALBUM EN LIGNE

Avec Adobe Photoshop Showcase, publiez une galerie de photos en ligne sans quitter Photoshop Elements.

Pour publier une galerie de photos en ligne et la partager avec vos amis, il existe de très nombreuses solutions gratuites. Mais avec Photoshop Elements et l'Organizer, le plus simple est d'exploiter la commande intégrée Albums en ligne qui vous permettra d'accéder directement au service Photoshop Showcase.

SUR LE CD : Vous trouverez sur le CD les éléments nécessaires à la réalisation de ce tutoriel.

« La fenêtre de prévisualisation de l'album propose une grande variété de modèles. »

01 SÉLECTIONNER LES CLICHÉS

Après avoir démarré l'Organizer, affichez le contenu du dossier Partager et sélectionnez l'ensemble des clichés, à l'exception de l'illustration de la souris rose. Activez ensuite l'onglet Partager dans la partie droite de l'écran et cliquez sur la commande Albums en ligne,

02 CRÉER UN NOUVEL ALBUM 1/2

Le panneau de réglage affiche les options de partage et la liste des albums existants. Cliquez sur l'option Créer un nouvel album, en haut du panneau ; assurez-vous que l'option Photoshop Showcase est cochée, puis cliquez sur le bouton Suivant, en bas du panneau ; Organizer affiche le panneau de création de l'album. Saisissez son nom dans le champ Nom de l'album, puis cliquez sur l'onglet Partage situé au-dessus des vues miniatures des photos de l'album.

03 CRÉER UN NOUVEL ALBUM 2/2

L'application mouline quelques instants puis affiche une prévisualisation de l'album dans la fenêtre principale de l'Organizer, ainsi qu'une galerie de modèles. Double-cliquez sur la vignette du modèle de votre choix pour l'appliquer à l'album. L'Organizer génère une nouvelle prévisualisation. Si le rendu vous convient, cliquez sur le bouton Terminer, en bas du panneau de réglage.

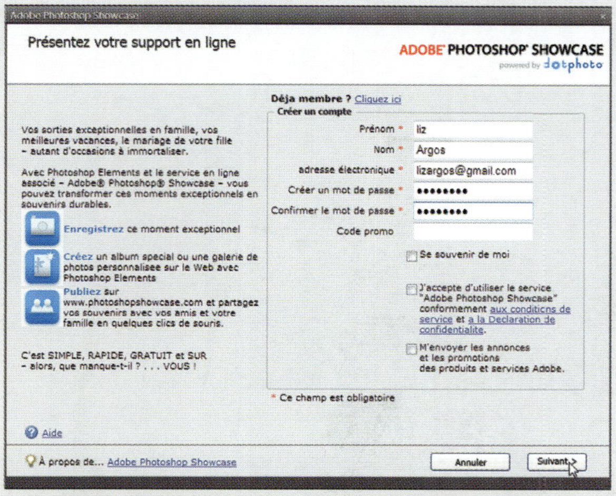

04 INSCRIPTION À PHOTOSHOP SHOWCASE 1/2

Après validation, Organizer affiche l'interface d'inscription au service Photoshop Showcase (à condition d'être connecté à Internet). Renseignez les champs marqués d'un astérisque, cochez l'option d'acceptation des conditions générales et cliquez sur le bouton Suivant.

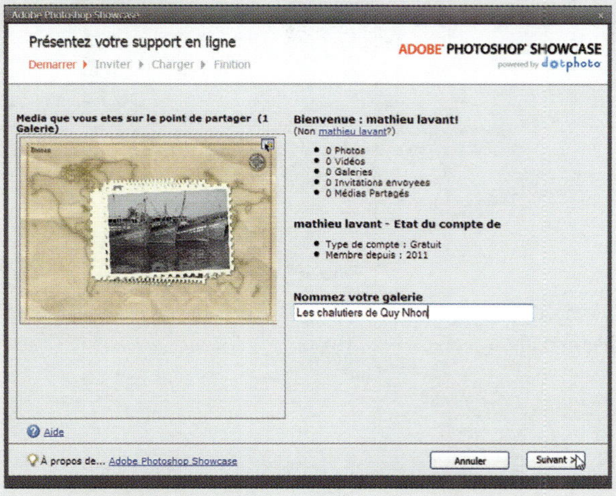

05 INSCRIPTION À PHOTOSHOP SHOWCASE 2/2

Un nouvel écran apparaît montrant la galerie que vous vous apprêtez à mettre en ligne. Si besoin est, renommez-la, puis cliquez sur le bouton Suivant pour afficher l'écran à partir duquel vous allez gérer vos invitations.

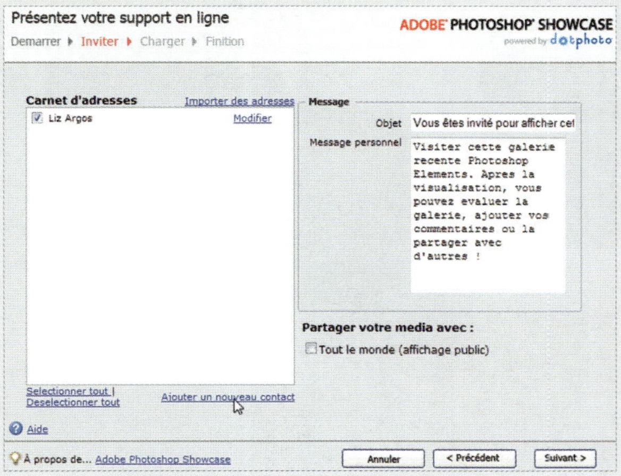

06 GÉRER LES INVITATIONS

Pour que votre galerie soit accessible à tous, cochez l'option Tout le monde, dans la partie droite de l'interface. Sinon, ajoutez les adresses e-mail des personnes avec lesquelles vous souhaitez partager la galerie. Cliquez sur le lien Ajouter un nouveau contact, en dessous de la zone Carnet d'adresses ; un nouvel écran apparaît. Saisissez le nom et l'adresse électronique de votre contact et validez. Le nouveau contact s'affiche dans la zone Carnet d'adresses.

07 ENVOIS DES FICHIERS

Une fois la liste des invités complétée, cliquez sur le bouton Suivant ; Photoshop Showcase procède alors au téléchargement de vos clichés sur le serveur puis affiche un écran de confirmation. Cliquez sur le bouton Terminé.

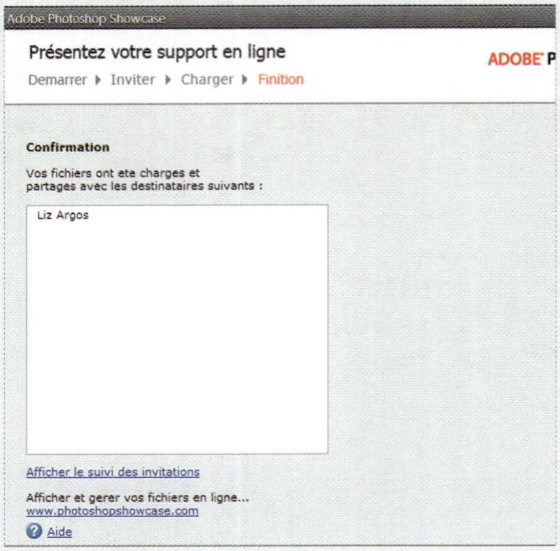

08 AFFICHER LA GALERIE EN LIGNE

Pour accéder à la galerie en ligne, lancez votre navigateur et tapez l'adresse suivante : www.photoshopshowcase.com. Dans la page d'accueil du site, saisissez votre adresse électronique et le mot de passe que vous avez utilisé pour votre inscription puis cliquez sur le bouton S'inscrire ; une nouvelle page apparaît listant les galeries que vous avez publiées. Cliquez sur la vignette de votre galerie pour l'afficher dans la fenêtre du navigateur.

09 MODIFIER LES PARAMÈTRES DE LA GALERIE

Une fois la galerie publiée, vous ne pourrez changer son thème. En revanche, vous pourrez modifier sa description et ses options de partage ; cliquez sur le lien Paramètres, en bas à gauche de la fenêtre du navigateur. Photoshop Showcase affiche le panneau Paramètres. Si vous souhaitez rendre la galerie publique, cochez l'option Rendre cette galerie publique. Si vous souhaitez inviter d'autres personnes, cliquez sur le lien Invitations, dans la partie supérieure du panneau.

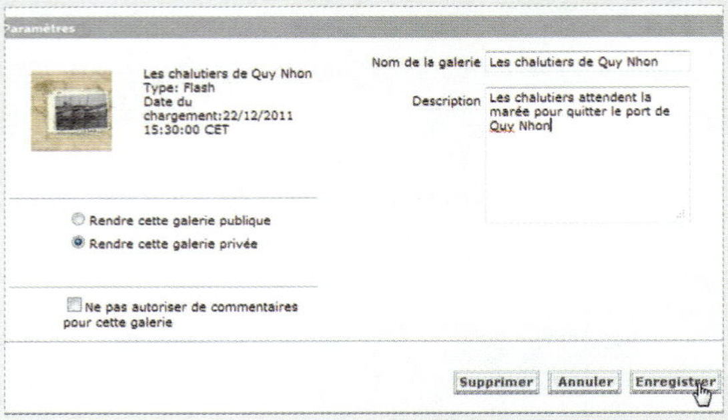

ENVOYER DES PHOTOS PAR E-MAIL

Utilisez les commandes Pièce jointe ou Message Photo pour envoyer des clichés par courrier électronique.

Le courrier électronique est le moyen idéal pour envoyer quelques photos de vacances à des amis. À condition que ces photos ne soient pas trop lourdes… Pour vous simplifier la tâche, vous pourrez utiliser les commandes Pièce Jointe ou Message Photo que vous trouverez dans l'onglet Partager de l'Organizer et de Photoshop Elements.

SUR LE CD : Vous trouverez sur le CD les éléments nécessaires à la réalisation de ce tutoriel.

« Organizer gère un carnet d'adresses interne qui permet de mémoriser des contacts pour les envois en pièce jointe. »

01 LA COMMANDE PIÈCE JOINTE

Après avoir démarré l'Organizer, affichez le contenu du dossier Partager et sélectionnez le cliché que vous souhaitez envoyer par e-mail. Affichez ensuite l'onglet Partager dans la partie droite de l'écran et cliquez sur la commande Pièce jointe ; l'Organizer affiche les réglages de la commande et la vignette du cliché sélectionné.

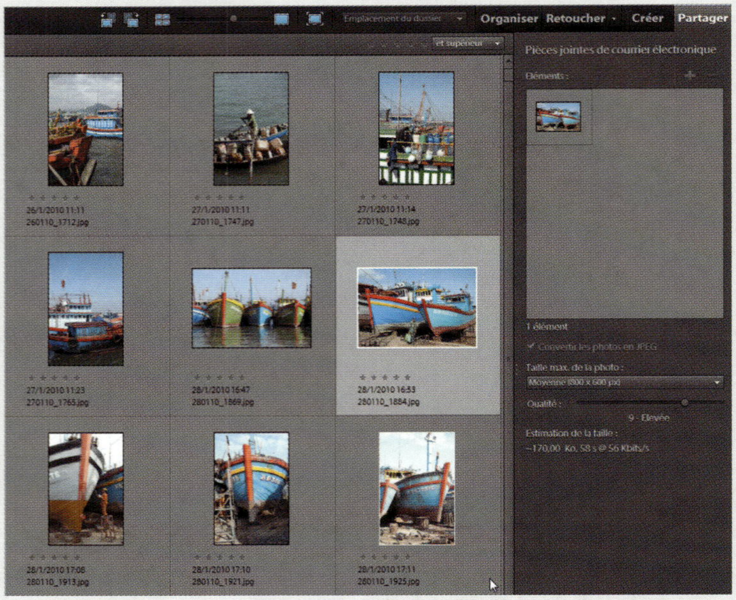

02 AJOUTER DES PHOTOS SUPPLÉMENTAIRES

Si vous souhaitez ajouter d'autres photos à votre envoi, sélectionnez-les dans la fenêtre principale de l'Organizer, puis cliquez sur le bouton vert « + » qui s'active dans le panneau de réglage ; les vignettes des photos sont ajoutées au panneau.

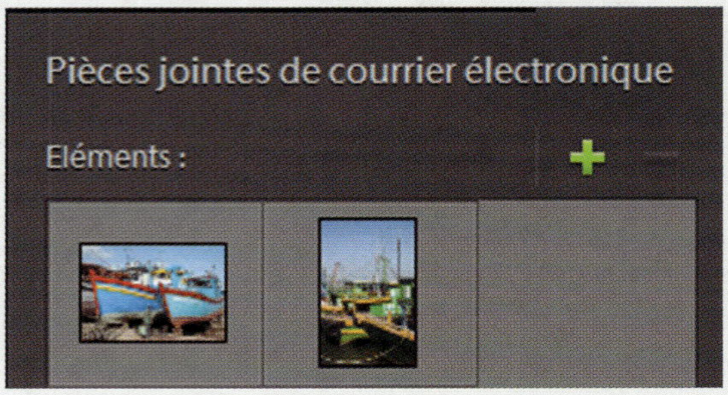

03 RÉGLER LA TAILLE DES PHOTOS

Cliquez ensuite sur le menu local Taille max. de la photo et choisissez une taille de photo, puis réglez la qualité à l'aide du curseur Qualité. Les clichés que vous avez sélectionnés seront ainsi redimensionnés avant d'être ajoutés en pièces jointes. Une fois ces réglages effectués, cliquez sur le bouton Suivant, dans la partie inférieure du panneau.

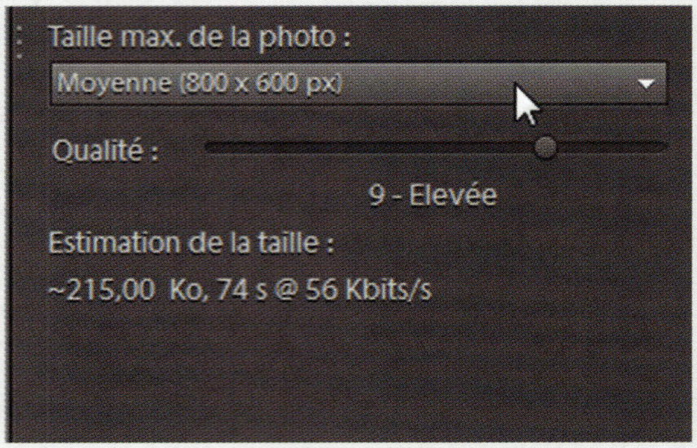

04 AJOUTER UN MESSAGE

Dans le champ Message, saisissez le texte de votre e-mail, puis passez à la rubrique Sélectionnez les destinataires. Si vous n'avez jamais utilisé Photoshop Elements pour envoyer des photos par courrier électronique, la liste des contacts est vide. Cliquez sur l'icône située au-dessus de la liste pour en ajouter. Notez que vous pourrez également ajouter les destinataires plus tard (voir étape 06).

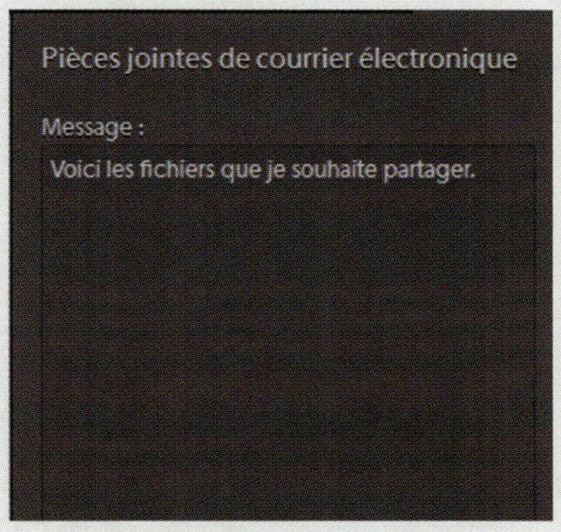

06 ENVOYER LE MESSAGE

Votre application de courrier électronique démarre et affiche le message, prêt à envoyer. À ce stade, vous pourrez encore changer le texte du message et ajouter d'autres destinataires. Cliquez sur le bouton Envoyer pour expédier le message. Si vous n'utilisez aucun logiciel de courrier sur votre ordinateur, revenez dans l'Organizer. Activez la commande Préférences du menu Edition et choisissez la rubrique Partage. Dans le menu local de l'option Client de messagerie électronique, choisissez Adobe Email Service, complétez les champs Nom et Adresse électronique et validez les réglages à l'aide du bouton OK.

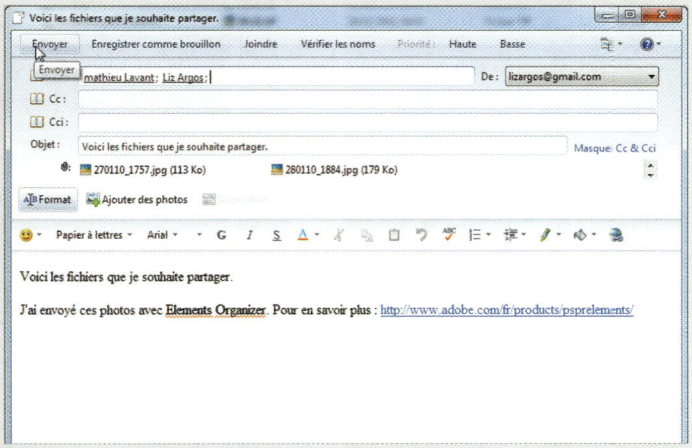

05 AJOUTER DES DESTINATAIRES

Dans la boîte de dialogue Carnet d'adresses qui apparaît à l'écran, cliquez sur le bouton Nouveau contact pour afficher le formulaire de création de contact. Complétez les champs requis puis validez à l'aide du bouton OK. Le nouveau contact est ajouté à la liste des contacts. Après avoir créé les nouveaux contacts, refermez la boîte de dialogue Carnet d'adresses. Revenez dans le panneau de réglage, cochez les contacts auxquels vous souhaitez envoyer les photos et cliquez sur le bouton Suivant, en bas du panneau.

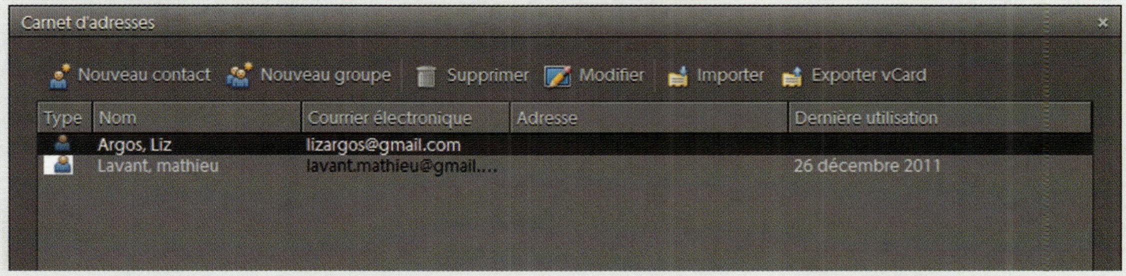

« La commande Message photo permet d'envoyer des photos sur un fond de papier à lettre personnalisé. »

07 UTILISER LA COMMANDE MESSAGE PHOTO

Après avoir démarré l'Organizer, affichez le contenu du dossier Partager et sélectionnez le cliché que vous souhaitez envoyer avec votre message photo. Affichez ensuite l'onglet Partager dans la partie droite de l'écran et cliquez sur la commande Message photo ; l'Organizer affiche les réglages de la commande et la vignette du cliché sélectionné.

08 AJOUTER UN MESSAGE

Si vous souhaitez ajouter d'autres clichés, sélectionnez-les dans l'Organizer, puis cliquez sur le bouton vert « + ». Cliquez sur le bouton Suivant, en bas du panneau et saisissez votre message dans le champ Message qui apparaît.

09 CHOISIR LES DESTINATAIRES

Passez à la rubrique Sélectionnez les destinataires et cochez les contacts auxquels vous souhaitez envoyer le message. Si votre liste de contacts est vide, reportez-vous aux étapes 04 et 05 pour créer de nouveaux contacts. Cliquez sur le bouton Suivant, en bas du bas panneau pour passer à l'étape suivante.

10 CHOISIR LA PAPETERIE 1/2

L'Organizer ouvre la boîte de dialogue Assistant Papeterie et dispositions à partir de laquelle vous allez choisir un thème de mise en page pour votre message photo. Dans la partie gauche de la boîte de dialogue, choisissez une catégorie, puis sélectionnez un modèle : la boîte de dialogue affiche la mise en page du message avec les photos que vous avez sélectionnées.

11 CHOISIR LA PAPETERIE 2/2

Cliquez sur le bouton Suivant pour passez à la personnalisation du message. Modifiez si besoin le texte que vous avez saisi précédemment, ajoutez une légende à vos photos et choisissez les options de disposition dans la partie gauche de la boîte de dialogue. Une fois ces réglages terminés, cliquez sur le bouton Suivant dans la partie inférieure de la boîte de dialogue.

12 ENVOYER LE MESSAGE

L'Organizer referme l'Assistant Papeterie, démarre votre application de courrier électronique et affiche le message prêt à envoyer. À ce stade, vous pouvez encore changer le texte du message et ajouter d'autres destinataires. Cliquez sur le bouton Envoyer pour expédier le message. Si vous n'avez pas configuré d'application de courrier électronique, vous devrez modifier les Préférences de l'Organizer (voir étape 06).

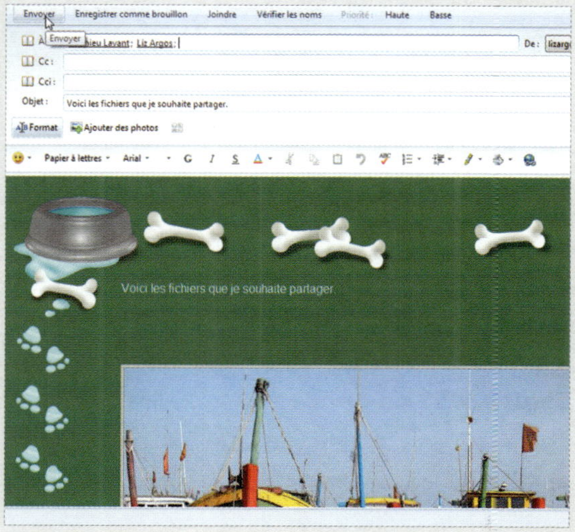

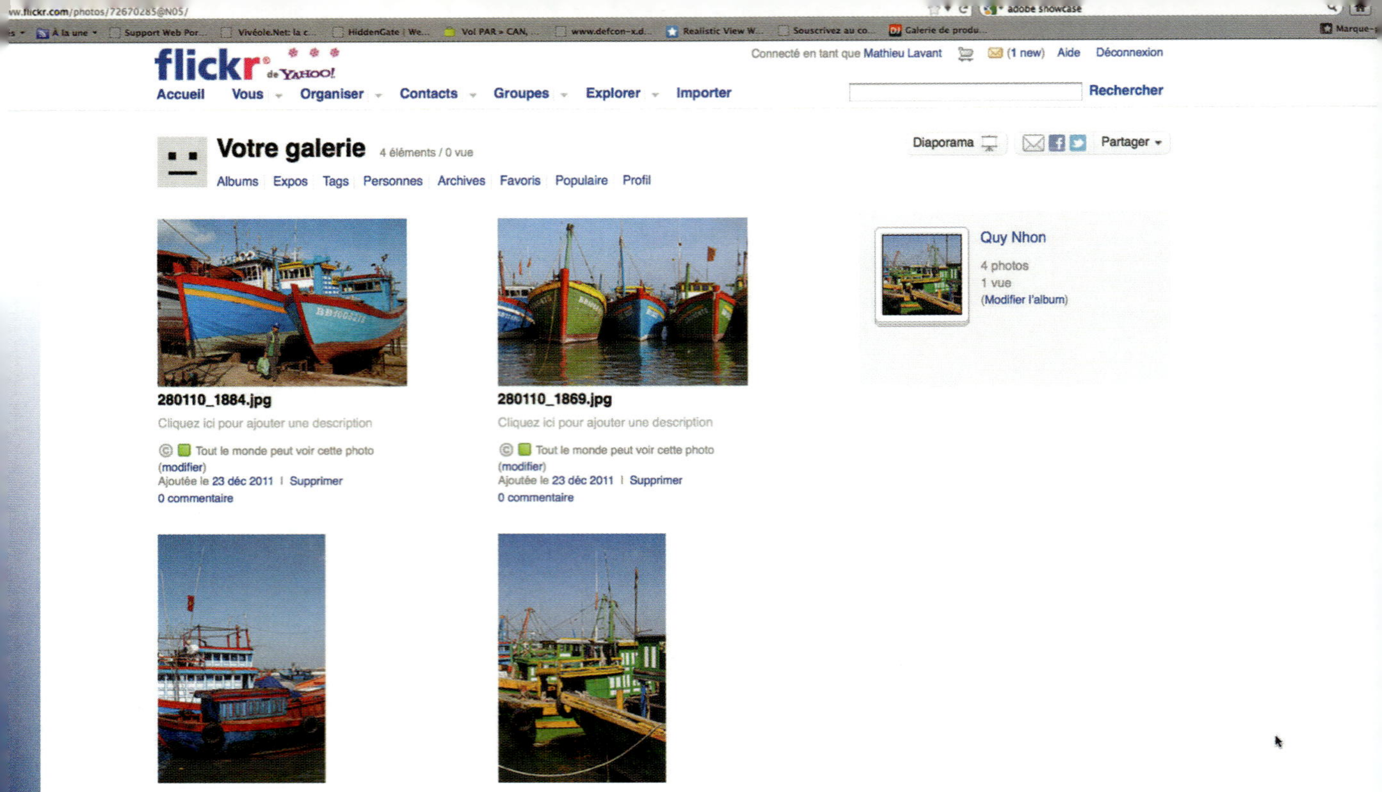

PARTAGER SUR FLICKR OU FACEBOOK

Pour les utilisateurs de Flickr ou de Facebook, l'Organizer propose une commande de partage intégrée.

Si vous êtes utilisateur de Flickr ou de Facebook, vous n'avez pas attendu Photoshop Elements pour publier vos photos sur l'un de ces réseaux. Mais grâce aux commandes Partager sur Flickr et Partager sur Facebook, vous pourrez désormais effectuer cette tâche depuis l'Organizer.

SUR LE CD : Vous trouverez sur le CD les éléments nécessaires à la réalisation de ce tutoriel.

01 CRÉER UN COMPTE FLICKR 1/2

Si vous n'avez pas encore de compte Flickr, commencez par en créer un : lancez votre navigateur Web et tapez l'adresse www.flickr.com afin d'accéder à la page d'accueil du site. Cliquez ensuite sur le lien Inscription pour afficher le formulaire d'inscription. Si vous n'avez pas de compte Yahoo, le plus simple est de vous connecter avec les identifiants de votre compte Facebook ou Google, en cliquant sur le bouton correspondant.

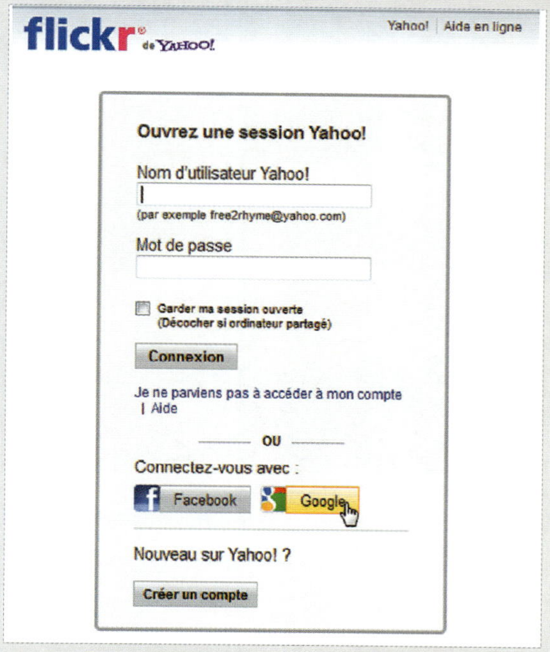

02 CRÉER UN COMPTE FLICKR 2/2

Après la saisie et l'envoi de vos identifiants, Yahoo vous demande l'autorisation d'accéder à votre compte Google ou Facebook, cliquez sur le bouton Autoriser pour continuer. Pour finaliser votre inscription, saisissez le pseudo que vous utiliserez sur Flickr, entrez votre date de naissance et cliquez sur le bouton Continuer. Votre inscription est terminée, vous recevrez un message de confirmation à l'adresse e-mail que vous avez fournie.

03 SÉLECTIONNER LES PHOTOS

Après avoir créé votre compte Flickr, démarrez l'Organizer, affichez le contenu du dossier Partager et sélectionnez les clichés que vous souhaitez publier sur Flickr en effectuant un cliquer-glisser, ou en maintenant la touche Ctrl/Cmd enfoncée. Une fois la sélection terminée, activez l'onglet Partager dans la partie droite de l'écran et cliquez sur la commande Partager sur Flickr.

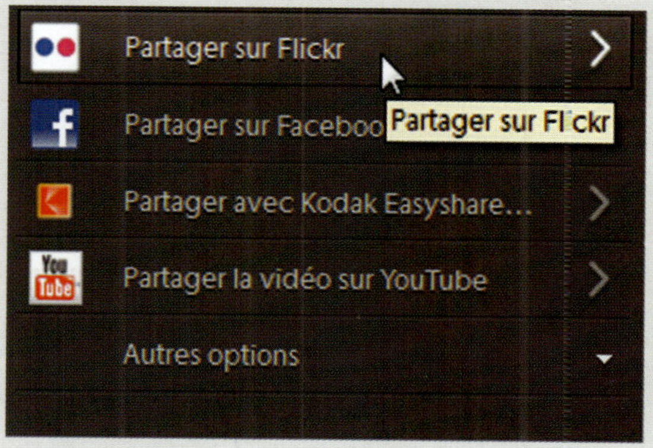

04 PARTAGER SUR FLICKR

Lors de la première utilisation de la commande Partager sur Flickr, l'Organizer affiche une demande d'autorisation de connexion au service Flickr. Cliquez sur le bouton Autoriser. Votre navigateur affiche ensuite une page Flickr qui vous demande d'autoriser la création d'un lien entre les services de partage Adobe et votre compte Flickr. Cliquez sur le bouton bleu J'autorise. Revenez ensuite dans l'Organizer et refermez la boîte de dialogue d'autorisation.

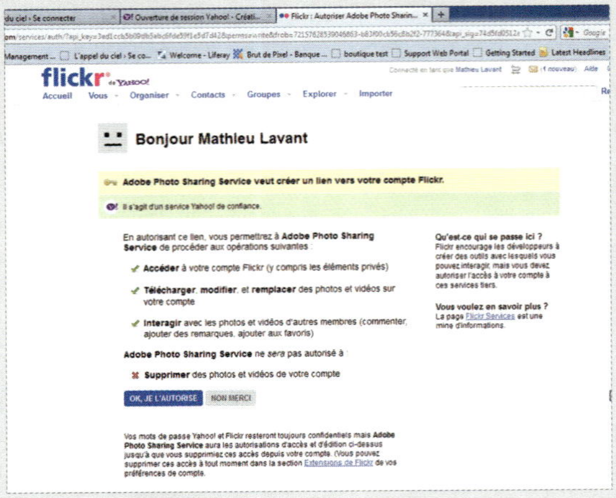

05 TÉLÉCHARGEMENT SUR FLICKR

L'Organizer affiche alors la boîte de dialogue Téléchargement sur Flickr, avec dans sa partie gauche, les clichés que vous avez sélectionnés. Dans la partie droite de la boîte de dialogue, cochez l'option Télécharger en tant qu'ensemble, puis saisissez le nom de l'ensemble dans le champ Nom de l'ensemble. Dans la rubrique Qui peut voir ces photos, cochez l'option Privées et Visible par les amis. Puis cliquez sur le bouton Télécharger.

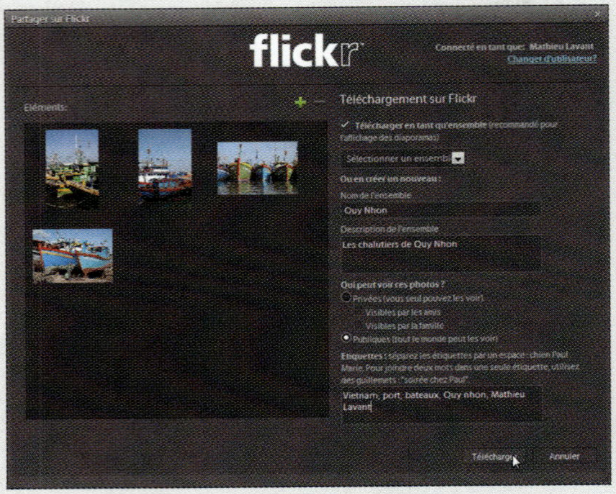

06 ACCÉDER À LA GALERIE FLICKR

La boîte de dialogue affiche la progression du téléchargement des photos puis, une fois l'opération terminée, vous propose un bouton d'accès direct à Flickr. Cliquez sur ce bouton ; votre navigateur revient au premier plan et affiche la page de votre compte Flickr.

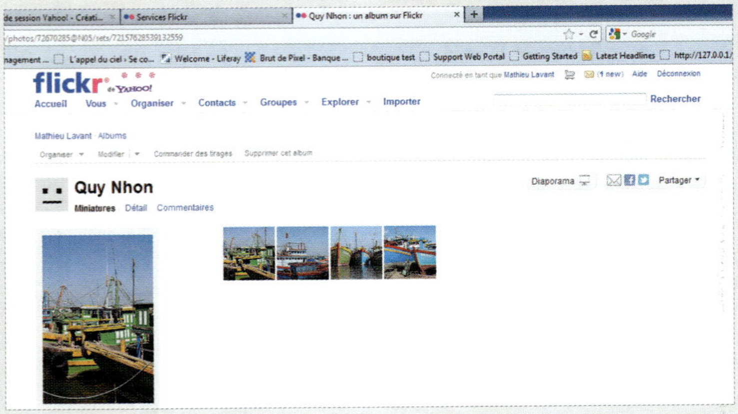

07 PARTAGER SUR FACEBOOK

Après avoir lancé l'Organizer, affichez le contenu du dossier Partager, et sélectionnez les clichés que vous souhaitez publier sur Facebook, en effectuant un cliquer-glisser ou en maintenant la touche Ctrl/Cmd enfoncée. Une fois la sélection terminée, activez l'onglet Partager dans la partie droite de l'écran et cliquez sur la commande Partager sur Facebook.

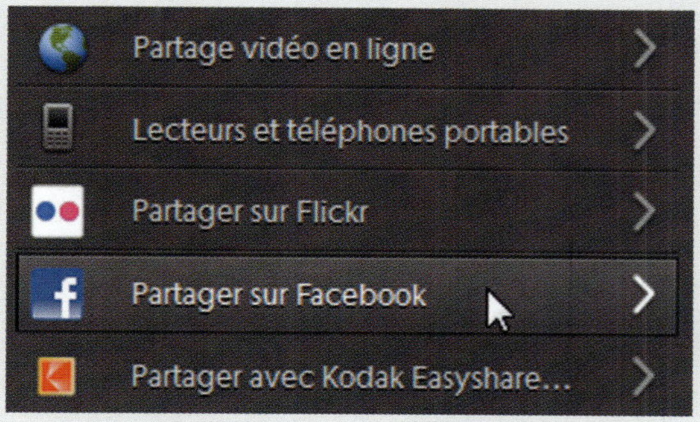

08 AUTORISER

L'Organizer affiche la boîte de dialogue de connexion à Facebook. Cliquez sur le bouton Autoriser pour permettre le téléchargement direct de vos photos depuis la fenêtre de l'Organizer.

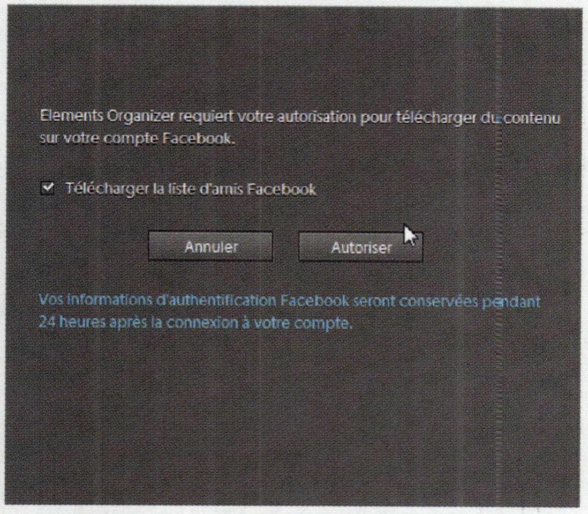

09 CONNEXION À FACEBOOK

Après validation de l'autorisation, votre navigateur Web démarre et affiche la page de connexion à Facebook. Saisissez vos identifiants, cochez l'option Conserver ma connexion à Photoshop... et cliquez sur le bouton Connexion. Si vous n'avez pas encore de compte Facebook, cliquez sur le lien S'inscrire sur Facebook et suivez la procédure d'inscription.

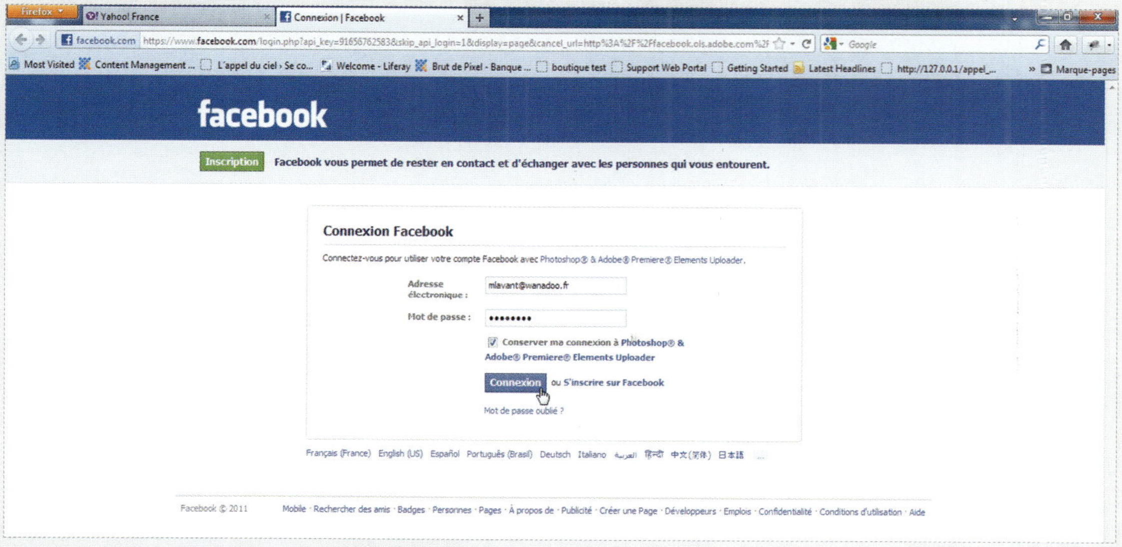

10 AUTORISATION FACEBOOK

Lors de la première connexion à Facebook à partir de Photoshop Elements, Facebook vous demande de confirmer l'autorisation de lien avec l'application. Cliquez sur le bouton Autoriser, puis revenez dans l'Organizer et cliquez sur le bouton Autorisation complète.

11 TÉLÉCHARGEMENT DES PHOTOS

Après validation de l'autorisation complète, l'Organizer télécharge les photos sur votre compte Facebook. Une fois l'opération terminée, revenez dans le navigateur, affichez votre page Facebook pour visualiser les photos partagées.

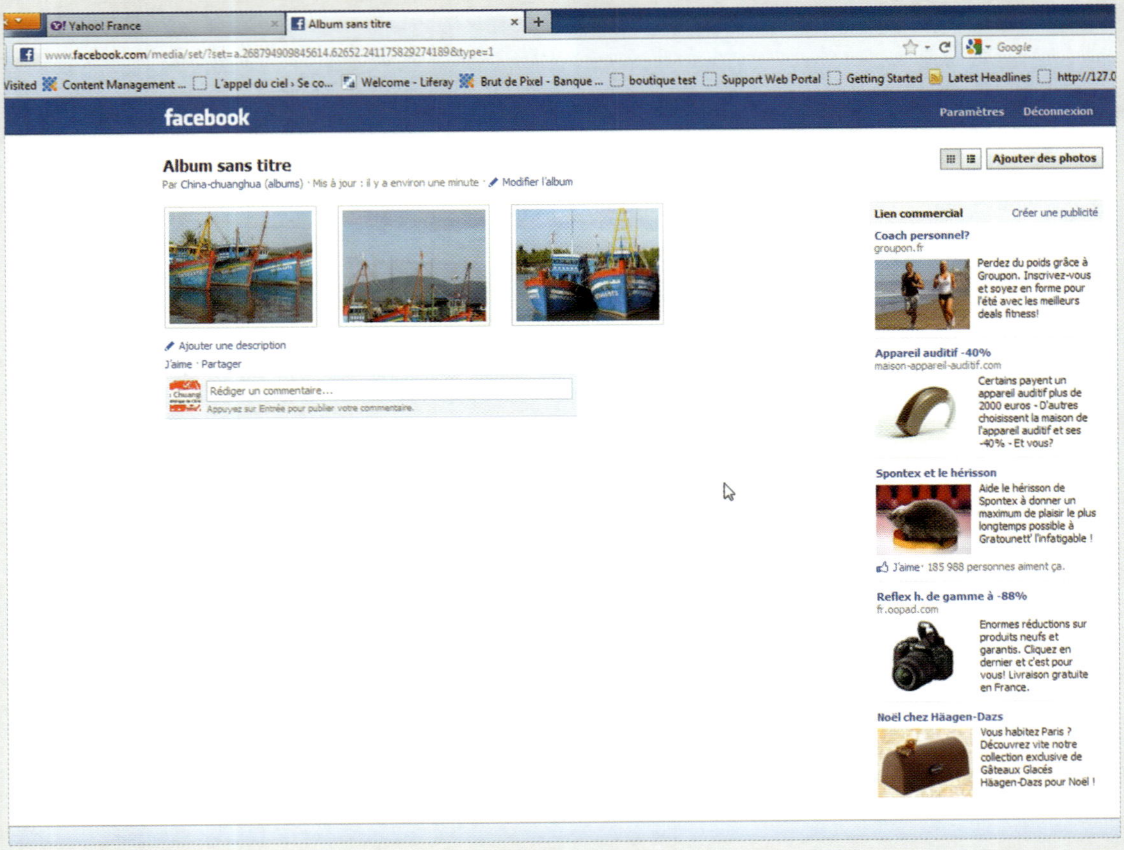

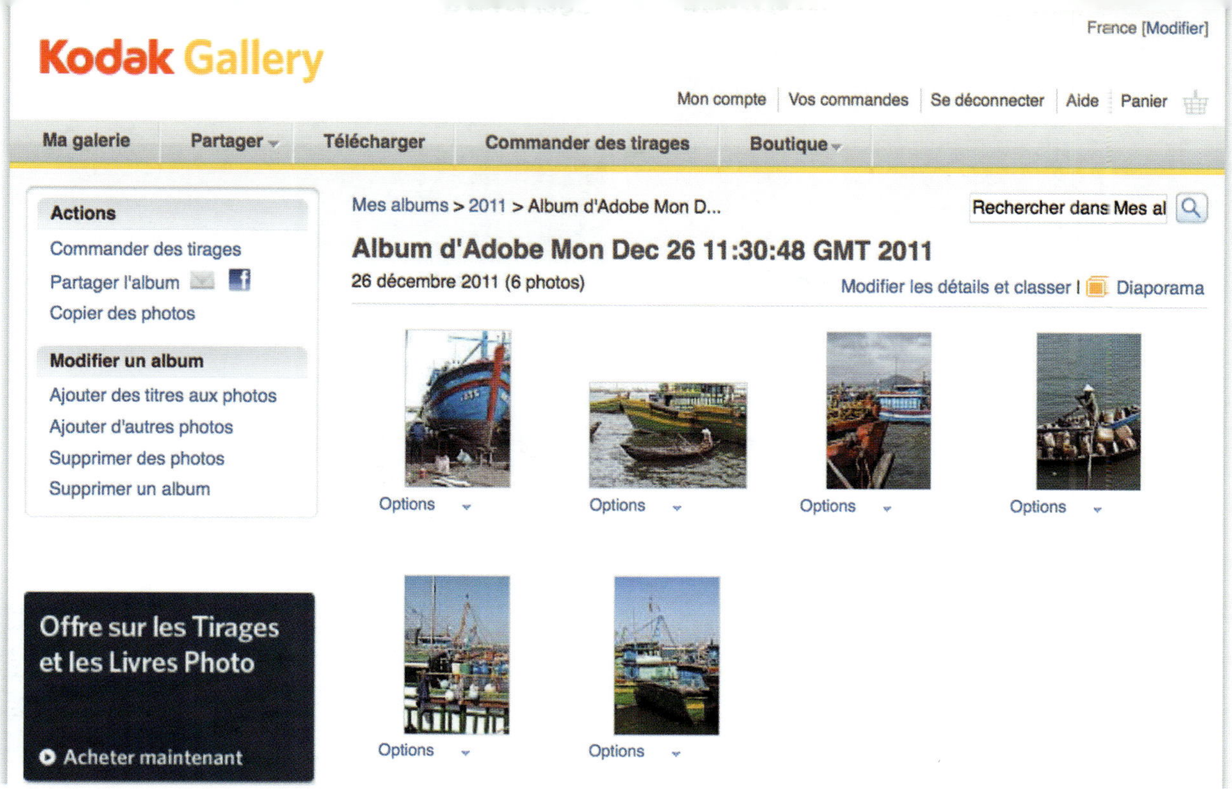

PARTAGER AVEC KODAK EASYSHARE

Avec Kodak Easyshare vous disposez d'un espace en ligne gratuit pour publier vos galeries de photos.

Pour ceux qui ne sont des adeptes ni de Facebook, ni de Flickr, l'onglet Partager de l'Organizer propose le partage de clichés sur Kodak Easyshare. Il s'agit d'un service d'hébergement gratuit, lié au site de tirage en ligne de Kodak. Vous pourrez y publier vos galeries de photos, comme avec Photoshop Showcase.

SUR LE CD : Vous trouverez sur le CD les éléments nécessaires à la réalisation de ce tutoriel.

01 PARTAGER AVEC KODAK EASYSHARE

Après avoir lancé l'Organizer, affichez le contenu du dossier Partager, et sélectionnez les clichés que vous souhaitez publier sur Kodak Easyshare, en effectuant un cliquer-glisser, ou en maintenant la touche Ctrl/Cmd enfoncée. Une fois la sélection terminée, activez l'onglet Partager dans la partie droite de l'écran et cliquez sur la commande Partager avec Kodak Easyshare.

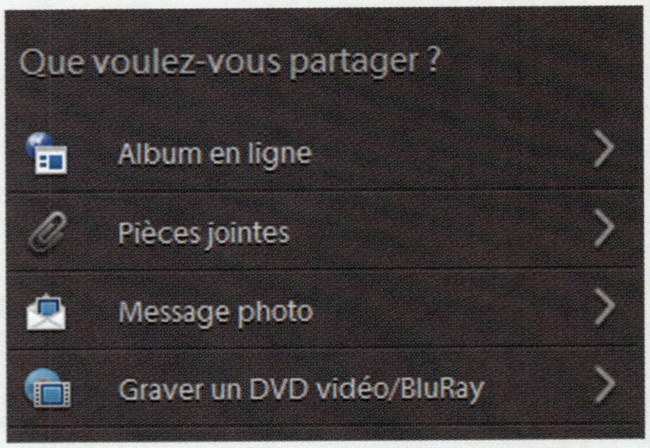

02 CRÉER UN COMPTE

L'Organizer affiche la boîte de dialogue de connexion au service Kodak Easyshare. Si vous utilisez ce service pour la première fois, vous devrez créer un compte ; complétez les différents champs du formulaire d'inscription et cliquez sur le bouton Suivant.

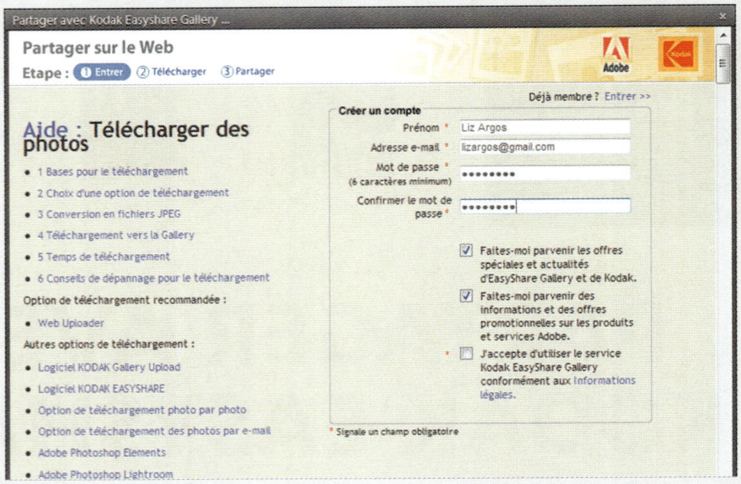

03 TÉLÉCHARGER LES PHOTOS

L'Organizer procède au téléchargement des clichés sélectionnés et affiche la progression de la tâche. Une fois l'opération terminée, cliquez sur le bouton Suite qui apparaît en bas à droite de la boîte de dialogue ; votre navigateur Web démarre et affiche la page de partage de la galerie sur le service Kodak Easyshare.

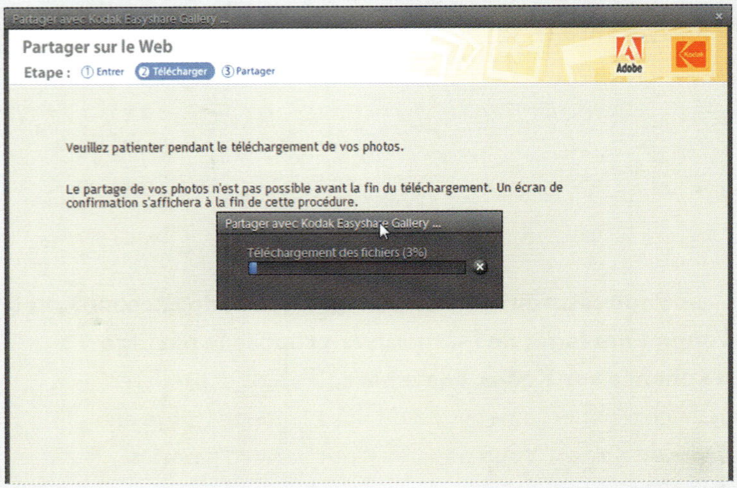

04 PARTAGER LA GALERIE

Dans le champ A :, saisissez les adresses électroniques (séparées par des virgules) des personnes avec lesquelles vous souhaitez partager la galerie photos. Complétez ensuite le champ Objet, puis passez au champ Message pour saisir un message d'invitation personnalisé. Pour terminer, envoyez l'invitation en cliquant sur le bouton Envoyer l'invitation par e-mail.

06 RÉGLER LES OPTIONS

Cliquez sur le lien Options qui s'affiche en dessous de la première vignette ; un menu local apparaît proposant différentes options. Cliquez sur Agrandir pour visualiser la photo en grand format. Vous pouvez aussi choisir Ajouter un titre photo. Notez que vous retrouverez ces options en dessous de la vue grand format de l'image.

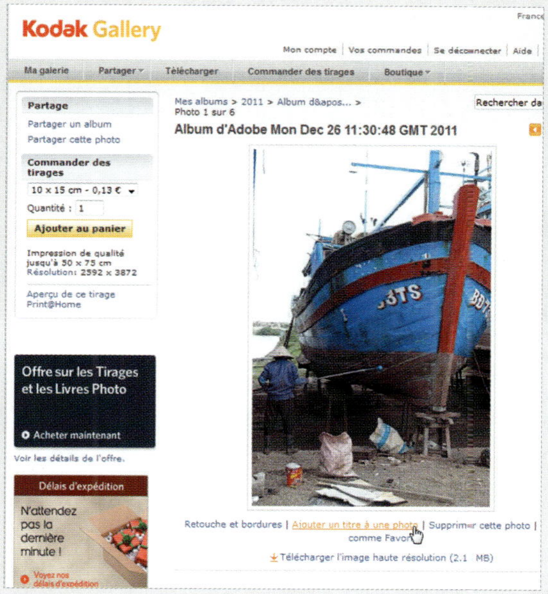

05 VISUALISER LA GALERIE

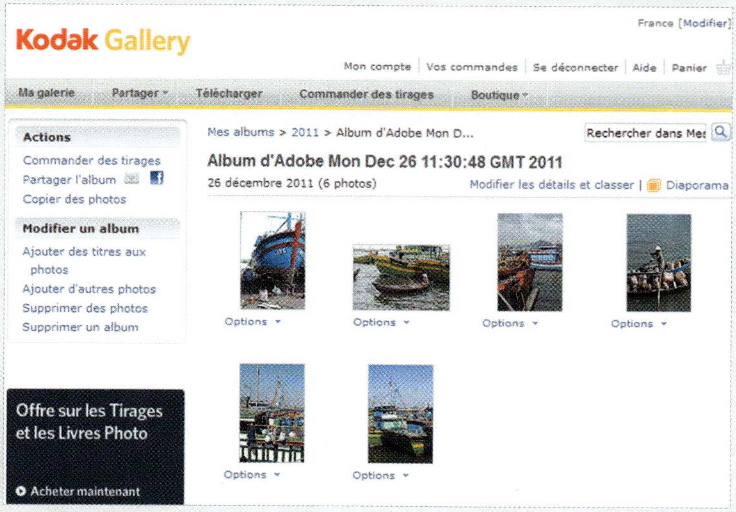

Cliquez ensuite sur l'onglet Ma galerie, en haut de la page pour accéder à la page de votre galerie ; Kodak Easyshare affiche la vignette de l'album que vous avez publié. Cliquez sur la vignette pour afficher les photos de l'album.

UN DIAPORAMA PDF

Plutôt que d'envoyer une série de photos par e-mail, utilisez la commande Diaporama PDF de l'onglet Partager.

En plus des multiples commandes que propose l'onglet Partager de l'Organizer, vous disposez de la commande Diaporama PDF. Grâce à cette dernière que vous trouverez dans la rubrique Autres commandes, vous pouvez générer un diaporama au format PDF et l'expédier en pièce jointe aux personnes de votre choix. Il suffira alors au destinataire de lancer Adobe Reader pour découvrir un diaporama automatique en mode plein écran.

SUR LE CD : Vous trouverez sur le CD les éléments nécessaires à la réalisation de ce tutoriel.

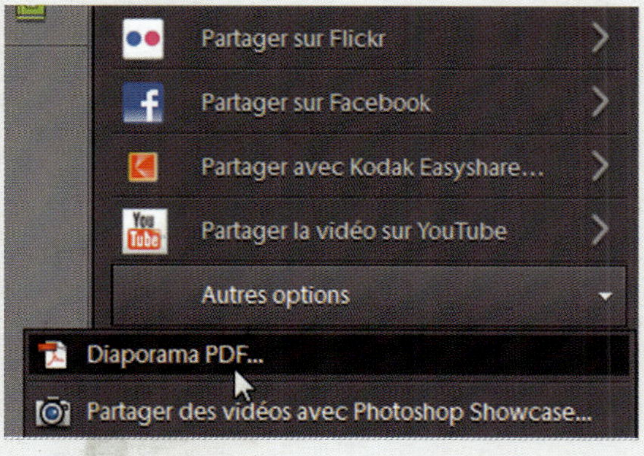

01 LA COMMANDE DIAPORAMA PDF

Après avoir démarré l'Organizer, affichez le contenu du dossier Partager et sélectionnez les clichés que vous souhaitez utiliser dans le diaporama. Affichez ensuite l'onglet Partager dans la partie droite de l'écran, cliquez sur la commande Autres options et choisissez Diaporama PDF… ; l'Organizer affiche les réglages de la commande et les vignettes des clichés sélectionnés.

02 AJOUTER DES PHOTOS SUPPLÉMENTAIRES

Si vous souhaitez ajouter d'autres photos à votre diaporama, sélectionnez-les dans la fenêtre principale de l'Organizer, puis cliquez sur le bouton vert+qui s'active dans le panneau de réglage ; les vignettes des photos sont ajoutées au panneau.

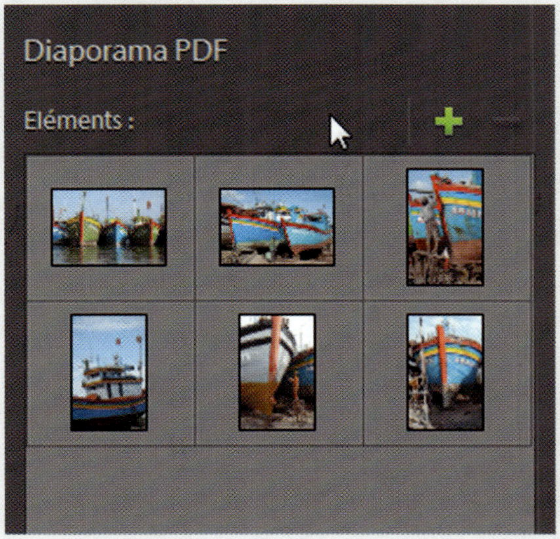

03 RÉGLER LA TAILLE DES PHOTOS

Cliquez ensuite sur le menu local Taille max. de la photo et choisissez une taille de photo, puis réglez la qualité à l'aide du curseur Qualité. Les clichés que vous avez sélectionnés seront ainsi redimensionnés avant d'être assemblés dans le diaporama. Une fois ces réglages effectués, nommez le diaporama, via le champ Nom de fichier…, puis cliquez sur le bouton Suivant, dans la partie inférieure du panneau.

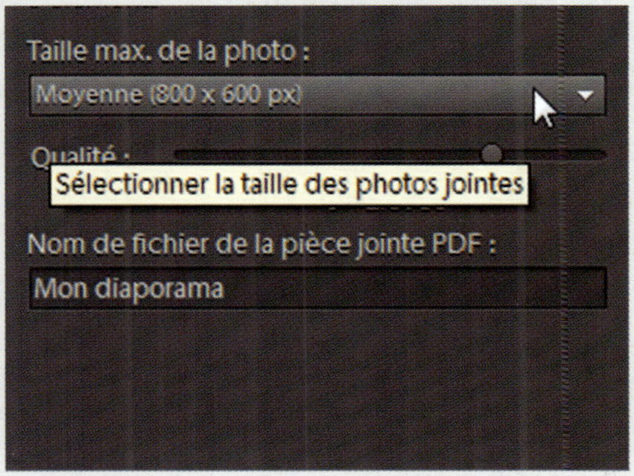

04 AJOUTER UN MESSAGE

Dans le champ Message, saisissez le texte de votre e-mail, puis passez à la rubrique Sélectionnez les destinataires. Si vous n'avez jamais utilisé Photoshop Elements pour envoyer des photos par courrier électronique, la liste des contacts est vide. Cliquez sur l'icône située au-dessus de la liste pour ajouter des contacts. Notez que vous pourrez également ajouter les destinataires plus tard (voir étape 06).

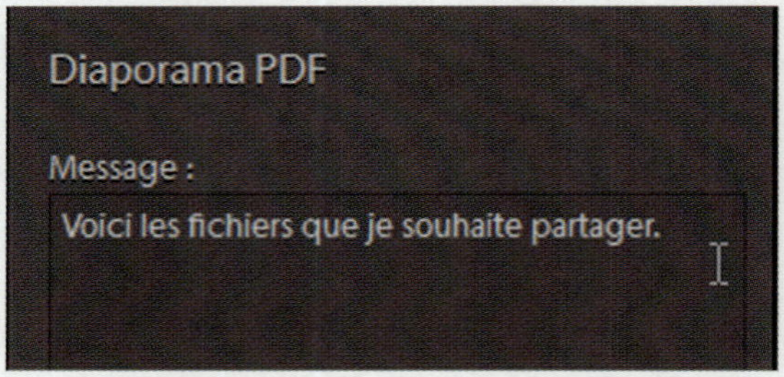

05 AJOUTER DES DESTINATAIRES

Dans la boîte de dialogue Carnet d'adresses qui apparaît à l'écran, cliquez sur le bouton Nouveau contact pour afficher le formulaire de création de contact. Complétez-les champs requis puis validez à l'aide du bouton OK. Le nouveau contact est ajouté à la liste des contacts. Après avoir créé les nouveaux contacts, refermez la boîte de dialogue Carnet d'adresses. Revenez dans le panneau de réglage, cochez les contacts auxquels vous souhaitez envoyer les photos et cliquez sur le bouton Suivant, en bas du panneau.

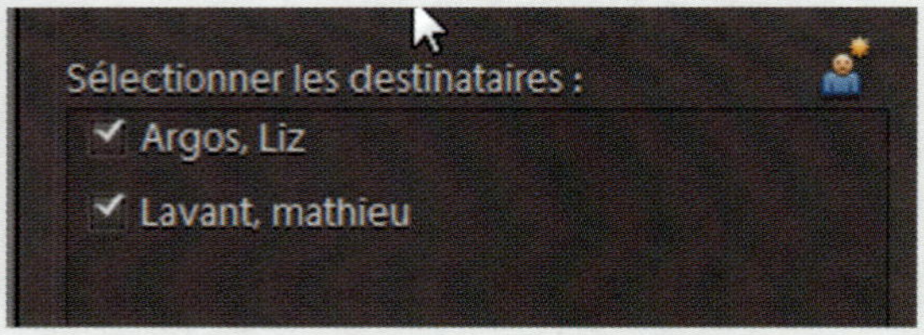

06 ENVOYER LE MESSAGE

Votre application de courrier électronique démarre et affiche le message, prêt à envoyer, avec le fichier PDF du diaporama en pièce jointe. À ce stade, vous pourrez encore changer le texte du message et ajouter d'autres destinataires. Cliquez sur le bouton Envoyer pour expédier le message. Si vous n'utilisez aucun logiciel de courrier sur votre ordinateur, revenez dans l'Organizer. Activez la commande Préférences du menu Edition et choisissez la rubrique Partage. Dans le menu local de l'option Client de messagerie électronique, choisissez Adobe Email Service, complétez les champs Nom et Adresse électronique et validez les nouveaux réglages à l'aide du bouton OK.

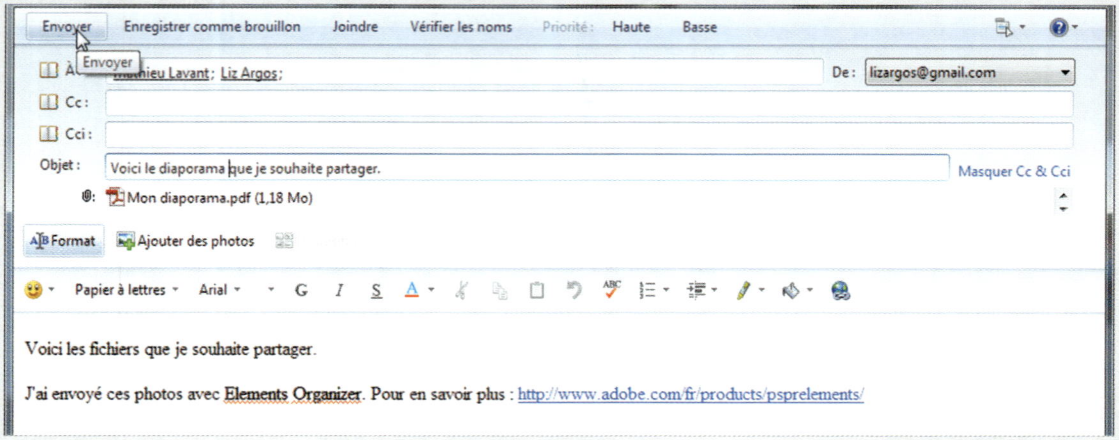

RACCOURCIS CLAVIER

Les outils de l'éditeur bitmap

Déplacement	V
Rectangle de sélection	M
Ellipse de selection	M
Lasso	L
Lasso polygonal	L
Lasso magnétique	L
Baguette magique	W
Sélection rapide	W
Recadrage	C
Recomposition	C
Pipette	I
Correcteur tons directs	J
Correcteur	J
Œil rouge	J
Pinceau	B
Forme impressionniste	B
Remplacement couleur	B
Crayon	B
Tampon duplication	S
Tampon de motif	S
Forme dynamique	Y
Gomme	E
Gomme d'arrière-plan	E
Gomme magique	E
Pot de peinture	G

Dégradé	G
Goutte d'eau	R
Netteté	R
Doigt	R
Densité +	O
Éponge	O
Densité -	O
Texte	T
Texte sur tracé	T
Texte sur forme personnalisée	T
Texte sur sélection	T
Texte vertical	T
Sélection de forme	A
Rectancle	U
Rectangle arrondi	U
Ellipse	U
Polygone	U
Trait	U
Forme personnalisée	U
Main	H
Zoom	Z

Pour passer d'un outil à l'autre dans la même catégorie, utilisez la touche Maj + le raccourci de l'outil.

DE PHOTOSHOP ELEMENTS 10

Raccourcis de l'éditeur bitmap

Nouveau	Ctrl/Cmd+N
Ouvrir	Ctrl/Cmd+O (ou double clic sur le fond gris)
Enregistrer	Ctrl/Cmd+S
Enregistrer sous	Ctrl/Cmd+Maj+S
Enregistrer pour le web	Ctrl/Cmd+Maj+Alt+S
Imprimer	Ctrl/Cmd+P
Fermer	Ctrl/Cmd+W
Fermer tout	Ctrl/Cmd+Maj+W
Quitter	Ctrl/Cmd+Q

Annuler	Ctrl/Cmd+Z
Couper	Ctrl/Cmd+X
Copier	Ctrl/Cmd+C
Coller	Ctrl/Cmd+V
Coller dans la sélection	Ctrl/Cmd+Maj+V
Transformation	Ctrl/Cmd+T

Niveaux	Ctrl/Cmd+L
Teinte/Saturation	Ctrl/Cmd+U
Inverser	Ctrl/Cmd+I
Nouveau calque	Ctrl/Cmd+Maj+N
Fusionner les calques	Ctrl/Cmd+E
Associer les calques	Ctrl/Cmd+G
Dissocier les calques	Ctrl/Cmd+Maj+G

Tout sélectionner	Ctrl/Cmd+A
Désélectionner	Ctrl/Cmd+D
Inverser la sélection	Ctrl/Cmd+Maj+I

Filtre précédent	Ctrl/Cmd+F

Taille réelle des pixels	Ctrl/Cmd+Maj+0
Taille écran	Ctrl/Cmd+0
Afficher les règles	Ctrl/Cmd+Maj+R
Zoomer	Ctrl/Cmd++
Dézoomer	Ctrl/Cmd+-

Aide	F1

Raccourcis de l'Organizer

Obtenir des photos	
A partir app. photo	Ctrl/Cmd+Maj+R
Apartir d'un scanner	Ctrl/Cmd+U
A partir de fichiers	Ctrl/Cmd+Maj+G
Renommer	Ctrl/Cmd+Maj+N
Imprimer	Ctrl/Cmd+P
Quitter	Ctrl/Cmd+Q

Tout sélectionner	Ctrl/Cmd+A
Désélectionner	Ctrl/Cmd+D
Supprimer du catalogue	Suppr
Retoucher avec Photoshop Elements	Ctrl/Cmd+I
Ajouter une légende	Ctrl/Cmd+Maj+T

Affichage par vignette	Ctrl/Cmd+Alt+1
Lot importé	Ctrl/Cmd+Alt+2
Emplacement du dossier	Ctrl/Cmd+Alt+3

INDEX

DISPONIBLES DANS NOS COLLECTIONS

SAVOIR TOUT FAIRE AVEC PHOTOSHOP

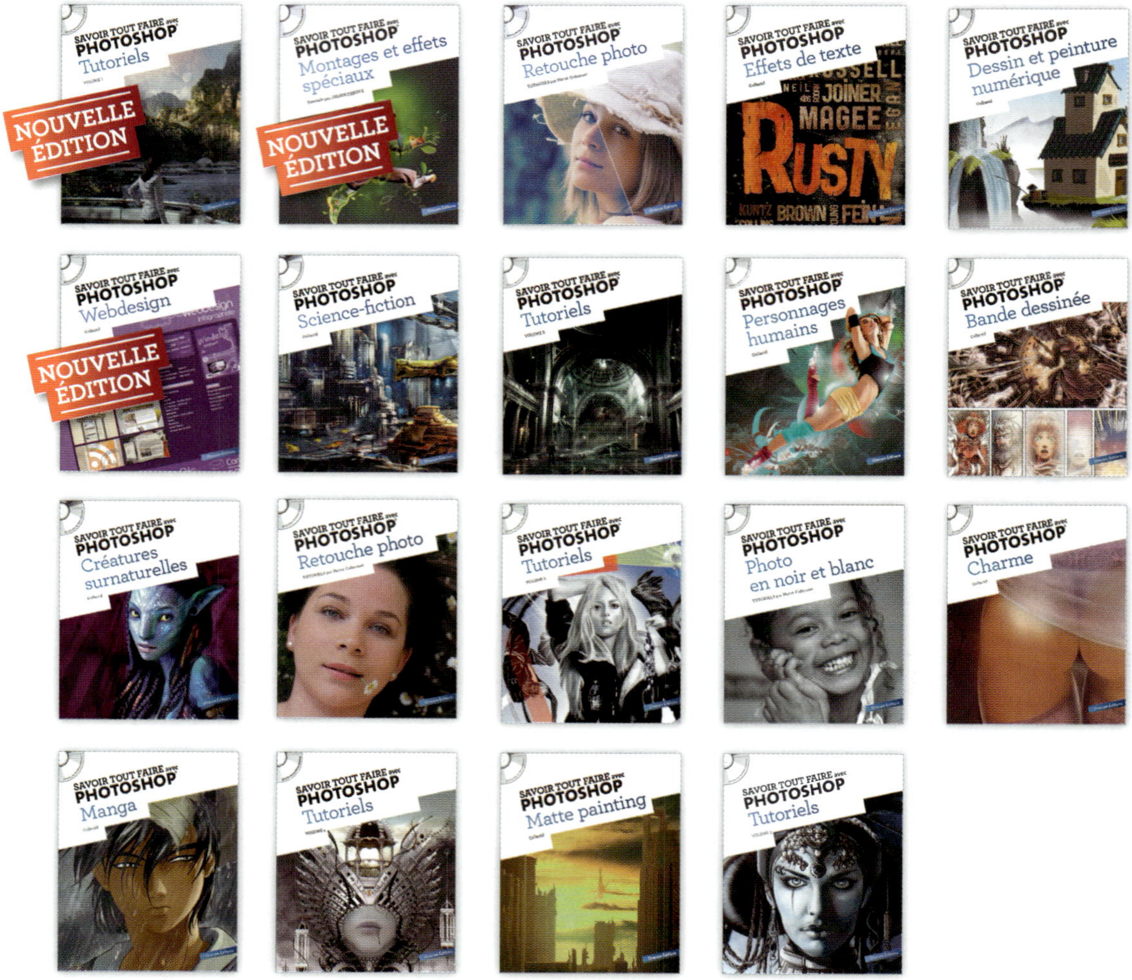

Tutoriels - VOL. 1
Collectif

Montage et effets spéciaux
par Julien Debove

Retouche photo
par Hervé Cafournet

Effet de texte
Collectif

Dessin et peinture numérique
Collectif

Webdesign
Collectif

Science-fiction
Collectif

Tutoriels - VOL. 2
Collectif

Personnages humains
Collectif

Bande dessinée
Collectif

Créatures surnaturelles
Collectif

Retouche Photo VOL. 2
Hervé Cafournet

Tutoriels - VOL. 3
Collectif

Photo en noir & blanc
Hervé Cafournet

Charme
Collectif

Manga
Collectif

Tutoriels - VOL. 4
Collectif

Matte painting
Collectif

Tutoriels - VOL. 5
Collectif

SAVOIR TOUT FAIRE EN 3D

Avec Blender
Collectif

Animation 2D et 3D
Collectif

SAVOIR TOUT FAIRE POUR LE WEB

Avec les CSS
par Julien Debove

CSS3, HTML5 & jQuery
par Julien Debove

Wordpress
Collectif

SAVOIR TOUT FAIRE EN INFORMATIQUE

Windows 7
par Pierre Caillault

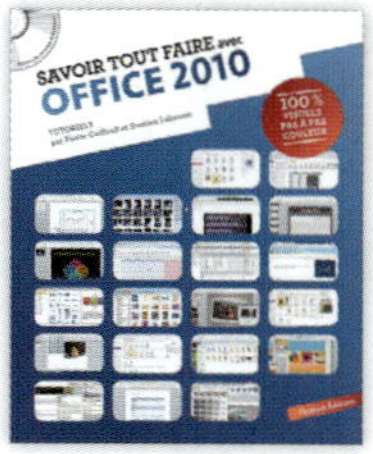

Office 2010
par Pierre Caillault et Damien Labourot

SAVOIR TOUT FAIRE « SPÉCIAL »

iPad
Vos premiers pas par Mathieu Lavant

iPad 2
Vos premiers pas par Mathieu Lavant

Univers Apple
Tous les produits, tous les usages
par Thierry Maurel

HORS COLLECTION

Les 500 meilleures applications pour votre iPhone
VOLUME 1
Collectif

Les 500 meilleures applications pour votre iPhone
VOLUME 2
Collectif

STEP BY STEP

17 EXERCICES POUR DÉBUTER EN
RETOUCHE PHOTO
AVEC PHOTOSHOP
ISBN 978-2-3614-5027-4

7 LOGICIELS POUR
CREER SON BLOG
ISBN 978-2-3614-5025-0

19 EXERCICES POUR DÉBUTER AVEC
PHOTOSHOP ELEMENTS
ISBN 978-2-3614-5024-3

15 EXERCICES
CALQUES ET MASQUES
ISBN 978-2-3614-5026-7

20 EXERCICES POUR
APPRIVOISER PICASA
ISBN 978-2-36145-045-8

11 EXERCICES POUR
MONTAGE ET EFFETS SPECIAUX
ISBN 978-2-36145-046-5

17 EXERCICES POUR
DEBUTER AVEC PHOTOSHOP
ISBN 978-2-36145-038-0

BOOK OF CREATION

Le Guide 360

iPad2
Collectif

Smartphones
Android
Collectif

Cet ouvrage a été composé en Archer et The sans
et achevé d'imprimé en février 2012 chez IME,
en France.
Fabrication CD MPO en Espagne.

ISBN 978-2-36145-037-3
Dépôt légal : février 2012